BODENLOSER FALL

GEORG BRUN

Ein München-Krimi

EDITION 211

Alle Rechte vorbehalten, insbesondere das Recht der mechanischen, elektronischen oder fotografischen Vervielfältigung, der Einspeicherung und Verarbeitung in elektronischen Systemen, des Nachdrucks in Zeitschriften oder Zeitungen, des öffentlichen Vortrags, der Verfilmung oder Dramatisierung, der Übertragung durch Rundfunk, Fernsehen oder Video, auch einzelner Text- und Bildteile.

Alle Akteure des Romans sind fiktiv, Ähnlichkeiten mit lebenden oder verstorbenen Personen wären rein zufällig und sind vom Autor nicht beabsichtigt.

Copyright © 2021 bei *Edition 211*, ein Imprint von Bookspot Verlag GmbH
1. Auflage

Lektorat: Johanna Gerhard
Korrektorat: Andreas März
Satz/Layout: Martina Stolzmann
Covergestaltung: Martina Stolzmann
Titelmotiv: © Pixabay

Druck: CPI – Clausen & Bosse, Leck
Made in Germany

ISBN 978-3-95669-164-5
www.bookspot.de

München im Jahr 2021

Im Gegensatz zu Märchen beginnen im 21. Jahrhundert Romane zu Recht nicht mit den Worten *Es war einmal.*

Sie tun dies selbst dann nicht, wenn Ähnlichkeiten mit Geschehnissen der Zeit- und Baugeschichte naheliegen. Schließlich ist trotzdem alles frei erfunden.

In München gab und gibt es kein Europäisches Theater und keine entsprechende Theater-GmbH. Diese Erzählung hat nicht das Geringste mit einer der in den vergangenen Jahren im Stadtgebiet durchgeführten Theatersanierungen zu tun. Im Kulturreferat der Stadt München, das eine engagierte und sachkundige, weit über die Stadtgrenzen hinaus anerkannte Arbeit leistet, sind nach Kenntnis des Autors keinerlei Missstände zu beklagen.

Der Ort der Handlung, die bayerische Landeshauptstadt München, ist nur deshalb nicht zufällig, weil der Autor hier geboren wurde und aufgewachsen ist; zudem wäre es willkürlich gewesen, die Handlung in der Freien und Hansestadt Hamburg anzusiedeln, denn selbst ein dort weltberühmt gewordener Kunsttempel steht für die nachfolgenden Ereignisse in keiner Weise Pate.

Gerechtigkeit ist Liebe mit sehenden Augen.
Friedrich Wilhelm Nietzsche

*Darum – und weil sie die Menschen liebt – widme ich
diese Erzählung meiner Frau Jeannine.*

*Fiat iustitia et pereat mundus!**

Was für ein frommer Wunsch

Weil er für Gerechtigkeit eintritt und die Welt erhalten will:
Wolfgang Schürer zum 75. Geburtstag.

* Übersetzung: Es soll Gerechtigkeit geschehen, und gehe die Welt darüber zugrunde.

1

Frühsommer und schon eine tropische Nacht. Es radelte sich angenehm durch die menschenleere Stadt. Als sie ihr Büro erreicht hatte, riss sie die Fenster auf. Die Blätter des Kastanienbaums vor ihrem Fenster raschelten. Olga hielt einen Augenblick inne, lauschte hinaus in die schlafende Stadt, deren Hintergrundrauschen niemals verstummte. In der Grünanlage gegenüber war es still. Die letzten Zecher hatten heimgefunden, die Obdachlosen lagen in ihren Schlafsäcken.

So stand sie einige Minuten und scheute sich, das Licht anzuschalten und damit den Alltag in ihr Leben einzulassen, das einer routinierten Regelmäßigkeit folgte, seit sie sich vor drei Jahren mit dem Schwerpunkt Strafverteidigung als selbstständige Einzelanwältin in München niedergelassen hatte. Jeden Morgen überprüfte sie ihren Terminkalender, den Angela, ihre Anwaltsgehilfin, mit größter Sorgfalt führte, und in dem neben Gerichts- und Mandantenterminen mit roter Tinte alle Enddaten für die diversen Fristen eingetragen waren. Olga mochte das quadratische, ledergebundene Buch, und obwohl sie von frühester Jugend an mit Computern und Handys aufgewachsen war, zog sie den altmodischen Kalender dem Outlook-Kalender vor.

Olga verließ das Fenster, kippte den Lichtschalter und setzte sich im Schein der Neonröhren an den Schreibtisch. Sie holte den Leitzordner mit ihren Steuerunterlagen hervor. Das Formular für die Einkommensteuererklärung war weitgehend ausgefüllt. Sie prüfte die Eingaben und ließ eine erste Berechnung vornehmen: Sie zahlte zu viel Steuern für zu wenig Einkommen.

Wirtschaftlich lief ihre kleine Kanzlei nach wie vor mehr schlecht als recht, aber immerhin kam sie über die Runden und war niemandem außer sich selbst Rechenschaft schuldig. Sie konnte ihre Arbeitszeit ziemlich frei einteilen und selbst entscheiden, welches Mandat sie annahm und welches nicht. Andererseits war es mit dieser Freiheit so eine Sache, denn mangels eines festen Mandantenstamms übernahm sie regelmäßig Pflichtverteidigungen. Immer noch hörte sie die Stimmen ihrer Freunde und Kollegen, die sie davor gewarnt hatten, in der heutigen Zeit, in der die großen Sozietäten angesagt waren, ein Einzelkämpferschicksal zu wählen. Das sei wie *Free-solo*-Klettern, spotteten die, die mit ihrer Bergleidenschaft vertraut waren. *Stimmt*, dachte Olga und schickte die Steuererklärung ab.

Um halb neun erschien der erste und einzige Mandant des Tages, der Beschuldigte in einem Untreueverfahren, zu dessen Pflichtverteidigerin sie vor zehn Tagen bestellt worden war.

»Martin Prodger, guten Morgen«, stellte sich der schlanke Mann vor.

Er trug einen leicht abgetragenen Anzug. Sein markantes Gesicht wirkte vertrauenerweckend, was Olga überraschte; immerhin wurde ihm in der Anklageschrift die Veruntreuung einer gewaltigen Summe von 865.000 Euro vorgeworfen. Sein Händedruck war fest, sein Blick offen.

Er nahm auf dem Stuhl Platz, den ihm Olga anbot, und bemerkte mit klarer, dunkler Stimme: »Danke, Frau Swatschuk, dass Sie sich meines Problems annehmen.«

Er sah sich um. Auf ihren Besprechungsraum war Olga stolz: Quadratisch mit zwei großen Fenstern zu Innenhof und Seitengasse, weiß gestrichen und völlig schmucklos; ein runder Tisch mit heller Resopalplatte, vier Stühle mit blauen Stoffbezügen, darüber ein Deckenstrahler. Nichts weiter. Jedes Mal, wenn eine neue Mandantin oder ein neuer Mandant hier eintrat, genoss Olga die Überraschung auf den Gesichtern. Niemand erwartete von einer jungen Rechtsanwältin einen so nüchternen Raum, und die meisten konnten sich eine irritierte Bemerkung nicht verkneifen.

Nicht so Martin Prodger, im Gegenteil: »Schön haben Sie es hier«, sagte er.

»Danke«, antwortete sie überrascht. »Nun, Herr Prodger, ich bedauere, dass das Gericht die Bestellung Ihres Wahlverteidigers zum Pflichtverteidiger abgelehnt hat. Es würde mich freuen, wenn Sie mir das gleiche Vertrauen entgegenbrächten, das Ihr Wahlverteidiger genießt. Angesichts der Umstände kann ich Ihnen nur versichern, dass ich alles dafür tun werde, die Angelegenheit für Sie zu einem vernünftigen Ende zu bringen.«

Olga hasste solche Einleitungen und hatte stets ein mulmiges Gefühl, wenn sie eine Pflichtverteidigung übernehmen musste, obwohl der Beschuldigte lieber einen anderen Anwalt beauftragt hätte. Meist blieb bei so einer Vorgeschichte ein Schatten auf der Mandantenbeziehung liegen, egal was für ein Ergebnis erreicht wurde. Wenn es keinen lupenreinen Freispruch gab, haftete dem Ergebnis das Gefühl des Makels an. Dabei versuchte Olga, gerade bei Pflichtverteidigungen ihr Bestes zu geben, um den Vorbehalten und Vorurteilen entgegenzuwirken, mit einer Pflichtverteidigerin bekäme man minderen Rechtsbeistand.

Sie freute sich daher über die Erwiderung ihres neuen Mandanten: »Sie haben mein volles Vertrauen.«

Er saß leicht nach vorne gebeugt auf seinem Stuhl, die Hände lagen flach auf dem Besprechungstisch. Zwischen den Augenbrauen zeigte sich eine markante Falte, an den Schläfen wirkte das braune Haar schütter. Dort schimmerten auch einige silberne Fäden. Das Kinn zeigte energisch nach vorne, die Mundwinkel waren eingekerbt. Olga sah ihm sein Alter an und dachte trotzdem, Martin Prodger wirke jugendlich.

»Erzählen Sie«, forderte sie ihn auf, »wie sich die Dinge, die Ihnen vorgeworfen werden, aus Ihrer Sicht darstellen.« Olga lehnte sich zurück und hoffte, dass Prodger umfassend erzählen würde, denn sonst müsste sie zu viele Fragen stellen. Sie hatte die Erfahrung gemacht, dass die immer demselben Muster folgenden Fragen zu einer Voreingenommenheit führten, die individuelle Nuancen unter den Tisch fallen ließ, manchmal sogar für immer. Allein das Studium der Ermittlungsakte, das sie gerade bei Pflichtverteidigungen oft vor dem ersten Mandantengespräch abgeschlossen hatte, konnte eine bestimmte Voreingenommenheit herbeiführen.

»Es fällt mir nicht leicht, aber ich gestehe: Ich bin schuldig.« Sein Gesicht wirkte ernst, die Lippen zitterten. »Mir sind meine finanziellen Verhältnisse entglitten, ich habe mir unrechtmäßig Geld geborgt.« Prodger schaute Olga unsicher in die Augen.

»Ich weiß, das klingt nach einer Nullachtfünfzehn-Ausrede. Ja, ich habe Geld unterschlagen. Aber ich wollte es zurückzahlen.«

In seinem Blick lag etwas Verzweifeltes.

»Geliehen, ich habe mir das Geld nur geliehen – und auch nicht diesen Riesenbetrag, nein, bitte, glauben Sie mir!«

»Erzählen Sie«, bat Olga, »dann sehen wir, was sich für Sie tun lässt.«

Prodger nickte und fuhr fort: »Seit knapp fünfzehn Jahren bin ich Mitglied des Freundeskreises des Museums der Moderne hier in München. Als man mich vor elf Jahren gefragt hat, ob ich im Vorstand das Finanzressort übernehmen könnte, habe ich mich zur Verfügung gestellt und bin seitdem immer wieder gewählt und auf den Jahresversammlungen entlastet worden. Von Anfang an war für die Buchführungstätigkeiten eine Aufwandsentschädigung von 200 Euro monatlich vereinbart, die ich mir jedoch zehn Jahre lang nicht ausbezahlt habe. Damals brauchte ich das Geld nicht und wollte dem Freundeskreis was Gutes tun.«

»Ihr Amt ist also ehrenamtlicher Natur?«

Prodger nickte.

»Deshalb wollten Sie kein Geld für die Buchführung nehmen?«

»Ja.«

»Aber plötzlich doch? Können Sie mir das erklären?«

»Vor zwei Jahren ist meine Schwiegermutter schwer erkrankt, in ihrer Heimat, den Philippinen. Viele Menschen sind dort nicht krankenversichert. Auch meine Schwiegermutter hatte keine Versicherung und die Behandlung war teuer. Es war selbstverständlich für mich, die Kosten zu übernehmen. Vor gut einem Jahr musste ich den ersten Kredit aufnehmen, um die Fortsetzung der Behandlung zu ermöglichen. Wegen der hohen Kosten habe ich die Aufwandsentschädigung für die Buchhaltung für die zurückliegenden Jahre an mich ausbezahlt, gerundet ein Betrag von 25.000 Euro, den ich entsprechend verbucht habe.«

»Haben Sie das mit dem Vorstand abgesprochen?«

»Nein, aber ich bin mir sicher, dass der Vorstand es billigen wird«, antwortete Prodger und hob bedauernd beide Hände, ehe er fortfuhr, sich zu erklären. »Leider konnten die Ärzte meine Schwiegermutter nicht retten. Ich bin mit meiner Frau und unseren Kindern zur Beerdigung geflogen, die ich ebenfalls bezahlt habe. Das war sehr teuer.«

Er stockte. Mit den Fingern tippte er nervös auf den Tisch. Sein Adamsapfel hüpfte beim Schlucken deutlich auf und ab.

»Sie haben keine Vorstellung davon, wie wichtig es für mich war, meiner Frau beizustehen, als ihre Mutter so schwer erkrankt ist«, fuhr er schließlich fort.

»Das ist doch selbstverständlich«, bemerkte sie, spürte aber, wie sehr es ihn danach drängte, seine Situation zu erläutern. »Aber erzählen Sie ruhig etwas mehr, vielleicht hilft uns das bei unserer Verteidigungsstrategie, Ihr Motiv menschlich nachvollziehbar darzustellen.«

»Glauben Sie mir, ich war wirklich in einer Notlage, und für meine Frau war es sowieso nicht leicht, aus ihrer Heimat wegzugehen. Allein die vielen Kommentare, die sich meine Frau anhören muss, weil sie Asiatin ist und anders aussieht. Diese unterschwelligen Anfeindungen gehen unter die Haut. Wie hätte ich da ihre Mutter im Stich lassen können?«

»Das verstehe ich alles und es tut mir leid für Sie und Ihre Familie – aber warum der Griff in die Vereinskasse?«, lenkte Olga den Fokus wieder auf die sachlichen Dinge. »Erzählen Sie mir, was Sie gemacht haben.«

»Meine Konten waren ordentlich überzogen. Ich war mir nicht sicher, ob ich noch einen Kredit von meiner Hausbank bekommen würde – und ja, ich wollte mich auch nicht weiter bei der Bank verschulden. Um kurzfristig etwas flüssiger zu werden, habe ich mir vom Freundeskreiskonto 20.000 Euro auf mein Privatkonto überwiesen und habe das mit dem kreativen Vermerk *Zwischenfinanzierung* verbucht. Im Januar habe ich mir nochmals 20.000 Euro überwiesen, diesmal mit dem Verwendungszweck *Darlehen*. Von diesen 40.000 Euro habe ich vor zehn Wochen die Hälfte zurücküberwiesen. Den Rest wollte ich spätestens in sechs Monaten zurückzahlen. Auf keinen Fall wollte ich mich bereichern. Aber ja, mir ist klar, dass ich nicht so hätte handeln dürfen.«

Prodger stockte. Olga spürte, dass ihm sein Geständnis peinlich war. Doch das konnte sie ihm nicht ersparen.

»Hinterher ist man immer schlauer«, zwang sich Prodger zum Weitersprechen. »Dann habe ich die größte Eselei begangen. Um ohne Aufsehen zurückzuzahlen, habe ich bei der letzten Bilanzerstellung eine Bankunterlage frisiert. Heute fasse ich mir deswegen an den Kopf, aber damals dachte ich, die Fälschung fällt bestimmt nicht auf und ich gewinne Zeit.« Wieder hielt er inne und sah Olga mit einem Blick an, der um Nachsicht bat.

So leicht wird das nicht, dachte Olga und sah die Summe vor sich, die in der Anklageschrift stand. Bisher hatte Prodger nur die kleinen Beträge genannt, die große Summe hatte er bestritten. Wollte er ihr etwas vormachen? Verließ er sich auf seine vertrauenserweckende Erscheinung? War das seine Masche? Eine Masche, die sie bereits von vielen Betrügern kannte.

Veralbern lasse ich mich nicht, wurde Olga ungeduldig und konfrontierte ihn mit den Schuldvorwürfen: »Wenn ich richtig mitgerechnet habe, räumen Sie 65.000 Euro ein, die Sie sich vom Konto des Freundeskreises überwiesen haben. Wollen Sie auch etwas zu den weiteren 800.000 Euro sagen, die verschwunden sind?«

»Damit habe ich nichts zu tun. Diese Riesensumme, das wäre doch Wahnsinn. Nein, ich habe nur die 65.000 Euro genommen. Diese 800.000 Euro, nein, das war ich nicht – hier will mir jemand etwas anhängen«, erwiderte er und seine Stimme klang gehetzt.

Olga spürte die Angst und die Ohnmacht ihres Mandanten und überlegte, ob sie ihm glauben konnte. Sein Vorbringen klang in ihren Ohren überzeugend, aber sie hatte schon viele Schutzbehauptungen gehört und wusste, wie schwer es einem Angeschuldigten fiel, sich dem Unrecht seines Tuns zu stellen. Doch Prodger wirkte auf eine überzeugende Art ängstlich und entrüstet.

»Sie sind Beamter der Stadt München?«, wechselte Olga das Thema, durchaus in dem Bewusstsein, damit möglicherweise den Erzählfluss ihres Mandanten zu hemmen.

»Im Kulturreferat, so ist es.«

»Und was haben Sie für eine Ausbildung?«

»Betriebswirt – ich habe an der Universität Bochum studiert und dort mein Diplom gemacht. Ist schon eine Weile her.«

»Und dann sind Sie nach Asien, auf die Philippinen?«

»Nach dem Studium bin ich zu einer internationalen Wirtschaftsprüfgesellschaft, zuerst im Ruhrpott, dann in Asien. Ich habe zunächst für meinen ersten Arbeitgeber, später für einen asiatischen Bauunternehmer im gesamten südostasiatischen Raum als Controller gearbeitet. So habe ich auf den Philippinen auch meine Frau kennengelernt.«

Olga traute ihren Ohren kaum: Prodger war lange Jahre als Controller tätig gewesen und veruntreute Gelder von einem Bankkonto?

»Jetzt sagen Sie mir eines«, forderte sie ihn auf. »Wie konnten Sie glauben, dass Ihre Manipulationen des Kontos nicht auffallen werden? Wenn Sie Controller waren, wissen Sie doch ganz genau, dass man mit so einer Darlehensmasche nicht durchkommt.«

»Man hat mir über zehn Jahre vertraut. Ich habe die Buchführung und den Jahresabschluss völlig allein gemacht, da dachte ich, es geht schon irgendwie«, antwortete er zerknirscht. »Aber ich wollte dem Freundeskreis nicht schaden und ich will meine Schulden schnellstmöglich begleichen.«

»Wo sind die 800.000 Euro?«

»Ich weiß es nicht.«

»Sie haben die Buchhaltung gemacht, da muss Ihnen doch das Fehlen dieser Summe sofort aufgefallen sein.«

»Das stimmt. Es waren zwei Abbuchungen, die ich durch den elektronischen Kontoauszug mitbekommen habe. Ich konnte sie mir nicht erklären.«

»Sie haben aber mit niemand darüber gesprochen?«

»Nein, ich wollte herausbekommen, was passiert ist. Schließlich wollte ich mir nicht in die Buchführung schauen lassen.«

»Wegen Ihrer sogenannten Darlehen?«

»Ja.«

»Und? Haben Sie etwas herausgefunden?«

»Nein. Einen Tag später stand die Polizei bei mir in der Wohnung und meine Kontounterlagen, meine Computer und mein Smartphone wurden beschlagnahmt. Danach war ich von allen Bankinfos abgeschnitten.«

Olga sah ihm in die Augen und schwieg.

»Wirklich, mit den verschwundenen 800.000 Euro habe ich nichts zu tun. Bitte, glauben Sie mir. Bitte beweisen Sie meine Unschuld!« Seine Stimme überschlug sich beinahe, die Augen begannen zu schimmern. Er knotete die Finger ineinander und rutschte auf dem Stuhl hin und her.

Olga begann, ihm seine Verzweiflung abzunehmen, und während sie ihn schweigend ansah, wuchs ihr Vertrauen in seine Worte. Sie würde versuchen, ihm zu helfen. »Wenn ich Licht in dieses Dunkel bringen kann, könnte es für Sie glimpflich ausgehen. Aber Ihre Unschuld kann ich nicht beweisen. Sie wissen selbst, dass Sie sich mindestens wegen der 45.000 Euro strafbar gemacht haben. Das mit dem Darlehen ist eine Schutzbehauptung. Die hilft Ihnen nicht aus der Patsche.«

»Was kommt auf mich zu?«

»Wenn der Freundeskreis sich bereit erklärt, mit Ihnen eine Tilgungsvereinbarung zu schließen und ein weiteres Verfolgungsinteresse verneint, könnten wir im besten Fall mit der Staatsanwaltschaft eine Übereinkunft treffen, das Verfahren gegen Auflagen einzustellen. Dann wären Sie nicht vorbestraft. Etwas härter, aber auch noch verkraftbar, wäre ein Strafbefehl. Damit hätten wir zumindest eine Hauptverhandlung und eine drohende Freiheitsstrafe verhindert.«

»Eine Einstellung wäre super«, flüsterte Prodger. In seinen Augen spiegelte sich die Erkenntnis, dass er sich in ernsten juristischen Schwierigkeiten befand. »Sie müssen herausbekommen, wer sich das ganze Geld unter den Nagel gerissen hat. Irgendwer will mir das in die Schuhe schieben.«

Das Zittern in seiner Stimme verriet Olga die innere Anspannung und die Hilflosigkeit ihres Mandanten. Ihr Bauchgefühl signalisierte ihr, ihm zu glauben, und sie zog den Gedanken, Prodger werde hier etwas untergeschoben, ernsthaft in Erwägung. Das brachte etwas besonders Hinterlistiges in diesen Fall, der begann, sie mehr als gewöhnlich zu interessieren.

»Haben Sie einen Verdacht?«, fragte sie ihn.

Prodger schüttelte den Kopf.

»Wer hat alles Zugriff auf das Konto des Freundeskreises?«

»Außer mir nur der Vorstandsvorsitzende des Freundeskreises und sein Stellvertreter. Aber beide halte ich für absolut redlich, die würden so etwas nicht tun. Außerdem weiß ich gar nicht, ob die beiden wüssten, wie sie mit ihren Zugangsdaten umgehen sollen. Die letzten zehn Jahre habe ich mich völlig allein um die Finanzen gekümmert.«

»Einfacher macht uns das die Sache nicht«, folgerte Olga nüchtern. »Wenn Ihnen dazu etwas einfällt, lassen Sie es mich wissen. Inzwischen versuche ich, an weitere Informationen zu kommen.«

Sie stand auf und begleitete Prodger in die Empfangsdiele. Ihre Anwaltsgehilfin blickte fragend auf.

»Angela, würdest du mit Herrn Prodger für Ende der Woche einen weiteren Termin vereinbaren? Danke.«

Sie verabschiedete sich und ging in ihr Büro. Sie musste sich nun um Rolf Mergenthaler kümmern, ihren derzeit wichtigsten Mandanten, der in ein heikles Konkursdelikt verstrickt war.

Während Olga in der Schwüle des Fitnessstudios auf dem Crosstrainer schwitzte, fragte sie sich mal wieder, warum sie sich das antat. Viermal die Woche eine Stunde auf dem Crosstrainer, eine ermüdende Prozedur, lächerlich eigentlich, wenn sie es genau bedachte. Ein monotones Stampfen auf der Stelle. Aber um in Form zu bleiben und durch die tägliche Büroarbeit nicht die Ausdauerkondition zu schwächen, die sie für ihre Klettertouren benötigte, blieb ihr nichts anderes übrig. Immerhin trainierte der Crosstrainer auch den Oberkörper und ein wenig die Arme, was beim Klettern hilfreich war.

Aushalten ließ sich das eintönige Training aber nur, weil sie mit Gummi ein Buch auf das Display des Trainingsgeräts klemmen und lesen konnte. Das war allerdings eine dumme Angewohnheit, denn sie las nur Kriminalromane, und zwei Drittel davon fand sie von mäßiger Qualität. Trotzdem ließ ihre Neugier selten zu, einen Krimi vorzeitig wegzulegen. Die Frage, wie der Roman ausging, konnte sie meistens nicht unbeantwortet lassen, und immerhin verging die Trainingszeit mit Lektüre schneller als ohne.

Auch heute vermochte sie der Krimi nicht zu fesseln, doch es lag am verzweifelten Blick Martin Prodgers, der ihr nicht aus dem Sinn ging. *So schaut nur ein Mensch, dessen Leben aus den Fugen geraten ist,* ahnte Olga, und sie wusste, wie leicht ein Mensch aus der Bahn geworfen werden konnte, wenn ihn die Justiz in ihre Fänge bekam. *Prodgers Verzweiflung ist nicht gespielt,* glaubte sie und trat heftig in den Crosstrainer. Sie wollte jetzt schwitzen und sich nicht weiter den Kopf über diesen Fall zerbrechen. Später würde sie wieder Akten studieren, nun war vernünftiges Konditionstraining angesagt.

Sie erhöhte den Widerstand, beschleunigte ihr Tempo und fand zu ihrem Rhythmus. Als die Pulsuhr an die 180 heranrückte, begann sie zu schwitzen und hielt die Belastung für fünfzehn Minuten, dann schaltete sie zwei Gänge zurück und trudelte langsam aus. Olga nahm Trinkflasche und Taschenbuch und ging in die Umkleide. Sie schlüpfte aus den Trainingsklamotten und stellte sich unter die freie Dusche neben die Bodybuilderin, die sie schon lange vom Sehen kannte.

»Hi«, grüßte die muskulöse Sportlerin, die ihre blonden Haare zu einem strengen Knoten gedreht hatte.

»Hallo«, erwiderte Olga den Gruß und drehte den Hahn auf. Das warme Wasser tat gut. Während sie sich einseifte, spürte sie den Blick ihrer Nachbarin und war ein wenig irritiert. Sie konzentrierte sich auf sich selbst, betrachtete aber aus dem Augenwinkel heraus die Bodybuilderin: Jeder Muskel schien wohldefiniert, trotzdem besaß dieser Körper noch eine frauliche Weichheit, und in der Art, wie sich ihre Muskeln bei jeder Bewegung regten, lag eine kraftvolle Anmut. Olga faszinierte dieser Anblick und sie sah öfter unauffällig zu ihrer Nachbarin hinüber.

Als die Bodybuilderin fertig war, nahm sie ihr Handtuch und trocknete sich mit geschmeidigen Handgriffen ab. Ihre Blicke trafen sich. Ein kaum wahrnehmbarer Stromschlag durchzuckte sie und ließ sie verlegen zur Seite schauen.

Olga griff nach ihrem Handtuch und blickte der Bodybuilderin nach, die zu ihrem Spind ging. Eine seltsame Befangenheit ergriff von ihr Besitz, die sie nicht von sich kannte. Irritiert ging sie zu ihrem Kleiderkästchen, das nur wenige Meter vom Spind der Bodybuilderin entfernt war.

»Machst du nur Cardio?«, fragte diese unvermittelt.

»Unter der Woche schon«, erwiderte Olga überrascht und erfreut zugleich. »Und du?«, fragte sie zurück und spürte, wie ihr Herz schneller schlug und gleichwohl ihre Verlegenheit verschwand.

»Cardio und Krafttraining. Sieht man ein bisserl, oder?« Die Bodybuilderin, bereits in Slip und Muscle-Shirt, stellte sich in eine typische Bodybuilderpose und lachte verschmitzt. »Irgendwie muss man ja fit bleiben«, bemerkte sie und schlüpfte in eine schwarze Leggins. »Außerdem gefällt mir gemäßigtes Bodybuilding – oder findest du es übertrieben?«

»Nein, bei dir schaut das gut aus«, antwortete Olga.

»Wow, das ist jetzt ja echt mal ein Kompliment – danke. Ich bin übrigens die Sonja«, sagte sie.

»Olga.«

»Freut mich, dass wir mal ins Gespräch kommen. Kennen uns vom Sehen schon ziemlich lang, aber man hat hier ja Scheu, einander anzusprechen.«

»Stimmt. Hier im Studio, also, kommunikativ ist's nicht«, bemerkte Olga, schlüpfte in ihre Kleider und spürte wieder Sonjas Blick.

»Du schaust auch gut aus«, erwiderte Sonja nun Olgas Kompliment. »Für Bodybuilding hättest du prima Anlagen, aus deinem Körper was zu machen.«

Olga lachte überrascht und antwortete: »Mit meinem Körper bin ich sehr zufrieden.«

»Sorry«, stotterte Sonja und errötete. »So habe ich das nicht gemeint. Ach, egal, jeder hat seinen Sport, stimmt's?«

»Ja, das stimmt. Und ehrlich gesagt, Bodybuilding ist mir noch nie in den Sinn gekommen«, erwiderte Olga und knöpfte ihre Bluse zu.

»Dann will ich dich auch nicht bekehren«, sagte Sonja augenzwinkernd. »Trotzdem wäre es nett, öfter mit dir zu plaudern.«

»Finde ich auch. Aber jetzt muss ich los, die Arbeit wartet. Also ciao und bis bald«, verabschiedete sich Olga.

Sonja winkte.

2

Federgabel und Heckdämpfer sorgten bei seinem neuen Mountainbike für erstaunliche Laufruhe, obwohl es ruppig bergab ging. Der Ritt über die Wurzeln beschwingte ihn umso mehr, je steiler der *Trail* in den Wald schnitt. Als der erste Sprung über den künstlich angelegten *Table* gemeistert war, genoss er das Adrenalin und die Herausforderung des anspruchsvollen *Downhills*. Von einer Sekunde zur anderen verschwanden all die Gedanken, die ihn bergauf auf dem Forstweg begleitet hatten. Das große Bauprojekt, dem er sich vor einigen Jahren verschrieben hatte und das ihm zunehmend Sorgen bereitete, löste sich im Surren der Kette auf, jede Kurbelumdrehung geriet zu einem Akt der Befreiung.

Als er über die Rampe hinausflog, fühlte er sich so unbeschwert wie seit Monaten nicht mehr. Jung und kraftvoll, bereit, die ganze Welt zu erobern, so fühlte er sich. Er wollte seine Freude darüber hinausschreien, als sich das Vorderrad bei der Landung an einem Stein verkantete und er kopfüber den Abhang hinunterstürzte. Schlagartig wurde es dunkel.

Als Sascha Wallot aufwachte, blickte er in blaue Augen und fragte sich verwirrt, was dieser Chagallsche Engel mitten im grünen Wald von ihm wollte. Der Engelsmund bewegte sich und formte Worte, die Sascha nicht verstand, weil er nichts hörte. Das Gesicht, zu dem Augen und Mund gehörten, erschien ihm wie die Inkarnation des absolut Schönen, die Offenbarung dessen, dem er seit frühester Jugend nachgejagt war, mit einer oftmals an Selbstverleugnung grenzenden Leidenschaft. Vollendete Schönheit und beglückende Harmonie in einem göttlichen Antlitz, wie es seit Mona Lisa nicht mehr erschaffen worden war, zum Greifen nah und zu Tränen rührend makellos.

Sascha wollte die Hand heben und diese wohlgerundete Wange berühren, doch er sah kein Ergebnis seines Bemühens. Er spürte nichts und er hörte nichts. Während dieser himmlische Mund weitere Worte formte, nahm ein Gedanke in seinem Kopf Gestalt an, der ihn mit Schmerz erfüllte und in die Wirklichkeit trug: *Ich bin tot.*

Nein, erkannte er, *schlimmer als das: lebendig, aber gelähmt.*

Ein Zittern überkam seinen Körper und ein Schrei entrang sich seiner Brust. *Bin ich das,* fragte er sich und wollte sich aufrichten.

Eine sanfte Hand hielt ihn behutsam zurück. In den Augen über ihm regte sich so etwas wie Zuversicht. In ihm breitete sich eine flammende Hitze aus, die ihm die Kehle zuschnürte und die Brust eindrückte. Panisch versuchte er, sich zu erinnern, ob er jemals, und wenn ja, wann, eine solche Angst empfunden hatte wie in diesem Augenblick, da ihn ein Engel betrachtete.

In seinem Kopf erklang ein hohl brummendes *Om mani padme hum.* Wann hatte er das letzte Mal gebetet? Eine düstere Kapelle tauchte aus der Erinnerung auf. Er hörte den Gesang von Nonnen, in den er andächtig eingestimmt hatte. Er sah das gütige Gesicht von Schwester Ursula, die ihn damals betreut hatte, nachdem er vom Scharlach genesen zurückgedurft hatte zu den Salesianerinnen, die ihn vorbereiteten auf die Heilige Kommunion. Damals hatte er Mönch werden wollen.

Nicht nur dieser Wunsch hatte sich in Luft aufgelöst, nein, binnen weniger Jahre war ihm die Fähigkeit, zu beten, abhandengekommen, und das buddhistische Mantra hatte sich über die Jahre weniger als Gebet denn als mystischer Wunsch in ihm eingenistet, der nur Gestalt annahm, wenn ihm zu viele Widrigkeiten begegneten.

Aber jetzt, jetzt betete er, wenngleich ungeschickt und mehr fordernd als bittend: *Lass mich nicht gelähmt sein.* Und weil tief in ihm eine Stimme wisperte, dass es so einer existentiellen Bitte guttat, wenn man sie mit einem Versprechen verband, ergänzte er: *Dann will ich künftig ein anständiges Leben führen.*

Während er in die dunkelblauen Augen des Chagall-Engels blickte, konnte er sich nicht vorstellen, wie schwierig es demnächst sein würde, das Versprechen einer » anständigen Lebensführung« auch nur annäherungsweise einzulösen. Noch brannte diese ungestüme Angst in ihm und lähmte ihn mehr als der Schock, den der Sturz mit dem Mountainbike zweifelsohne bewirkt hatte. Er stöhnte vor Angst und wurde freudig erregt, als er hörte, dass er stöhnte.

»Ruhig bleiben«, drang der Gesang des Engels an sein Ohr, »nicht bewegen. Bald ist jemand da, Hilfe ist unterwegs.«

Schlagartig verstand er, warum sich Odysseus hatte an den Mast binden lassen: Diese Stimme war Sirenengesang. Sascha wünschte nichts sehnlicher, als dieser Melodie ohne Unterlass lauschen zu dürfen.

Wieder wollte er diese Wange streicheln, doch außer einem Zucken des rechten Arms nahm er nichts wahr. Trotzdem beruhigte ihn das, denn ein Zucken war mehr als reine Taubheit, ein Zucken war zumindest ein Anfang. Sascha wunderte sich über seine mystischen Anwandlungen und stellte mit verblüffender Klarheit fest, dass er dabei war, sich in Chagalls Engel zu verlieben.

Beinahe ärgerte er sich über die Stimmen der Sanitäter, die mit einer Bahre herbeigeeilt kamen. Die Magie des Augenblicks wich der hektischen Betriebsamkeit der Unfallrettung. Vorsichtig schoben die Retter die Trage unter ihn. Mit einem lauten Zischen blies sich die Unfallbahre auf, stabilisierte ihn in seiner Haltung und sperrte ihn körperlich ein, vor allem, als die Sanitäter ihn mit dem Rückhaltegeschirr für den Transport sicherten. Chagalls Engel entschwand seinem Blickfeld. Sascha schwebte durch den Wald und bald darauf mit knatternden Rotoren aus dem Tal hinaus ins Krankenhaus.

»… sind wir zuversichtlich, dass in einigen Wochen die volle Funktionalität zurückkehrt«, sagte der Chefarzt des Universitätsklinikums und drückte Saschas linken Arm.

Die Worte des Arztes rauschten an Sachas Wahrnehmung vorbei wie ein kaum zu empfangender Radiosender auf Langwelle. Er nickte mechanisch und war froh, als die Ärzteschar das Zimmer verließ. Sascha wollte allein sein, damit er seinen Tränen freien Lauf lassen konnte.

Gelähmt, er war gelähmt, wenn auch nicht am ganzen Körper, sondern irgendwie einseitig, vor allem der rechte Arm. Es interessierte ihn einen Dreck, warum der Sturz und der gebrochene Wirbel genau zu so einem Schadensbild geführt hatten, und er wollte kein Einverständnis geben, als Demonstrationsobjekt im Medizinunterricht für fortgeschrittene Studierende zu dienen. Einzig der selbstmitleidgetränkten Frage, warum das ihm, ausgerechnet ihm und warum gerade jetzt, ausgerechnet jetzt, passiert war, wollte er sich widmen und dabei sein Leben analysieren, das im zurückliegenden Jahr mehr und mehr aus den Fugen geraten war.

Alles schien sich glücklich zu fügen, als er vor drei Jahren seine Zelte in Hamburg abgebrochen hatte und nach München zurückgekehrt war, wo er die Stelle als leitender Bauingenieur für das weltbekannte Theater angenommen hatte. Sicher, das Gehalt, das die in überwiegend öffentlich-rechtlichem Eigentum befindliche Theater-GmbH zahlte, war lächerlich gering im Vergleich zu den Einkünften, die er zuvor in der Privatwirtschaft erzielt hatte. Aber das Projekt hatte einen unglaublichen Reiz auf ihn ausgeübt. Die Generalsanierung dieses Theaters sollte sein Alterswerk werden, anschließend wollte er sich zur Ruhe setzen. Außerdem hatte er sich danach gesehnt, nicht nur die Wochenenden, sondern auch den Alltag mit seiner Frau zu teilen, die als Oberärztin im Universitätsklinikum arbeitete.

Die ersten Monate waren von einem Zauber beseelt gewesen, als erlebten sie noch einmal *Honeymoon*. Für die zwei Stunden am Abend, wenn Agathe nach Hause gekommen war und sich über das Abendessen gefreut hatte, das er auf den Tisch gezaubert hatte, sie gemeinsam dem Abgang des Rotweins hinterhergeschmeckt und sich die Szenen des Tages erzählt hatten, für diese zwei Stunden gemeinsamen Alltags hätte Sascha beinahe alles gegeben.

Es waren Augenblicke des kleinen Glücks und der Geborgenheit gewesen. Endlich hatte er wieder gewusst, wo er hingehörte, und hatte sich vom Trubel des Tages entspannen können. Gemeinsam hatten sie die Hektik von Baustelle und Operationssaal abgeschüttelt und manchmal sogar die Zeit gefunden, einander im Bett die eine oder andere Kurzgeschichte vorzulesen, wie damals, als sie sich, beide Studenten an der Technischen Universität, kennengelernt hatten.

Er hatte in einem Zustand gelebt, als liefe er nach einem Marathon mit großem Vorsprung auf den Zweitplatzierten ins Stadion zur letzten Runde ein. Voller Euphorie und purer Lebensfreude hatte er sich für die letzte Anstrengung des Berufslebens bereitgefunden, verbunden mit der Aussicht auf üppige Freizeit gemeinsam mit dem Menschen, den er liebte, in den Jahren nach diesem Parforceritt.

Natürlich hatte er begriffen, dass die Generalsanierung eines maroden und überdimensionierten Theaterkomplexes eine herkulische Herausforderung war, die mit dem zur Verfügung stehenden Budget nicht gemeistert werden konnte. Sascha hatte oft im Leben die Herausforderung gesucht und nun, in der Geborgenheit des gemeinsamen Zuhauses, hatte er vor Kraft gestrotzt und war bereit gewesen, das Unmögliche möglich zu machen.

Als nach einem Jahr die erste Krise gekommen war, weil der Projektsteuerer aus dem Ruder gelaufen war, hatte er den Ärger weggesteckt, weil ihn Agathe aufgemuntert und in der Haltung bestärkt hatte, ungeachtet finanzieller Einbußen den Projektsteuerer zu feuern.

Die Schadensersatzklage ist weiterhin anhängig, dachte Sascha und schaute sich, soweit es die festsitzende Halskrause zuließ, in seinem komfortablen Einzelzimmer um. Ein kleiner Flachbildschirm befand sich an einem schwenkbaren Arm am Nachtkästchen und bildete die Verbindung zur Außenwelt als Fernseher und Computerbildschirm, den er mit einer Funktastatur bedienen konnte, wenngleich es mit der linken Hand etwas mühsam war.

Noch stand ihm nicht der Sinn danach, seinen E-Mail-Account zu öffnen oder sich Trash-Sendungen im TV anzusehen. Am Fenster erinnerte ein runder Tisch mit drei Stühlen daran, dass zur Bewegung fähige Patienten ihre Gäste durchaus mit Stil empfangen konnten. Die Tür zum Badezimmer machte ihm seine Abhängigkeit von der Bettpfanne bewusst.

Er wollte schreien und brachte es nicht über sich. Er wollte nicht, dass irgendjemand bemerkte, wie sehr er mit seinem Schicksal haderte. Weder für das Selbstmitleid, das ihn zu übermannen drohte, noch für die Wut, die unaufhaltsam hochkroch, wollte er Anteilnahme. Wie so vieles in den letzten Monaten, musste er diese Situation allein durchstehen. Gerade jetzt durfte er keine Schwäche zeigen, was, ans Krankenhausbett gefesselt, nicht einfach war.

Ich muss, nahm sich Sascha vor, *rasch meine Handlungsfähigkeit wiederherstellen.* Dazu wollte er sich einen Tag Zeit geben und versuchen, mit sich selbst klarzukommen und die Situation zu akzeptieren.

»Mein Glas«, brummte er grimmig, »ist halb voll und nicht halb leer.« Aber er ahnte, dass er sich selbst belog, und vielleicht ahnte er an diesem trüben Dienstagnachmittag bereits die nahende Katastrophe, obwohl er im Augenblick glaubte, schon jetzt am Tiefpunkt seines bisherigen Lebens angekommen zu sein.

Was sich vor drei Jahren als Beginn eines großen Glücks dargestellt hatte, hatte sich mit der Zeit zu einem Albtraum der besonderen Art entwickelt. Die Generalsanierung war zunehmend aus dem Ruder gelaufen, und nach einem Jahr hatte ihn die Arbeit so gefangen genommen, dass er kaum zum Abendessen nach Hause gekommen war und sich die vertraute Geborgenheit gemeinsamer Abendstunden mit Agathe verflüchtigt hatte wie Schnee in der Sahara.

Der neue Projektsteuerer hatte das Vorhaben schonungslos analysiert und eine Reihe von Mängeln aufgedeckt, die sich auf Planung, Organisation und Ausführung bezogen, was das externe Controlling auf den Plan gerufen und die Alarmglocken der Geldgeber hatte schrillen lassen.

Bald darauf waren die ersten Zeitungsberichte erschienen, die die Ikone der deutschen Theaterlandschaft in ernster Gefahr wähnten und sich nicht gescheut hatten, Vergleiche zu den größten Baupleiten der jüngeren Gegenwart zu ziehen.

Sascha hatte sich um ein gutes Verhältnis zu den lokalen Zeitungsredaktionen bemüht und sich für ein stufenweises Vorgehen entschieden, was die Transparenz hinsichtlich der sich mehrenden Probleme, insbesondere der ständig steigenden Kosten, anging.

Aufgeben war nicht in Betracht gekommen, eine Niederlage einzustecken ebenso wenig, und nach knapp zwei Jahren hatte er den Schalter auf stures Durchhalten umgelegt. Er musste das Projekt erfolgreich zu Ende bringen, koste es, was es wolle.

Vielleicht hätte ihn Agathe bremsen können. An dem Punkt, an dem Sascha wahrgenommen hatte, dass die Freude des Zusammenseins verloren ging, hätte er sich sogar vorstellen können, sich zur Ruhe zu setzen, auch wenn das seinem Naturell widersprach. Er hasste halbgare Sachen, das Churchill'sche Motto des *we shall never surrender* steckte von Jugend an in ihm.

Für Agathe hätte er den Krempel vielleicht hingeworfen. Doch als er so weit gewesen war, über einen radikalen beruflichen

Schritt nachzudenken, war es bereits zu spät gewesen. Agathes Prognose war erschütternd gewesen. Zehn Wochen später war Agathe gestorben.

Was für eine Verhöhnung durch das Schicksal, haderte Sascha damals wie heute. Agathe, als Oberärztin der Chirurgischen Klinik oft mit Bauchspeicheldrüsenkrebs konfrontiert, hatte an sich selbst keinerlei Anzeichen festgestellt, bis alles zu spät gewesen war.

Sascha hatte sich voller Wut in die Arbeit gestürzt und rücksichtslos das Projekt vorangetrieben, das wegen fehlender Schlussfinanzierung zum Scheitern verurteilt war. Sein Leben war aus den Fugen geraten, aber er konnte nicht trauern. Ein hemmungsloser innerer Furor half ihm über den Verlust und die Schmerzen hinweg. Dieser unheilige Zorn war es, der ihn den Trail hinabgetrieben und den Sprung über den *Table* hatte wagen lassen. Nur so war die Befreiung vom erlittenen Verlust zu erlangen. Fast wäre es geglückt.

Und jetzt? Gelähmt im Krankenbett, handlungsunfähig dem Ansturm der Gedanken ausgesetzt, konnte er vor der Vergangenheit und den Erinnerungen nicht mehr fliehen. Während sein rechter Arm den Dienst verweigerte, ließ er endlich die Tränen zu.

Als es an der Tür klopfte, wischte sich Sascha mit der linken Hand übers Gesicht, gerade rechtzeitig, damit Markus Horbacher nicht sofort sah, in was für einer angegriffenen Verfassung er sich befand. Zwar nannten sich Sascha Wallot und Markus Horbacher seit Jahrzehnten Freunde und vermutlich waren sie das im landläufigen Sinn auch, aber vor allem waren sie miteinander beruflich in einer Art Schicksalsgemeinschaft verbunden. Misslich für Sascha allerdings, dass sich Horbacher stets in der besseren Position befand; früher als Firmeninhaber der GmbH, die Sascha als Geschäftsführer operativ gesteuert hatte, jetzt als

Vorsitzender der Gesellschafterversammlung des Europäischen Theaters und damit sozusagen als sein oberster Aufsichtschef.

Trotzdem oder gerade deswegen war er der Erste gewesen, den er hatte verständigen lassen, schließlich stand mit der Generalsanierung sein wichtigstes Bauprojekt vor immensen Problemen. Und wen sonst hätte er informieren können? Schmerzlich wurde ihm bewusst, dass er seit dem Tod seiner Frau niemanden mehr hatte, der ihm wirklich nahestand.

»Was stellst du für Sachen an?«, polterte Horbacher los, kaum war er zur Tür hereingetreten. Er packte sich einen Stuhl und setzte sich mit rustikaler Selbstverständlichkeit neben Saschas Bett. »Du kannst dich nicht vom Acker machen, alter Knabe. Wann bist du wieder einsatzbereit?«

»Die Ärzte gehen davon aus, dass die Funktionalität in einigen Wochen wiederhergestellt ist«, antwortete Sascha matt.

»Das kann nicht sein«, erwiderte Horbacher und es klang entrüstet. Horbacher duldete keinen Widerspruch, akzeptierte keine Hindernisse auf seinem Weg und hatte von jeher unbeugsam seinen Willen durchgesetzt. »Wenn du nicht sofort auf die Beine kommst, nimmst du gefälligst den Rollstuhl. Aufgeben kommt nicht infrage. Also, wann sitzt du wieder im Führerhaus?«

»Das wird seine Zeit dauern.«

»Wir brauchen dich so schnell wie möglich vor Ort. Die Architekten machen mir Kummer, du bist ihr entscheidender Ansprechpartner. Es geht nicht ohne dich, Sascha!«

»Morgen weiß ich mehr, Markus. Du musst deine Ungeduld zügeln. Und um die Architekten kümmere ich mich. Die tragen wir schon über die Ziellinie.«

»Wenn du dich da mal nicht täuschst«, knurrte Horbacher. »Jetzt erzähl, was ist passiert?«

»Ein Flüchtigkeitsfehler bei einem *Jump*«, antwortete Sascha. »Wieso sollte ich mich bei den Architekten täuschen?«

32

»Watzlaff hat mir gestern mitgeteilt, für sein Architekturbüro Insolvenz anzumelden.«

Sacha schluckte fassungslos, musste erst sein Entsetzen hinunterschlucken, ehe er entrüstet rief: »Das kann nicht sein! Ich päpple die seit fast einem Jahr mit Vorschuss- und Abschlagszahlungen. Das weißt du doch. Watzlaffs Büro kann gar nicht pleitegehen.«

»Wenn du dich da mal nicht überhoben hast, mein Freund. Gibt es etwas, das ich wissen sollte?«, fragte Horbacher und rückte mit seinem Kopf nah an Wallots Gesicht.

Sascha nahm das Lauern in Horbachers Augen wahr und dachte unwillkürlich an den Chagallschen Engel des Vortages. Um wie viel lieber hätte er in diese Augen geblickt, als sich dem misstrauischen Blick seines Freundes ausgesetzt zu fühlen.

»Du weißt alles, was du wissen musst«, erwiderte er. »An uns kann das nicht liegen. Watzlaff blufft. Er will nur mehr Kohle herausschlagen.«

»Stimmt es, dass du ihm die letzten beiden Nachträge nicht genehmigt hast?«

»Die sind unberechtigt.«

»Watzlaff sieht das anders. Nun, du hast noch einen Tag Zeit, darüber in Ruhe nachzudenken. Wenn du die Nachträge nicht anerkennst, geht Watzlaff zum Konkursrichter.«

Horbacher drückte ihm den rechten Arm – vermutlich ziemlich fest, aber Sascha spürte es nicht – stand auf und brummte: »Pass auf dich auf.«

Dann verschwand Horbacher durch die Tür. Sascha blickte ihm nachdenklich hinterher und empfand beklemmend, dass ihm sein Chef nicht mehr freundschaftlich gesonnen war. Er fragte sich, was den alten Kumpel bewegen mochte. Machte sich Horbacher inzwischen echte Sorgen um das Projekt, obwohl er stets der Ansicht gewesen war, die Geldgeber würden selbstverständlich nachschießen, wenn es erforderlich war?

Sofort stellte sich das Herzrasen ein, das Sascha seit einigen Monaten beunruhigte und das mit seinem unbedingten Willen zusammenhing, die Sanierung des Theaters zu Ende zu führen. Nach Agathes Beerdigung hatte er hemmungslos aufs Tempo gedrückt, um die Baustelle voranzutreiben. Vorwärts, immer vorwärts, um nur ja keinen Stillstand aufkommen zu lassen, der ihn zum Nachdenken gezwungen hätte. Er hatte sich mit ausufernder Arbeit ins Vergessen gestürzt und dabei immer weniger Rücksicht auf bürokratische Regeln und sonstige Fesseln genommen. Das Architekturbüro bei Laune zu halten, war eine zentrale Aufgabe gewesen, zumal trotz etlicher Planungsfehler, die sich das Büro geleistet hatte, der Wechsel des Gesamtplaners mit Sicherheit zu einer immensen zeitlichen Verzögerung geführt hätte, die Sascha auf keinen Fall hinnehmen wollte. Daher hatte er den Architekten in den letzten Monaten teilweise erheblich mehr ausgezahlt, als ihnen nach den erbrachten Leistungen zugestanden hätte. Allerdings war der Inhaber mit den Monaten immer dreister geworden und hatte vor rund zwei Wochen einen Nachtrag vorgelegt, der Zusatzforderungen von rund zwei Millionen Euro begründet hätte.

Diese Forderung hatte Sascha ablehnen müssen. Sie war weder berechtigt gewesen, noch hatte Sascha hierfür derzeit das nötige Budget gehabt. Zumal ihm sowieso die Liquidität abhandengekommen und er ziemlich ratlos gewesen war, wovon er die laufenden Rechnungen zahlen sollte.

Sollte das Architekturbüro tatsächlich Insolvenz anmelden, würden ihm nicht nur die Sonderzahlungen auf die Füße fallen. Er wusste also, warum er Herzrasen hatte, und überlegte fieberhaft, was zu tun sei. Doch es gelang ihm nicht, seine Gedanken zu ordnen. Erinnerungsfetzen huschten wie die Szenen eines hektisch geschnittenen Films durch seinen Kopf. Der chagallsche Engel changierte in Agathes Gesichtszüge, die einmal leidvoll, dann wieder anmutig aufschienen. Sein Kopfkino spielte ein Zerrbild von glücklich zu unglücklich in einem wahnwitzigen Zeitraffer, was Sascha ein schmerzhaftes Brennen im Unterleib verursachte, bis schließlich die Bilder so wild durcheinanderwirbelten, dass sie sich zu einem bunten Nebel ohne Aussagekraft verdichteten. Erschöpft schloss er die Augen und schlief ein.

3

Himmelhoch türmt sich der schlanke Pfeiler auf. Noch ist kaum die Hälfte erklettert, doch tief liegt der weiße Gletscher schon unter ihr. Sie spürt die Anspannung ihrer Muskeln. Der rötliche Fels fühlt sich kühl und glatt an. Wunderbarer Granit zum Klettern und nun wartet eine Schlüsselstelle.

Sie konzentriert sich, setzt die Fußspitze fest auf, nah am Ballen ihrer rechten Hand, schiebt das Knie hoch und den Po hinaus. Reibung und Druck, das Geheimnis zur Aufhebung der Schwerkraft.

Ihr Blick richtet sich aufwärts zu der schmalen Leiste im Granit. Dorthin muss die linke Hand. In einer flüssigen Bewegung drückt sie beide Knie durch, schnellt hoch, greift mit links nach der Leiste – und fällt. Mit einem Klirren springt die Zwischensicherung aus der Wand, sie fällt an Marco am Standplatz vorbei hinunter ins Leere – und wird federnd vom sich dehnenden Seil aufgefangen.

Unter einem kleinen Überhang pendelt sie hart gegen die Wand. Sie starrt in die Tiefe, dann nach oben. Über ihr ein rot schimmerndes Dach, das es nun zu überwinden gilt, schwer, beinahe aussichtslos, und die eigentliche Kletterroute mehrere Meter seitlich davon ist nicht zu erreichen.

In diesem Moment kommt die Angst. Heiß und kalt schießt sie durch ihre Brust, der Magen krampft, sie schreit ...

Schweißgebadet fuhr Olga hoch und blickte in die Dunkelheit ihres Schlafzimmers. Ihr Herz raste, ihr Atem ging schwer. Sie drehte den Kopf zum Glastisch neben dem Bett und sah das beruhigende Rot der LED-Anzeige ihres alten Radioweckers: 03:27. Zu früh, um aufzustehen.

Sie legte sich zurück, atmete bis sieben zählend aus und bis vier zählend ein und beruhigte sich. Wieder dieser Traum ihres

Sturzes am *Grand Capucin*. Wieder dieser Albtraum, der sie plagte, seit Marco vor zwei Jahren tödlich abgestürzt war.

Eigenartig, rätselte Olga, *dass ich kein einziges Mal von Marcos Todessturz träume, sondern von meinem Sturz im Jahr zuvor.* Sie rieb sich die Augen. Der Radiowecker zeigte 03:31 – immer noch zu früh zum Aufstehen – aber jetzt war sie wach.

Olga schaltete das Licht ein und stand auf. Die Gegenwart des Schlafzimmers und das Bild ihres blassen Gesichts im Spiegel des Kleiderschranks vertrieben die Erinnerung. Sie schlurfte ins Bad und betrachtete nachdenklich die zartblauen Schatten unter den Augen.

»Wasserzeichen des Lebens«, hatte Marco manchmal geflüstert, wenn sie nach einem langen Bergwochenende am Montagmorgen an ihren Augenringen herumgemäkelt hatte.

Er fehlte ihr noch immer, als Kletterpartner, als Freund, als Lebensgefährte. Bei diesen Gedanken mischte sich ein Schimmer in ihre Augen. Sie ging in die winzige Küche und schaltete die Kaffeemaschine ein. Das knarzende, scharrende Geräusch des sich selbst säubernden, schon etwas altersschwachen Vollautomaten vertrieb die Gespenster der Nacht. Marcos Bild verblasste. Stattdessen sah sie das interessante Gesicht der Bodybuilderin vor sich. Da war eine Sympathie der besonderen Art. Vielleicht lag es an der Lockerheit, mit der Sonja gestern das Gespräch gesucht hatte.

Olga legte eine Vollkornschnitte in den Toaster und wischte diese Gedanken beiseite. Während die Kaffeemaschine brummend eine *Crema* zubereitete, tauschte Olga den Pyjama gegen Unterhemd, Bluse und Jeans, und bei ihrem leichten Frühstück überlegte sie, was sie heute in ihrer Kanzlei erwartete.

Bei aller Offenheit, die Martin Prodger ausgestrahlt hatte, spürte Olga doch etwas Unausgesprochenes. Sie vermutete einen Zusammenhang mit dem verschwundenen großen Geldbetrag, für den er keine Erklärung hatte. Die Aktenlage war zudem dürftig. Beinahe schien es Olga so, als hätte die Kriminalpolizei zu oberflächlich ermittelt. Zwar lagen die Kontoauszüge des Vereinskontos in Papierform vor, aber sie erwiesen sich als seltsam widersprüchlich.

Innerhalb weniger Tage fand sich eine Überweisung in Höhe von 375.000 Euro und eine über 425.000 Euro, beide mit dem Zahlungszweck »Freundschaftsdienst M.P.«, auf ein rätselhaftes Konto, das scheinbar unmittelbar nach Zahlungseingang gelöscht worden war. Wie konnte das sein?

Dagegen waren die anderen drei Überweisungen, die ihrem Mandanten vorgehalten wurden, völlig transparent. 25.000 Euro mit dem Zahlungszweck »Buchführungshonorar M. Prodger«, 20.000 Euro mit dem Zahlungszweck »Zwischenfinanzierung« jeweils auf das Girokonto von Martin Prodger sowie im Januar 2019 20.000 Euro mit dem Zahlungszweck »Darlehen« auf das Postbankkonto ihres Mandanten. Zudem waren die beiden großen Überweisungen zwar elektronisch getätigt worden, jedoch fehlten die erforderlichen Legitimitätsnachweise, denn für das Vereinskonto war die Transaktionshöhe für Internetbuchungen auf 35.000 Euro gedeckelt.

Olga konnte sich des Eindrucks nicht erwehren, dass hier massiv manipuliert worden war. In den Akten fand sich hierzu jedoch kein einziger weiterführender Inhalt. *Seltsam*, grübelte Olga, *da werde ich nachfassen müssen.*

Vor dem Fitnessstudio sperrte Olga ihr Fahrrad ab. Im Treppenhaus kam ihr von oben Sonja entgegen.

»Hallo, wie geht's?«, fragte Olga.

Sonjas Augen strahlten. »Super, hatte ein klasse Work-out.«

Nun standen sie sich auf Augenhöhe gegenüber und Olga spürte wieder die Befangenheit vom Vortag. »Du bist früh dran heute«, bemühte sie sich um einen belanglosen Satz.

»Stimmt«, sagte Sonja. »Hab bald ein berufliches Date. Aber jetzt trink ich unten beim Bäcker noch 'nen Kaffee. Kommst du mit?«

Die Frage überraschte Olga. »Ein anderes Mal gern«, antwortete sie und zuckte zum Ausdruck des Bedauerns mit den Achseln. »Bin heute auch eingespannt und muss mich jetzt austoben.«

»Alles klar, viel Spaß. Aber übertreib's nicht.« In Sonjas Lächeln schien ein Hauch von Enttäuschung zu liegen.

Als sie aneinander vorbeigingen, streiften sich ihre Hände. Olga drehte sich kurz um; Sonja schaute nicht zurück. Auf dem Weg in die Umkleide hing sie mit ihren Gedanken dieser Begegnung nach. *Nächstes Mal*, dachte sie und sperrte ihre Tasche in den Metallspind, *gehe ich mit ihr Kaffee trinken.*

Zurück im Büro nahm sie sich noch einmal die Akte von Martin Prodger vor. Doch so sehr sie auch blätterte, für die beiden großen Überweisungen gab es keinerlei Erkenntnisse außer den Papierauszügen. Olga beschloss, sich selbst bei der Bank zu erkundigen, wie es zu solchen Buchungen kommen könne, und rief die kontoführende Filiale an. Sie wurde zügig mit dem Filialleiter verbunden, doch als dieser hörte, was Olga interessierte, blockte er mit Hinweis auf das Bankgeheimnis und laufende Ermittlungen ab.

Einerseits konnte sie das verstehen, denn mehr denn je waren die Banken bei dem Thema »Sicherheit im elektronischen Banking« sensibel geworden, und Transaktionen, die möglicherweise mit Steuerschlupflöchern zu tun hatten, wurden argwöhnisch beäugt. Andererseits fanden sich die Kontounterlagen in dem von der Staatsanwaltschaft beschlagnahmten Material, und deshalb durfte der Filialleiter nicht mehr davon ausgehen, hier etwas verheimlichen zu können.

Olga überlegte, ob sie einen erweiterten Beweisantrag stellen konnte, hatte aber keine zündende Idee, wo sie den Hebel ansetzen sollte. Konnte man eine Bank zwingen, ihre Sicherungssysteme offenzulegen?

Irgendetwas ist hier faul, argwöhnte sie. Prodger hatte die Überweisungen zu seinen Gunsten transparent verbucht. Einen Kontoauszug dagegen hatte er stümperhaft gefälscht und möglicherweise damit die Bank auf den Plan gerufen. Die Bank war es nämlich gewesen, die den Vorstandsvorsitzenden des Freundeskreises kontaktiert hatte, ironischerweise wegen des Verdachts auf Geldwäsche. Dabei hätten die beiden großen Überweisungen das Sicherheitssystem der Bank gar nicht passieren dürfen. Die Manipulation lag hier offen zutage, aber die Unterlagen der Ermittler gaben nichts dazu her und seitens der Bank fehlte es verdächtig offensichtlich an einem Aufklärungsinteresse.

Eigenartig, stutzte Olga und stellte sich einige interessante Fragen: *Verdeckte die Bank am Ende eine eigene Unzulänglichkeit in ihrem Sicherheitssystem? Suchte man einen Schuldigen? War Prodger angreifbar genug, den perfekten Sündenbock abzugeben?*

Sie musste mehr über die Banktransaktionen herausfinden und durfte sich nicht auf die Ermittlungsergebnisse der Staatsanwaltschaft verlassen. Zum Glück kannte sie einen Privatdetektiv, dem sie gleich zu Beginn ihrer Anwaltskarriere in einem Verfahren wegen Hausfriedensbruchs zu einem Freispruch verholfen hatte. Dafür war ihr Alex Sorger anhaltend dankbar, und mit der Zeit hatten sie sich sogar angefreundet. Sie rief ihn kurzerhand an und verabredete sich mit ihm auf ein frühes Abendbier in ihrer Lieblingsgrillbar.

Auf dem Gehweg in der ruhigen Seitenstraße war ein kleiner Holztisch für zwei Personen frei, gerade richtig, um an diesem sommerlichen Abend gemütlich zusammenzusitzen. Als Olga auf den Tisch deutete und den Kellner fragend anblickte, nickte dieser und Olga nahm Platz.

»Was hast du auf dem Herzen?«, fragte Alex, als er sich ihr gegenübersetzte und die modische Sonnenbrille abnahm. Seine Augen blitzten vor Neugier.

Das mochte Olga besonders an ihm, diese frische Offenheit für Neues und die Freude an seiner Arbeit, obwohl sie allzu oft aus langweiligen Ermittlungen oder Observationen bestand.

»Mir sind einige Vorgänge bei einer Bank rätselhaft«, antwortete Olga. »Aber lass uns erst mal bestellen und mich wissen, wie es dir geht.«

»Die Geschäfte laufen und der Gin Tonic schmeckt.«

»Fein«, sagte Olga. »Das war ja schon mal anders.«

»Ach, der Gin Tonic hat mir immer geschmeckt.« Alex Sorger sagte es mit einem jungenhaften Lachen.

Olga gefiel sein Humor, den er wiedergefunden hatte, nachdem es ihm vor rund zehn Jahren einmal ziemlich dreckig gegangen war. Damals hatte es einen empfindlichen Bruch in seiner Biographie gegeben, über den er nach dem Freispruch, den sie für ihn erwirkt hatte, mit einer Wehmut berichtet hatte, die sie diesem unangreifbar wirkenden Mann nicht zugetraut hätte.

»Trinken wir ein Kirschweizen«, entschied Olga resolut und winkte der Bedienung. »Geht auf mich.«

»Deine Vorlieben ändern sich nie. Was macht das Klettern?«

»Ich komme zu wenig zum Trainieren und der Hüftspeck tut ein Übriges, mich vom achten Grad fernzuhalten.«

»*Fishing for compliments* ist unter Freunden verboten«, tadelte Alex mit erhobenem Zeigefinger.

»Es ist auch nur ein knappes Kilo, trotzdem spürt man das im Klettergarten. Wenn du mit mir klettern würdest ... Aber du ziehst es ja vor, dich mit Stand-up-Paddling zu vergnügen. Prost.«

Das mit Kirschsaft gespritzte Hefeweißbier war gekommen. Sie stießen mit den Böden der Weißbiergläser aneinander und genossen die ersten Schlucke.

»Du solltest meinen Sport mal ausprobieren, das beruhigt die Nerven«, erwiderte Alex, nachdem er sein Glas abgesetzt hatte. »Aber raus mit der Sprache, was kann ich für dich tun?«

»Du musst für mich in eine Bank einbrechen«, flüsterte Olga verschwörerisch und zwinkerte ihm zu.

»Nichts leichter als das«, flachste Alex. »Und im Ernst?«

»Das ist ernst. Mir geht es um Bewegungsdaten zu einem Konto, das erhebliche Unregelmäßigkeiten aufweist. Du müsstest in das System eindringen und versuchen, zurückliegende Vorgänge aufzuspüren.«

»Du meinst, ich soll den Rechner einer Bank hacken?« Alex schaute sie ungläubig an und rieb mit dem Mittelfinger der rechten Hand über die steile Furche oberhalb seiner Nasenwurzel.

»So könnte man es ausdrücken«, erwiderte Olga. »Du solltest deine Programmierkenntnisse nicht einrosten lassen.«

Alex' Augen blitzten. *Er wird anbeißen,* das sah sie voraus, *aber*, fragte sie sich, *darf ich ihn dazu anstiften?* Was bedeutete es eigentlich für sie, sollte man sie dabei ertappen, einen Privatermittler zu einem Datendiebstahl angestiftet zu haben? Als Rechtsanwältin hatte sie die Stellung eines Organs der Rechtspflege und war vom Standesrecht gehalten, rechtstreu zu handeln. Ein Verstoß konnte sie die Anwaltszulassung kosten.

»Netter Versuch. Ist es das Risiko wert?«

Olga schüttelte den Kopf. »Es geht nur um ein Vermögensdelikt. Aber es geht auch um Gerechtigkeit«, betonte sie und erzählte kurz von der nachlässig geführten Ermittlung hinsichtlich der fehlenden 800.000 Euro.

»Da kann oder will jemand nicht tiefer einsteigen«, kommentierte Alex Olgas Bericht. »Und du, du bist mal wieder als rettender Engel unterwegs?«

»Pflichtverteidigerin.«

»Das löst bei dir meistens einen besonderen Beschützerinstinkt aus«, brummte Alex und prostete ihr zu.

Olga wusste, wie sehr Alex genau diese Eigenschaft an ihr mochte. Er war selbst ein Gerechtigkeitssucher, der sich gern auf die Seite der Armen und Schwachen stellte. Bei den Benachteiligten dieser Welt ließ er eher Gnade walten und verzieh manchen Fehler, den er einem verwöhnten Erfolgsmenschen schwer ankreiden würde.

»Nichts verabscheue ich mehr, als wenn jemand ungerecht behandelt wird. Das weißt du genau und da ticken wir ähnlich«, ereiferte sich Olga.

»Wo du recht hast, hast du recht. Aber mit diesem Handeln auf eigene Faust ist es so eine Sache ...«

»Skrupel?«

»Respekt – und Angst, erwischt zu werden. Du weißt, ich bin ein gebranntes Kind.«

»Das verstehe ich. Vergiss es«, winkte Olga ab und gab ihren Worten mit Absicht einen enttäuschten Klang.

»Nicht so schnell«, beschwichtigte Alex. »Ins Sicherheitssystem einer Bank einzudringen ist heikel und fast unmöglich. Aber wenn diese Bank etwas vertuschen will und am Ende deinem Mandanten was in die Schuhe schiebt ... Nein, das geht gar nicht.«

Jetzt funkelten seine Augen und Olga wusste seine nächsten Worte, ehe er die Lippen bewegte.

»Ich versuch's«, sagte er und trank sein Glas leer.

Weil sie die Wirkung des zweiten Kirschweizens ein wenig spürte, schob sie ihr Fahrrad auf dem Nachhauseweg und blieb vor der Auslage eines kleinen Schmuckgeschäfts stehen. »Goldamsel auf Weltreise« war da zu lesen, und: »Ein Jahr müsst ihr ohne mich auskommen. Meinen Schmuck könnt ihr in dieser

Zeit bei Miriam kaufen, die meinen Laden betreut. Wenn ihr wollt, begleitet mich auf meinem Blog.«

Olga las das Schild wehmütig. Sie kannte Muriel, die Goldschmiedin. Sie hatte oft genug bei ihr in dem winzigen Atelier gesessen. Gemeinsam hatten sie Espresso getrunken und sich über Gott und die Welt unterhalten. Die »Goldamsel« war für Olga in den letzten beiden Jahren ein Ankerplatz gewesen. Ein Ort, an den sie immer hatte kommen können und ein offenes Ohr gefunden hatte.

Kaum jemand hörte so gut zu wie Muriel. Bei kaum einem Menschen hatte Olga so viel Trost allein dadurch gefunden, dass sie reden und von ihren Problemen erzählen durfte, ohne sofort einen schlauen Ratschlag zu erhalten. Nun musste sie ein Jahr auf die Vertrautheit der Goldschmiedewerkstatt verzichten, und während Olga ihr Fahrrad langsam weiterschob, fühlte sie sich ein wenig einsam.

Kaum zu Hause, poppte eine Whats-App-Nachricht von Frieder auf, ob sie Lust hätte, trotz fortgeschrittener Stunde noch im »Kalinka« vorbeizuschauen und für das Wochenende Pläne zu schmieden. Ihm habe gerade ein YouTube-Video eines bekannten Alpinisten Appetit auf eine große Route gemacht.

Warum nicht, machte sich Olga Mut und sagte zu, obwohl sie Bammel hatte vor einer längeren Tour. Würde Frieder sie zu einer langen Kletterpartie überreden, es wäre ihre erste große Tour seit Marcos Tod. Bisher hatte sie jedes Mal im letzten Moment einen Rückzieher gemacht. Trotzdem, jetzt bei einem frischen Fruchtcocktail über das Klettern zu plaudern war verlockender als den Fernseher einzuschalten. Außerdem hatte Olga heute schon selbst daran gedacht, dass es an der Zeit wäre, eine größere Tour ins Auge zu fassen; sie wollte und musste ihre Angst vor den hohen Wänden wieder in den Griff bekommen. Der Wetterbericht versprach für das kommende Wochenende

Gutes und Frieder war ein zuverlässiger Seilpartner. Einer frühsommerlichen Südwand sollte zumindest insofern nichts im Wege stehen.

»Zwanzig Seillängen im geilen Dolomit zur Einstimmung auf ein' guten Sommer«, sagte Frieder strahlend und legte Olga die topografische Skizze der Kletterroute »Don Quixote« vor.

»Marmolata Südwand«, erklärte er, »seit vierzig Jahren ein Klassiker, mäßig schwer, aber anhaltend anspruchsvoll. Wir fahren am Samstag g'mütlich nach Malga Ciapela, steigen zur Falierhütte auf, genießen a bisserl Hüttenzauber und marschier'n frühmorgens zur Wand. Was folgt ist Klettern vom Feinsten.«

»Ist dir das nicht zu leicht?«, fragte Olga mit Blick auf die Wandskizze, die mehr Seillängen im vierten und fünften Grad auswies als solche im sechsten, den Frieder eigentlich als »das unterste, was sich zu kraxeln lohnt« bezeichnete.

»Natürlich ist's eher leicht«, antwortete Frieder, »aber so krieg'n wir Einblick in den Fisch.«

»Du meinst wirklich den ›Fisch‹? Diese extreme Route? Ist das dein Ernst?«

»Der ›Fisch‹ ist der absolute Klassiker an der Marmolata. Die Tour müss'n wir mal angeh'n. Und es wird Zeit, dass du dich überwindest und neue Herausforderungen anpackst. Marco würde das wünschen.«

Olga schluckte, dann blickte sie ihm wortlos in die Augen.

»Er tät' wollen, dass'd wieder richtig kletterst und dass'd dich freimachst von deiner Trauer. Wirklich, glaub mir's.« Bei diesen Worten legte er ihr behutsam seine Hand auf den Arm.

Olga wusste, wie recht er hatte. Aber es war nicht leicht, über Marcos Bergunfall hinwegzukommen. Marco war ihre erste große Liebe gewesen und würde es auch immer bleiben.

Als Olga schließlich im Bett lag, zogen vor ihr die Seillängen einer klassischen Kletterroute vorbei. Endlich wieder eine große

Tour und die Luft einer *Bigwall* schnuppern, das löste einerseits eine fast archaische Freude in ihr aus, aber andererseits eine drückende Beklemmung.

Seit Marcos Todessturz bei ihrer gemeinsamen Tour im Wilden Kaiser hatte sie Angst vor hohen Wänden und mied die langen Routen. Andererseits blieb Klettern ihre größte Leidenschaft; nichts blies ihren Kopf so frei wie die allumfassende Konzentration auf den nächsten Zug. Wenn sie die Hände auf kompakten Fels legen konnte, durchströmte sie von der ersten Bewegung an ein Glücksgefühl, das sich für die Bergsteigerin in ihr mit der Freude, einen Gipfel zu erreichen, sogar noch ein wenig steigern ließ.

Ich muss mich wieder auf die hohen Wände einlassen, forderte Olga von sich selbst, *nur so werde ich meine Angst und die schmerzliche Erinnerung überwinden. Frieder hat recht*, ermutigte sich Olga. Sie musste Marco loslassen, nur so konnte sie frei werden für die Zukunft.

Plötzlich sah sie wieder das lächelnde Gesicht von Sonja vor sich. Es war ein hübsches Lächeln. Zu ihrer eigenen Verwunderung stellte sie fest, dass ihr Herz schneller schlug.

4

Nachdenklich saß Alex Sorger vor dem Computer und studierte die Log-in-Seite der Bank, in deren internes System er für Olga einbrechen sollte. Zuerst versuchte er es mit den Zugangsdaten von Martin Prodger, war aber nicht überrascht, dass dieser Log-in gesperrt worden war. Dann probierte er es mit dem Namen des derzeitigen Vorstandsvorsitzenden des Freundeskreises und drei verschiedenen Kombinationen mit auf diesen zugeschnittenen Ziffern aus. Jedes Mal erhielt er die Meldung: »Sie haben eine ungültige Kombination von Benutzername/ Teilnehmernummer und PIN eingegeben. Bitte geben Sie die Legitimationsdaten erneut ein.«

Auch das überraschte ihn nicht. Auf den ersten Blick erschien ihm der Zugang sehr gut gesichert, was ihn dazu zwang, mit einem besonderen Dietrich an das Schloss heranzugehen. Wie damals, als er mit besten Absichten die Regeln verletzt hatte, die ein Kriminalbeamter in Deutschland einhalten sollte.

Mit verbotenen Methoden war es ihm gelungen, einen Star unter den Wirtschaftsbetrügern dingfest zu machen. Er war geradezu besessen davon gewesen, diesem raffinierten Ganoven das Handwerk zu legen und ihn mit dessen eigenen Waffen zu schlagen. Natürlich hatte er auf den Zusammenhalt der gesamten Ermittlergruppe gehofft, aber weder die Dienststelle noch die Staatsanwaltschaft hatten ihm seine Kreativität gedankt. Im Gegenteil: Plötzlich waren die Chefs zu Moralaposteln mutiert und hatten den Rechtsstaat über die Gerechtigkeit gestellt, obwohl sie früher in manchen Fällen selbst die Früchte vom verbotenen Baum genascht hatten.

Überrumpelt, verletzt und enttäuscht hatte er vor den Scherben seines Berufslebens gestanden: 39 Jahre alt, Kriminalhauptkommissar im Bayerischen Landeskriminalamt, mit Vorermittlungen für ein Disziplinarverfahren konfrontiert, das zur Entlassung aus dem Dienst hätte führen können. Von den Kollegen gemieden, vom Chef bedrängt, freiwillig den Dienst zu quittieren, vom beauftragten Rechtsanwalt entmutigt und von jenem Staatsanwalt, mit dem er häufig zusammengearbeitet hatte, wegen möglicher Konsequenzen über das Disziplinarische hinaus vollends eingeschüchtert, war ihm nur der wenig schmeichelhafte Abschied geblieben.

Anstatt einen Betrüger dingfest zu machen, hatte der Strafverfolgungsapparat einen erfolgreichen Ermittler in die Wüste geschickt. Alex hatte gegen Zusicherung einer Verfahrenseinstellung seinen Dienst gekündigt und war arbeitslos geworden.

Als er sich auf die Stellenanzeige einer Detektei beworben hatte, hatten auch privat etliche unerfreuliche Monate hinter ihm gelegen. Damals hätte er nach jedem Strohhalm gegriffen, um wieder auf die Beine zu kommen. Er war dem Privatermittler Moritz Dandalo bis heute dankbar, von ihm trotz seiner unangenehmen Vergangenheit eingestellt worden zu sein. Beim Vorstellungsgespräch hatte er Dandalo seine Geschichte erzählt. Dandalo hatte ihm wortlos zugehört, war danach aufgestanden, hatte ihm die Hand gereicht und gesagt: »Nächste Woche fangen Sie bei mir an.«

Das war der Anfang von Alex' neuem Berufsleben als Privatermittler gewesen.

Jetzt also, erschrak er ein wenig, *holt mich die Vergangenheit ein und bin ich wieder dabei, in ein fremdes Rechnernetz einzubrechen.*

Wie vor zehn Jahren würden die Erkenntnisse, die sich aus dem Datenklau ergaben, in einem ordentlichen Verfahren nicht verwertbar sein. Nicht, dass er das damals nicht gewusst hätte, schließlich kennt man als Ermittler die »Früchte vom verbotenen Baum«. Trotzdem hätte man, ohne die Herkunft der ersten

Anhaltspunkte offenzulegen, mit weiteren Schlussfolgerungen zum Ziel gelangen und den Täter überführen können. Stattdessen war der damals straffrei ausgegangen und erfreut sich heute eines beträchtlichen Vermögens zweifelhafter Herkunft.

Will ich mal hoffen, dass Olga erfolgreicher mit dem umgeht, was ich entdecke, wünschte Alex und startete den ersten Angriff auf das Sicherheitssystem der Bank. Während der Rechner anhand eines festgelegten Algorithmus das Log-in-System auf Durchlässigkeit checkte, holte sich Alex eine Flasche Bier aus dem Kühlschrank und ließ Schluck für Schluck seine Gedanken schweifen. Hätte er jemals gedacht, einmal als Privatermittler und Hacker sein Geld zu verdienen? Wie unschuldig er vor dreißig Jahren seinen Dienst im Landeskriminalamt angetreten hatte, ein junger Kriminalhauptwachtmeister, den eine Laune des Schicksals in die EDV-Abteilung verschlagen hatte. Die ersten Wochen hatte er mit einer sogenannten »Programmierten Unterweisung« verbracht und Assembler für den Siemens-Großrechner gelernt. Jahre später hatte sich das als unschätzbarer Vorteil entpuppt, denn mit der Basis einer Programmiersprache nah am Maschinencode verstand er die interne Architektur komplexer Programme und fand sich spielerisch auf der DOS-Ebene von Windows-Rechnern zurecht. Gerade bei den Echtzeitsystemen konnte er mit Assembler Laufzeitoptimierungen erreichen, die ihresgleichen suchten.

Heute kam er mit kleinen, unauffälligen Assembler-Programmen in manches hochkomplexe System hinein. Doch so einfach wollte es ihm die Bank nicht machen, denn sein *SQL-Injection-Exploit* hatte noch nicht zum gewünschten Erfolg geführt. *Immerhin*, tröstete sich Alex, *mache ich nichts Illegales, solange ich den Zugang zum System nicht erreicht habe*. Für einen Moment erfüllte es ihn mit Befriedigung, dass der Versuch des »Sich-Zugang-Verschaffens« straffrei ist.

Sei's drum, heute bereute Alex sein damaliges Ernten der

Früchte vom verbotenen Baum nicht mehr. Er dankte im Gegenteil seinem Schicksal, das ihn zu Moritz Dandalo geführt und ihn nach dessen Ruhestand in den Besitz der Detektei gebracht hatte. Manchmal konnte er so der Gerechtigkeit besser zur Geltung verhelfen als früher und er empfand keinerlei Skrupel, sich ab und zu von den Fesseln des Rechtsstaats zu befreien, wenn es darum ging, der Wahrheit auf die Spur zu kommen. Allerdings beruhigte es ihn, mit Olga eine Strafverteidigerin an seiner Seite zu wissen, die kreativ genug war, ihn im Notfall aus dem Schlamassel herauszuholen. *Diesmal wäre sie besonders herausgefordert,* schmunzelte Alex, *da sie mich zu einer Straftat zugunsten ihres Mandanten angestiftet hat.*

Doch Olga eine Bitte abzuschlagen käme ihm nicht in den Sinn. Nicht seitdem sie ihn vor drei Jahren mit einem Freispruch erster Klasse in einem Hausfriedensbruchverfahren rehabilitiert und ihm damit die Lizenz gerettet hatte.

Der *SQL-Injection-Exploit* lieferte immer noch kein Ergebnis. Er würde Geduld aufbringen oder einen *Sniffer* einsetzen müssen. Jedenfalls sah es nicht so aus, als ob er Olga rasch ein Ergebnis liefern könnte. Überhaupt Olga: Er mochte sie. Sie war über die Jahre zu einer Freundin geworden, fast ein wenig wie eine Ersatztochter, obwohl sie einige Jahre älter als Lisa war. Manchmal ertappte Alex sich bei dem Wunsch, seine Tochter wäre wie Olga. Vor einiger Zeit hatte diese ihm ein Video von einer Klettertour gezeigt, da war er sprachlos vor dem Bildschirm gesessen und hatte kaum glauben können, mit welcher Eleganz, die mehr mit einem argentinischen Tango als mit Bergsteigen gemein hatte, sie der Schwerkraft getrotzt hatte. Sogar im extremen Fels zeigte Olga eine Ausstrahlung, die Alex faszinierte. Sie war einfach da, als Mensch, als Persönlichkeit, mit einer unaufdringlichen Energie des Schauens und Zuhörens. Olga war keine klassische Schönheit, und das tat ihr in Alex' Augen gut. Vielmehr hatte sie Charisma und eine Aura des

Menschlichen. Alex trank die erste Flasche leer und stellte frustriert fest, dass seine Tochter viel zu sehr nach seiner Ex-Frau geriet. Dieser Gedanke brachte ihn dazu, über den Wandel seines Frauengeschmacks zu sinnieren. Er öffnete eine weitere Flasche Bier. Die optische Attraktivität war gegenüber früher zweitrangig geworden. Er interessierte sich für Frauen, die in erster Linie Ausstrahlung und Charakter hatten und dabei nett anzusehen waren. Lernte er jedoch so eine Frau in seinem Alter kennen, musste er feststellen, dass sie lieber allein oder in einer festen Beziehung lebte; das war einfach frustrierend.

Neulich erst hatte Alex gelesen, München sei Deutschlands Single-Hauptstadt und trotzdem sei es nirgends schwerer, einen Liebespartner zu finden als in der Hofbräuhaus-Metropole. Ein Date in der modernen Tinder-Welt sei so schnell herbeigewischt wie hinweggefegt, aber unterhalb der Oberflächlichkeit des *Coffee to go* fügte sich kaum etwas zusammen.

Alex konnte das aus eigener Anschauung bestätigen, wobei es ihm nicht leichtfiel, auf Tinder ein Date herbeizuführen. Vermutlich lag es an seinem Alter. Die Matches, die er in den letzten Monaten getroffen hatte, waren beim Small Talk an der Cocktailbar eine Enttäuschung gewesen. Da hatte er es vorgezogen, nach einem unverbindlichen Gin-Tonic-Plausch den höflichen Rückzug anzutreten und anderntags den Morgenkaffee ohne Reue allein zu trinken.

Darüber war er froh, denn was es mit schlechten oder oberflächlichen Beziehungen auf sich haben konnte, erlebte er als Privatermittler beinahe Tag für Tag. Die Hälfte seiner Aufträge bestand aus Observationen erlebnisfreudiger Ehemänner, die mit ihren Eskapaden die Gattinnen in zunehmend schmerzhaftere Eifersucht trieben, bis sie sich Gewissheit und Scheidungsmaterial verschaffen wollten. Dann heftete er sich an die Fersen der lüsternen Gatten und schoss die entscheidenden Fotos von Candle-Light-Dinners und Tangotänzen im Mondlicht, eng umschlungenen Abschiedsszenen in Hoteldrehtüren oder wilden Küssen an Trambahnhaltestellen, wie es sich eben ergab, wenn die Lust die Herren aus dem Haus trieb. Wer wollte da an die ewige Liebe glauben oder wenigstens an die Treue auf Zeit? Fast Food und Take-away schienen das Gebot der Stunde.

Alex wollte das nicht einmal verurteilen, es hätte ihm vielleicht selbst gefallen, wenn er fünfzehn Jahre jünger, schlanker und vitaler gewesen wäre.

Wer ohne Sünde ist, werfe den ersten Stein. Alex wollte kein Moralapostel sein und er war auch keiner, wenngleich er sich seinem besonderen Gerechtigkeitsempfinden verpflichtet fühlte, das nicht zwangsläufig mit dem Rechtssystem in Einklang stand, sondern manchmal eher den Maßstäben einer griechischen Tragödie folgte. Daher hielt er es für richtig, Olga und ihrem Mandanten zu helfen, selbst wenn er dabei in Konflikt mit § 202 a des deutschen Strafgesetzbuches kam. Denn nun hatte sein *SQL-Injection-Exploit* den Zugang zum Konto des Freundeskreises erzwungen und damit den Straftatbestand vollendet. Zwar konnte er mit diesem Zugang nichts weiter erreichen, als die letzten Buchungseinträge zu lesen, aber das genügte fürs Erste. Mit Ausnahme von drei Buchungen aus den letzten beiden Monaten wies das Konto im für Olga wichtigen Zeitraum keine Einträge auf, insbesondere keine Abbuchungen über 800.000 Euro.

Hier hat sich jemand die Mühe gemacht, Kontobewegungen zu löschen, ärgerte sich Alex, dem klar wurde, dass Olgas Bitte, den Verbleib der knappen Million zu ermitteln, mit wesentlich mehr Aufwand verbunden war, als zunächst angenommen. Um ans Ziel zu gelangen, musste er tiefer in das System eindringen und sich Administratorenrechte verschaffen. »Zeit für den *Sniffer*«, brummelte Alex und trank die zweite Flasche Bier leer.

5

Olga erwachte vom Gong einer SMS. Der Radiowecker zeigte 05:37. Sie rieb sich den Schlaf aus den Augen und griff nach dem Smartphone: *Das Cocktailrezept ist kompliziert ☺ Alex.*

Wenn er bis jetzt dran gearbeitet hat, dachte Olga, ist es wirklich eine harte Nuss. Andererseits verwunderte es sie nicht, denn schließlich gelten die Systeme der Banken als besonders sicher. Trotzdem gab es nicht nur wiederholt breit angelegte Umtauschaktionen großer Banken bei ihren Kreditkarten, sondern immer wieder auch von investigativ tätigen Computernerds erbeutete Daten über dubiose Geschäfte.

Nichts ist unmöglich, machte sich Olga Hoffnung, sprang aus dem Bett und warf die Kaffeemaschine an. Außerdem traute sie Alex aufgrund seiner Vergangenheit als Programmierer und Ermittler im Landeskriminalamt beinahe alles zu. Jedenfalls war sie neugierig, was er ihr demnächst berichten würde.

Wenig später nahm sie sich im Büro noch einmal Prodgers Akte vor und studierte die Vernehmungsprotokolle der Vorstandsmitglieder des Freundeskreises, die Prodger nach einem Hinweis der Bank – schon aus Selbstschutz – angezeigt hatten. Einhellig bezeichneten die Herren ihren Mandanten als einen zuverlässigen und ehrlichen Menschen, dem sie über viele Jahre hinweg stets voll vertraut hatten. Keiner konnte sich erklären, warum Prodger sich heimlich diese Darlehen ausbezahlt hatte, schließlich hätte er mit ihnen reden und dann hätte man alles regeln können.

Was das Verschwinden der 800.000 Euro betraf, zeigten sich alle ratlos. Keiner wollte glauben, dass Prodger diese Summe veruntreut hatte, und mehr als einer argwöhnte, hier müsse ein Fehler der Bank vorliegen.

Bemerkenswert fand Olga die Mutmaßung eines Professors Maul: Allein, Martin mit ungerechtfertigten Darlehen in Verbindung zu bringen, gab dieser zu Protokoll, erscheine angesichts der Profession des Beschuldigten skurril. Die Veruntreuung einer knappen Million hingegen sei absurd. Hier schiebe man Martin etwas unter und es sei dringend geraten, im beruflichen Umfeld des Beschuldigten nachzuforschen, wer ihm schaden wolle.

Dieser Passage hatte Olga beim anfänglichen Aktenstudium keine besondere Aufmerksamkeit gewidmet, weil sich auf den ersten Blick keinerlei Zusammenhang zwischen Prodgers Ehrenamt beim Freundeskreis und seiner beruflichen Tätigkeit im Kulturreferat erkennen ließ. Umso mehr war sie nun sensibilisiert und durchforstete das Polizeiprotokoll nach Hinweisen, ob im beruflichen Umfeld ihres Mandanten Ermittlungen angestellt worden waren.

Das war nicht der Fall; die Ermittler hatten Professor Mauls Hinweis ignoriert.

Zu Recht? Olga beschloss, ihr Augenmerk auf Prodgers Arbeit zu richten. Er war Beamter der Stadt München und arbeitete im Kulturreferat als Sachbearbeiter, wo er derzeit lediglich Innendienst verrichtete, weil die Stadt auf die Mitteilung der Staatsanwaltschaft über die Eröffnung eines Ermittlungsverfahrens wegen Untreue ein Disziplinarverfahren eingeleitet hatte. Dieses wurde zwar aktuell nicht fortgeführt, weil das Ergebnis des Strafverfahrens abgewartet wurde, aber um eventuellen Schaden von der Stadt abzuwenden, war Prodger jeder Außenkontakt untersagt worden. Er durfte an keinen Besprechungen und Terminen mit Externen teilnehmen, durfte keine Briefe unterschreiben oder SMS oder E-Mails versenden.

Da das Disziplinarverfahren ruhte, war hier anwaltlich nichts veranlasst, und so hatten sie sich bei ihrer ersten Besprechung nicht näher über Prodgers Arbeit unterhalten. Der Geschäftsverteilung der Stadtverwaltung konnte Olga entnehmen, dass Prodger unter anderem für Theater und darstellende Kunst zuständig war. Was ihr Mandant genau machte, wusste Olga nicht. Umso wichtiger erschien es ihr, bald noch einmal mit ihm persönlich zu sprechen.

Sie schloss den Aktendeckel und wandte sich Rolf Mergenthalers Fall zu, dem schweren Konkursdelikt, bei welchem demnächst die Hauptverhandlung anstand. Sich hier der zentralen Frage zu widmen, zu welchem Zeitpunkt ihr Mandant hatte wissen müssen, dass die Firma überschuldet war, war wesentlich dringlicher, als sich um die Pflichtverteidigung eines Vermögensdelikts zu kümmern, wenn auch nur halb so spannend.

Als sie im Begriff war, ihre Sporttasche zu schultern, um im Fitness-Studio zu trainieren, stellte Angela ein Telefonat durch.

»Alex hier, wollen wir lunchen?«

»Ein Kaffee und ein Croissant wären mir lieber«, antwortete Olga spontan und stellte die Sporttasche weg. Eigentlich hatte sie gehofft, Sonja zu sehen und auf den Kaffee zurückkommen zu können. Aber sie war viel zu neugierig, was Alex herausgefunden hatte. Ohne Ergebnis hätte er sicher nicht angerufen, auch wenn er sich am Telefon geheimnisvoll gab und betonte, den Bericht gebe es nur mündlich persönlich. Jedenfalls waren seine Neuigkeiten es wert, dass sie die zwei Konstanten in ihrem Tagesablauf über den Haufen warf: nichts essen und Ausdauertraining.

Statt ins Fitnessstudio radelte sie also zum Stadtcafé an der Universität.

»Was hast du für mich?«, fragte sie Alex, kaum dass sie auf der sonnigen Terrasse bei ihm am Tisch saß.

»Eigentlich nichts«, antwortete er mit lausbübischem Grinsen, »und das ist vorerst das Interessante an der Geschichte.«

Er sah sich nach links und rechts um, ob eventuell jemand

spitze Ohren bekam, als die Bedienung vorbeikam und nach ihren Wünschen fragte. Alex bestellte sich eine Johannisbeerschorle, ein Schinkensandwich und Rührei, Olga Kaffee und Croissant. Die Bedienung schrieb die Bestellung auf, nickte und ging zum Nachbartisch.

»Sei mir nicht böse, wenn ich ein wenig manisch wirke«, fuhr Alex mit seinem Bericht fort. »Ich habe mir die Nacht um die Ohren geschlagen und den halben Vormittag, nur um endlich Zugang zu diesem Freundeskreiskonto zu erhalten und festzustellen, dass mit Ausnahme von drei Buchungen aus den letzten sechs Wochen alle Einträge verschwunden sind.«

»Verschwunden?«

»Richtig, völlig verschwunden, also gründlich gelöscht, und zwar tatsächlich physikalisch, soweit ich das feststellen konnte. Da hat sich jemand verdammt viel Mühe gemacht, das Konto zu putzen.«

»Aber wozu?«

»Keine Ahnung. Eines ist klar: Wenn sich auf Sicherungskopien keine Vorgänge finden, fehlt der Staatsanwaltschaft ein entscheidendes Beweismittel.«

Die Bedienung brachte die Getränke; das Gespräch stockte, und erst, als sie wieder allein waren, fragte Olga: »Und die Papierauszüge, die in den Akten enthalten sind?«

»Kontoauszüge auf Papier können leicht gefälscht werden. Du musst verlangen, dass die Kontobewegungen aus dem System heraus nachvollziehbar dargestellt werden. Wenn der Staatsanwaltschaft das nicht gelingt, kannst du darauf jedenfalls eine passable Strategie aufbauen.«

»Die Bank muss doch Sicherungskopien haben. Niemand kann alles löschen, oder?«

»Gewiss haben die im Back-up-System alles gespeichert. Die Frage ist, wie man herankommt. Da bin nicht einmal ich mir sicher, ob die Staatsanwaltschaft Zugriff erhält. Aber auf jeden

Fall wäre es für dich gut, über die Hintergründe Bescheid zu wissen. Ich versuche, eine Sicherungskopie auszulesen. Aber das System ist erstaunlich gut programmiert. Ich muss mir Administratorenrechte verschaffen. Das ist beinahe ein Ding der Unmöglichkeit. Das ist eine ganz andere Nummer, als einfach mal im Vorübergehen ein paar Kontodaten auslesen.«

»Verstehe ich nicht. Was ist daran schwieriger?«

Alex setzte zur Antwort an, da brachte die Bedienung das Croissant, das Schinkensandwich und das lecker mit Zwiebelringen und Petersilie angerichtete Rührei; Olga bereute beinahe, nur das trockene Gebäck bestellt zu haben, verkniff sich aber die Frage, ob sie eine Gabel voll Ei kosten dürfe, und wiederholte stattdessen, als sie erneut allein waren, ihre Frage: »Was ist da schwieriger?«

»Ganz einfach: Jetzt konnte ich das Konto des Freundeskreises lesen. Aber ich hätte keine Transaktion vornehmen können. Das ist ja doppelt abgesichert. Um in das Back-up-System zu gelangen, muss ich eine viel effektivere Firewall durchbrechen. Das geht nur mit einer ganz hohen Zugriffsberechtigung. Die haben selbst in der Bank nur eine Handvoll Menschen. Ich kann dir also nichts versprechen.«

»Ich drücke jedenfalls die Daumen. Es würde mich brennend interessieren, wer Kontodaten löscht und warum.«

»Wenn sich jemand so viel Mühe gibt, eine Datenbank zu putzen, hat das einen triftigen Grund.«

»800.000 Euro!«

»Zum Beispiel. Und wer immer sich die gekrallt hat, der muss hervorragende Kenntnisse vom System haben. Wenn du mich fragst, steckt ein Insider in der Kiste mit drin.«

»Also«, folgerte Olga, »arbeitet mein Mandant entweder mit einem Banker zusammen oder er ist hinsichtlich der 800.000 Euro sauber.«

»Richtig«, erwiderte Alex und widmete sich genüsslich dem Rührei. »Es könnte sich natürlich auch ein begnadeter Hacker hinter der Aktion verstecken. Aber das halte ich für unwahrscheinlich.«

»Warum?«

»Weil es einen Riesenunterschied macht, ob man eine Datenbank auslesen oder manipulieren kann. Der Aufwand ist für einen Hacker von außen um ein Vielfaches höher als für einen Insider, der sich Administratorenrechte erschleicht. Jedenfalls ist es viel wahrscheinlicher, einen Insider hinter der Aktion zu vermuten.«

»Was schließen wir daraus?«

»Wenn es ein Insider ist, dann hat sich ein Bankangestellter die 800 Riesen unter den Nagel gerissen und schiebt das deinem Mandanten in die Schuhe. Also würde ich zunächst intensiv bei der Bank nachforschen. Einfach ist das alles nicht, das muss dir klar sein.«

»Findest du trotzdem was?«

»Für die beste Strafverteidigerin in meinem Leben: Ja, irgendetwas werde ich finden. Du musst nur Geduld haben.«

»Okay«, nickte Olga. »Wenn du sowieso an der Sache dran bist, kannst du noch etwas für mich tun?«

»Du findest wohl Gefallen an meiner Mitarbeit?« Alex grinste. »Darf ich das als Kompliment auffassen?«

»Kein *fishing for compliments* unter Freunden«, erwiderte Olga und lachte.

»Jetzt schlägst du mich mit meinen eigenen Waffen. Wie kann ich dir helfen?«

»Du könntest herausfinden, mit was sich Martin Prodger beruflich befasst. Er arbeitet im Sachgebiet für Theater und darstellende Kunst des Kulturreferats, aber ich weiß nicht, womit er sich da genau beschäftigt. Mir wäre daran gelegen, eine objektive Information über sein berufliches Umfeld zu erhalten. Wenn du dich da mal schlau machst, ist das unverfänglich. Ich kann schlecht bei seinen Kollegen und Vorgesetzten anrufen.«

»Dein Glück, dass es bei mir gerade entspannt zugeht«, erwiderte Alex und streckte Olga die Hand hin. Die Sache war abgemacht.

Zurück in der Kanzlei lagen drei Terminsachen auf ihrem Schreibtisch und zogen Olgas Aufmerksamkeit von Prodgers Fall ab. Sie erledigte drei Schriftsätze, führte zwei telefonische Mandantengespräche, unterschrieb zwei Rechnungen und freute sich, demnächst wieder ein paar Gutschriften aufs Kanzleikonto zu erhalten. Schließlich räumte sie den Schreibtisch auf und griff nach ihrer Sporttasche, um das mittags ausgefallene Training nachzuholen. Da poppte eine WhatsApp-Nachricht auf: Frieder fragte, ob sie Lust auf zwei Kletterstunden in Thalkirchen hätte.

Olga begrüßte die Abwechslung und eine knappe Stunde später trafen sie sich am Tresen der Kletterhalle. Olga war überrascht, wie spielerisch ihr die Seillängen gelangen. Im Tanz von Körperspannung und Gleichgewicht waren ihre Sinne fokussiert auf die Bewegung, es gab keinen Gedanken an irgendetwas, das nicht mit dem nächsten Schritt zu tun hatte. Reine Konzentration auf den nächsten Zug, keine Welt außen herum. Klettern pur.

Als sie abends im Bett lag, freute sie sich gerade wegen des gelungenen Hallentrainings auf die anstehende Klettertour mit Frieder und schlief ein. Doch dann riss ein Traumfetzen sie aus dem Schlaf und sie blickte in Marcos wohlvertraute Gesichtszüge, wie er dagelegen hatte am Fuß des Sonnecks.

Er war rund sechs Meter frei hinabgestürzt, weil das Seil auf einer Seite zu kurz gewesen war und er auf den Knoten am Seilende verzichtet hatte. Ein banaler Abseilfehler mit katastrophaler Folge. Seine fragenden Augen, als sie endlich bei ihm gewesen war, der dünne Faden Blut, der aus seinem Mundwinkel getropft war, sein leises Stöhnen. Am Handy kein Netz. Keine Reaktion auf ihr Pfeifen mit der Notpfeife. Ihr Hinunterhasten über das Geröllfeld in der Hoffnung, ein Netzsignal zu empfangen. Endlich die Möglichkeit für den Notruf. Das unendliche Warten auf den Helikopter. Der Retter, der an der Winde herabgelassen worden war. Die hektischen Funksprüche, bis der zweite Retter mit der Bahre am Boden angekommen war. Quälende Minuten, ehe Marco fixiert und die Bahre hochgezogen worden war. Der Arzt war mitgeflogen, der Bergwachtmann bei Olga geblieben. Ob sie absteigen könne? Der lange Abstieg, die Fahrt ins Krankenhaus mit dem Bergwachtauto, die Angst und Ungewissheit. Das traurige Gesicht des Arztes, der sie empfangen hatte. Olga weinte. Immer noch beweinte sie Marcos Tod, betrauerte den Verlust ihrer Liebe. Nein, auch wenn die Trauer leiser und weniger schmerzend geworden war, ganz überwunden hatte sie Marcos Tod noch nicht. Aber sie wollte nach vorne schauen. Sie durfte sich nicht von der Angst einschüchtern lassen. Sie musste die Angst vor den hohen Wänden überwinden und ihrer Kletterleidenschaft treu bleiben. Das würde Marco sich wünschen. Ihr Leben musste weitergehen.

Olga lächelte wehmütig in sich hinein und versuchte, einzuschlafen. Sie schloss die Augen und glaubte plötzlich, Sonjas Stimme zu hören. Es war eine angenehme Stimme, etwas dunkel und erstaunlich melodisch, eine Stimme, die sie an jemand erinnerte, aber Olga fiel nicht ein, an wen. Während sie noch versuchte, der Assoziation nachzuspüren, kam ihr der Abend im Nationaltheater in den Sinn. War es »Figaros Hochzeit« gewesen, das sie mit Marco damals gesehen hatte? Er hatte ihr beweisen wollen, dass man mit ihm mehr konnte als klettern und sie mit Stehplatzkarten für das Nationaltheater überrascht. Sie genoss das Erlebnis und war zu Wachs in Marcos Händen geworden, als sie nach Oper und Cocktailbar auf seine Studentenbude in der Fallmerayerstraße gegangen waren. Die Musik noch im Ohr, hatte sie sich seinen Händen hingegeben, die überraschend zärtlich hatten sein können, obwohl sie so groß und kräftig gewesen waren, wie es sich für einen Kletterer gehört hatte, der im achten Grad zu Hause gewesen war.

Die Erinnerung wühlte Olga auf. Sie schlüpfte aus dem Bett und holte sich ein Bier aus der Küche. Jetzt konnte sie eh nicht sofort einschlafen.

Mit einem *Plopp* zog sie den Kronkorken ab und setzte die Flasche an den Mund. Manchmal half ein Helles beim Müdewerden.

Schon eigenartig, grübelte Olga, *wie ich bei der Erinnerung an Sonjas Stimme zu Marco und unserem Opernabend gelange.* Sie spürte eine sanfte Traurigkeit, die sich mit jedem Schluck Bier ein wenig abmilderte und langsam in den Hintergrund trat, ohne ganz zu verschwinden.

So wird es sein, mein Lieber, trauerte sie, *dass ich dich nie ganz vergessen werde. Das ist in Ordnung. Und trotzdem will ich nach vorne blicken und hoffen, dass noch einmal ein Glück auf mich wartet.* Sie nickte und stellte die halb volle Flasche in den Kühlschrank zurück. Als sie sich wieder ins Bett legte und die Augen schloss, sah sie Sonjas wachen Blick und schlief ein.

6

Architekten pleite, Bauleiter im Krankenhaus – Scheitert die Sanierung des Europäischen Theaters? Die Schlagzeile der großen Münchner Boulevardzeitung schrie Sascha Wallot entgegen. Sein Puls raste, als er in dem Artikel las, dass die Generalsanierung des weltberühmten Theaters unter keinem guten Stern stehe und das Architekturbüro Insolvenz angemeldet habe. *Wie kann das sein*, fragte er sich ärgerlich und war schlagartig hellwach. Warum hatte ihn niemand vorgewarnt? Was war geschehen? Drängender aber: Was würde geschehen und warum wurde sein Krankenhausaufenthalt erwähnt?

Er kontrollierte sein Smartphone. Kein verpasster Anruf von Kollegen oder Journalisten und keine Nachrichten auf Whats-App oder Telegram. Der letzte Eingang auf seinem E-Mail-Account datierte von Dienstag, 08:37 Uhr, danach kein einziger Eingang mehr, nicht einmal Spam oder Werbung. Als wäre er von der Außenwelt abgeschnitten, dabei lag er erst den dritten Tag hier im Krankenhaus. Außer Horbacher hatte niemand den Weg zu ihm ans Krankenbett gefunden. Was war da los?

Er wählte die Nummer seiner Stellvertreterin, hörte das Freizeichen und ließ es lange anläuten; Verena Spatz meldete sich nicht. Das passte gar nicht zu ihr, sie war die letzten zwei Jahre die Zuverlässigkeit in Person gewesen und hatte ihm den Rücken freigehalten. Sie war seine rechte Hand und mit dem Gesamtprojekt vertraut wie er selbst. Wieso ging sie nicht ans Telefon? Sie musste ein Chaos in der Planung verhindern und sich eng mit ihm abstimmen, wie sie das bisher immer getan hatten. Verena Spatz war ehrgeizig und zielorientiert, nichts könnte sie daran hindern, in seinem Sinne das Projekt voranzutreiben.

Er sah sie vor sich: hochgewachsen und mit ihrer kräftigen Statur eine respekteinflößende Frau, die mit ihrem gewinnenden

Lächeln auf der Baustelle jeden Polier dazu bringen konnte, genau das zu machen, was sie erwartete. Unverbrüchlich würde sie an seiner Seite stehen. Oder etwa nicht?

Ein leiser Zweifel schlich sich in seine Gedanken. Er erinnerte sich, wie sie in letzter Zeit sowohl zu Martin Prodger wie auch zu Markus Horbacher den Kontakt intensiviert hatte, wenngleich mit seinem Einverständnis, denn vor allem die informellen Treffen mit dem Controller der Stadt und dem Vorsitzenden der Gesellschafterversammlung waren Gold wert. Vertrat sie immer seine Linie? Oder betrachtete sie seine Strategie skeptisch, mit den wirklichen Kostensteigerungen hinter dem Berg zu halten? Untergrub sie seine Autorität? Konnte er sich hundertprozentig auf sie verlassen? Er musste dringend mit ihr sprechen.

Gerade wollte er bei seiner Sekretärin anrufen, um herauszufinden, wo sich Verena Spatz aufhielt, als die Tür aufging und der Chefarzt mit fünf Weißkitteln im Schlepptau zur Visite kam.

»Wie fühlen Sie sich?«, fragte der Arzt und kontrollierte das Datenblatt am Fußende des Bettes. »Sie hatten einen großen Schutzengel«, setzte der Chefarzt, ohne auf Saschas Antwort zu warten, seinen teuren Small Talk fort. »Der Bruch des sechsten Halswirbels ist glatt und stabil und geht nicht durch den gesamten Wirbelkörper. Das heilt rascher, als Sie denken. Die Bandscheibe hat einen minimalen Prolaps, der für die Lähmungen verantwortlich ist. Die motorischen Beeinträchtigungen sollten sich bald lindern.«

Immerhin eine hoffnungsvoll stimmende Nachricht, machte sich Sascha Mut.

»Bis dahin müssen Sie noch einige Tage liegen, Ruhe bewahren und mehrere Wochen die Halskrause tragen.« Der Arzt tätschelte Saschas rechten Arm und beinahe vermeinte er, die Berührung zu spüren. Für einen kurzen Augenblick durchströmte ihn so etwas wie ein Glücksgefühl.

Als die Ärzteschar das Zimmer verlassen hatte, kehrte die Gegenwart zurück, und erstaunlicherweise war es weniger seine Verletzung, die ihm zu schaffen machte, als vielmehr die Situation der Generalsanierung des Theaters. Klar wie nie stand ihm vor Augen, dass sein Projekt, dem er sich in den letzten Monaten mit ganzer Kraft gewidmet hatte, scheitern könnte. Das durfte nicht sein, das musste er verhindern. Mit allen Mitteln.

Habe ich das nicht versucht, fragte er sich und spürte Verunsicherung und Mutlosigkeit. Das überraschte ihn, das kannte er nicht. *Aufgeben gilt nicht,* sagte er sich und ballte störrisch die rechte Faust. Ungläubig blickte er an seinem Arm entlang hinab. Die Faust war geballt.

Er schrie so laut, dass die Tür aufging und ein Arzt hereinstürzte. Hinter ihm die Schar der anderen Ärzte einschließlich Chefarzt.

»Um Gottes willen, Herr Wallot«, rief der Oberarzt, »was ist los?«

»Die Faust«, stammelte Sascha, »die Faust.« Er öffnete und schloss die Faust der rechten Hand. Einmal, zweimal, dreimal.

Die Ärzte blickten überrascht. Der Chefarzt fand als Erster die Sprache wieder und bemerkte: »Bei Ihnen vergehen die Wochen schnell.«

Einige Lacher in der Ärzteschar lockerten die Atmosphäre.

»Das ist fantastisch, Herr Wallot. Freuen wir uns und schauen das morgen noch mal genau an.« Mit diesen Worten drehte er sich um und setzte mit seinem Anhang die Visite in den anderen Zimmern fort.

Kaum allein, ballte Sascha wieder die rechte Faust und bestärkte sich darin, dass er alles konnte. *Alles. Jawohl. Dem Watzlaff werde ich es zeigen, Insolvenz, Unverschämtheit. Mit meinem Geld, ich hätte ihn über die Ziellinie getragen. Der kann was erleben.*

Mit jeder Bewegung, die seine rechte Hand machen konnte,

wuchsen sein Zorn und seine Zuversicht. Er musste nur rasch – da hatte Markus Horbacher recht – handlungsfähig werden, damit seine Überzahlungen in einem Insolvenzverfahren nicht verloren gingen. Er wählte die Nummer seiner Sekretärin und war erleichtert, als sie sich nach dem dritten Klingeln meldete.

»Herr Wallot, wie geht es Ihnen? Wir haben uns Sorgen gemacht«, begrüßte sie ihn mit ihrer fröhlichen Stimme.

»Es geht aufwärts, danke. Sagen Sie, wo steckt Frau Spatz?«

»Wenn ich das wüsste, Herr Wallot.«

»Was soll das heißen?«

»Sie ist am Montag nicht im Büro erschienen und niemand hat seither etwas von ihr gehört.«

»Haben Sie es bei ihr privat versucht?«

»Sie geht nicht ans Telefon und auf E-Mails reagiert sie nicht, tut mir leid. Dass Sie und Ihre Stellvertreterin gemeinsam ausfallen, ist ein Problem. Unser lieber kaufmännischer Direktor ist am Durchdrehen.«

»Haben Sie meine E-Mails gecheckt? Über den Zugang, den ich hier habe, kann ich seit Dienstagmorgen keine mehr lesen.«

»Das hat Herr Motsch veranlasst. Ihr Konto ist gesperrt, alle Eingänge sind auf ihn umgeleitet.«

»Wie kommt der Kaufmännische dazu?«, ereiferte sich Sascha und spürte einen Stich in der Magengrube. Ob das mit der Insolvenz der Architekten zusammenhing? Irgendetwas lief gewaltig schief, ihm war nur nicht recht klar, was. »Wie sieht es mit der Anruferliste aus?«, fragte er weiter.

»Wenig, wenn ich ehrlich bin. Herr Watzlaff wollte Sie Dienstagvormittag sprechen, zwei Anrufe von Subunternehmern im Trockenbau und Herr Dr. Christ, das war alles.«

»Hat Christ gesagt, was er will?«

»Nein, er meinte, er werde sich mit Herrn Horbacher und dem kaufmännischen Direktor abstimmen. Wann kommen Sie wieder?«

»Bald«, antwortete Sascha und legte nachdenklich auf.

Innerhalb weniger Tage, so schien es, war maximales Chaos entstanden. Ausgangspunkt war vermutlich die Insolvenz des Architekturbüros. Sollten dadurch die planerischen Arbeiten ruhen, hätte das unweigerlich den Stillstand der Baustelle zur Folge, und das in der besonders sensiblen Phase kurz vor Beendigung der Rohbaumaßnahmen im Haupttrakt des Theaters. Die finanziellen Auswirkungen wären verheerend und unabsehbar, jeder Monat weitere Verzögerung dürfte mit mindestens einer Million Euro Mehrkosten zu Buche schlagen.

Sascha raufte sich mit der linken Hand die schütter gewordenen grauen Haare. Wenn der zuständige Gruppenleiter der Stadt deswegen anrief, bedeutete das nichts Gutes. Christ war zwar ein Freund des Theaters, jedoch ein Feigling, der jedem Problem aus dem Weg zu gehen versuchte und deshalb die Arbeit seinen Mitarbeitern im Sachgebiet überließ. Christ ließ sich nur blicken, wenn es Meriten zu verdienen gab oder Besprechungen hochrangig besetzt waren. Ansonsten bevorzugte er informelle Gespräche, wobei er sich da gern zu einem leckeren Dinner einladen ließ.

Sascha ereiferte sich zunehmend über den Gruppenleiter, der sich stets als verständnisvoller Kümmerer gab und Probleme am liebsten weglächelte. Was musste er sich jetzt einmischen? Höchst bedenklich und besorgniserregend, fand Sascha und kämpfte gegen ein aufkeimendes Unbehagen, das sich als Rumoren in seinem Bauch ankündigte.

Was hatte es zu bedeuten, dass der kaufmännische Direktor sein E-Mail-Konto gesperrt hatte? Ein ungewöhnlicher Vorgang, den selbst sein erklärter Gegner Motsch nicht ohne Weiteres in Gang setzen konnte.

Warum will man mich von Informationen abschneiden, überlegte Sascha. Wie war Horbacher in das Ganze involviert? Was war mit Verena Spatz los? Seit er sie kannte, war sie nie krank gewesen, war wenig in Urlaub gegangen und hatte auf ihre Überstunden verzichtet. Sie war tüchtig und ehrgeizig, sie konnte jetzt nicht fehlen.

Irgendetwas ist hier faul, argwöhnte Sacha, aber er konnte sich nicht erklären, was. Fragen über Fragen, die ihn beunruhigten und ihm zeigten, dass das Projekt auf eine Katastrophe zusteuerte. »Und ich bin mittendrin«, brummte er und überlegte, welche Sofortmaßnahmen er ergreifen sollte.

Watzlaff, er musste Watzlaff auf Linie bringen. Insolvenz hin oder her, Watzlaff musste für den Fortgang der Arbeiten geradestehen. Watzlaff, den er in den letzten zehn Monaten aufgepäppelt hatte, um das Projekt nicht zu gefährden. Watzlaff, der sein Büro nicht mehr im Griff hatte. Watzlaff, der es viel zu lang geduldet hatte, dass seine jungen Architekten schlampige Pläne vorlegten. Watzlaff, mit dem er seit Studententagen eine kollegiale und lange Zeit auch sportliche Freundschaft pflegte. »Der kann mir das nicht antun«, knurrte Sascha und griff nach dem Telefon.

»Wir müssen reden«, forderte er, kaum hatte sich der Architekt gemeldet, und war überrascht, als dieser ohne Umschweife anbot, ihn später im Krankenhaus zu besuchen.

Immerhin, dachte Sascha, *vielleicht erinnert er sich daran, wer ihn auf der Ötztaler Ache aus dem Fluss gefischt hat, als er keine Kraft mehr für die Kenterrolle hatte.*

»Ein verdammt guter Grund zum Dankbarsein«, brummte Sascha und verscheuchte die Erinnerung, um sich den Gegenwartsproblemen zuzuwenden.

Er musste mit Watzlaff eine plausible Erklärung für die Sonderzahlungen vereinbaren und dabei darauf achten, die letzten Nachforderungen nicht oder höchstens in Höhe der geleisteten Sonderzahlungen anzuerkennen. Wenn das misslang, waren die Sonderzahlungen nicht nur ein verlorener Zuschuss, sondern ohne Rechtsgrund geleistet, und dann, das wurde Sascha schmerzlich bewusst, hatte er ein haftungsrechtliches und ein strafrechtliches Problem am Hals. Eine Kombination, die ihn ruinieren würde. Das durfte er auf keinen Fall zulassen.

Außerdem, überlegte er, *würde auch Horbacher über die Klinge springen, immerhin war der über die Sonderzahlungen informiert und damit einverstanden.* Oder kochte Horbacher schon ein eigenes Süppchen?

So schnell, wie der Argwohn entstanden war, so rasch verwarf er ihn wieder. Nein, er wollte sich gar nicht vorstellen, dass ihn sein alter Kumpel fallen ließ. Dazu hatten sie schon zu viel gemeinsam gemeistert.

Auf Horbacher ist Verlass, beruhigte sich Sascha. Aber Sorgen bereitete ihm in dem Zusammenhang, dass sich Christ eingeschaltet hatte. *Welche Witterung hat der aufgenommen,* fragte sich Sascha. *Hat dieser Fährtenhund Prodger, der fast jeden Dreck im Dunkeln sieht, Staub aufgewirbelt?*

Das Verhältnis zu den Geldgebern bei der Stadt war seit den ersten Medienberichten über die Probleme bei der Sanierung belastet, zumal sich die Verhandlungen über eine Erhöhung des Budgets wegen der Blockadehaltung eines wichtigen Co-Finanziers äußerst zäh gestalteten. Dort sollten die Überzahlungen tunlichst nicht auffallen.

Er musste das unbedingt mit seiner Stellvertreterin besprechen und war sehr beunruhigt, dass Verena Spatz seit Montag verschollen war. Als hätte sich alles gegen ihn verschworen, kam sich Sascha ziemlich verlassen vor und lief Gefahr, in Selbstmitleid abzugleiten. Da klopfte es und ein völlig unerwarteter Besuch stand in der Tür stand.

»Man sagte mir, Sie wurden hier eingeliefert«, begrüßte sie ihn und nahm auf dem Stuhl an seinem Bett Platz. »Ihre Bergung vor drei Tagen war dramatisch. Da wollte ich mich nach Ihrem Befinden erkundigen. Wie geht es Ihnen?«

Er nickte mit offenem Mund und schaute sie unverwandt an.

Ihre dunkelblauen Augen strahlten eine angenehme Wärme aus, die zur Sanftheit der Stimme passte. Das ovale Gesicht war umrahmt von kastanienbraunen, glatten Haaren, die Wangenknochen etwas hoch angesetzt, Lachgrübchen neben den Mundwinkeln, eine neckische Kerbe im weichen Kinn. Über der Nasenwurzel und zwischen kaum vorhandenen Augenbrauen eine leichte Falte, die Stirn jugendlich. Trotzdem schätzte Sascha ihr Alter auf Mitte bis Ende vierzig, was vor allem an den Fältchen am Hals lag. Ein anmutiges Gesicht, das ihn ungemein ansprach. Er erinnerte sich an das unwirkliche Bild nach dem Sturz, das er danach für ein Traum- oder Trugbild gehalten hatte. Nun also saß sie neben seinem Krankenbett und betrachtete ihn voller Mitgefühl.

»Es tut mir leid, wenn ich Sie überfalle«, fuhr sie fort, »aber Ihr Sturz ist mir nicht aus dem Kopf gegangen.«

»Schön, dass Sie da sind«, antwortete Sascha und seine Stimme klang kratzig. »Dann kann ich mich dafür bedanken, dass Sie Hilfe geholt haben. Danke.«

»Selbstverständlich, das war selbstverständlich. Hoffentlich rechtzeitig genug? Wurden Sie gut versorgt? Ist alles okay?«

»Der sechste Halswirbel ist gebrochen, glücklicherweise glatt und fein, haben die Ärzte gesagt, und sie meinen, es kommt rasch wieder ins Lot.«

»Das wäre Glück im Unglück. Das beruhigt mich, wissen Sie. Ihr Unfall ist mir nahegegangen.«

Wie im Bergwald spürte er das Verlangen, ihr Gesicht zu streicheln, fühlte zugleich einen Kloß im Hals und suchte nach passenden Worten. Dann huschte ein Lächeln über sein Gesicht und er flüsterte: »Mir auch.«

Sie lachte und entspannte sich.

»Gern würde ich mich, wenn ich wieder gesund bin, bei Ihnen mit einem netten Lunch oder Dinner bedanken«, fuhr Sascha fort. »Vielleicht haben Sie ein Lieblingsrestaurant?«

»Das ist nicht nötig. Es war eine Selbstverständlichkeit, zu helfen.«

»Manchmal bedanke ich mich sogar für Selbstverständlichkeiten«, erwiderte Sascha. »Wirklich nur manchmal. Bei Ihnen, also, Sie wären so ein Fall.« Er schaute ihr in die Augen und hoffte, dass sie ihm das Gestammel nicht übel nahm. Er wollte sie wiedersehen, unbedingt, wenn er wieder auf den Beinen war. Er wollte ihr seine starke Seite zeigen, wollte ihr imponieren und trotzdem bescheiden wirken. Er wollte, dass sie ihn sympathisch fand, wollte gemocht werden – und ärgerte sich im selben Augenblick genau darüber, weil er es als Schwäche empfand.

Dein Blick macht mich schwach, schoss es ihm durch den Kopf, und zugleich spürte er ein Kribbeln im Bauch wie lange nicht mehr. Er musste sie wiedersehen. Aber sie sollte diese Dringlichkeit nicht wahrnehmen. Und während all das in ihm arbeitete, lag er stumm in seinem Krankenhausbett und versank im Blau ihrer Augen.

»Weil ich Sie gesund sehen möchte«, sagte sie nach längerer Pause, »nehme ich Ihre Einladung an. Dann essen wir eine Kleinigkeit und unterhalten uns übers Mountainbiken. Haben Sie Lust?«

»Und wie. Wenn man vom Pferd fällt, soll man rasch weiterreiten.«

Sie griff in ihre Handtasche und zog eine Visitenkarte hervor. »Wenn Sie gesund sind, kontaktieren Sie mich.«

Sie legte das Kärtchen auf seinen Beistelltisch, drückte ihm die Hand und ging.

»Elisabeth Stegner, Kunstmalerin«, las er. Der Karton duftete nach Rosen, die Festnetznummer gehörte zum Ortsnetz München, die Adresse zum Atelier. Die geschwungene Schrift mit Bleisatz gedruckt, dezent und gediegen, eine sympathische Geschäftskarte.

Ihr Gesicht ging ihm nicht mehr aus dem Sinn. Er schnüffelte immer wieder an dem Kärtchen. Aus dem Kribbeln wurde ein leichtes Ziehen im Bauch, angenehm und ungewohnt zugleich. Sascha schloss die Augen und stellte sich vor, die Kunstmalerin zu umarmen. Dabei schlief er ein.

»Du hättest dich nicht gleich in den Abgrund stürzen müssen«, dröhnte Watzlaff mit seinem wie stets zu lauten Bass, der nicht recht zu der eher schmächtigen Figur passen wollte. »Besser hättest du meine letzten Nachträge anerkannt und darauf einen Abschlag gezahlt. Tut mir leid, mein Freund, die Sache war gestern nicht mehr zu retten.«

»Vielleicht hätte ich dich damals ersaufen lassen sollen«, murmelte Sascha, der vom Aufreißen der Tür wach geworden war.

»Dein Fehler, Wallot. Mich jetzt absaufen zu lassen, das war unklug, glaub mir.«

»Du bist nicht abgesoffen, Watzlaff. Du spielst ein linkes Spiel. Warum?«

»Wallot, Wallot«, flüsterte der Architekt und beugte sich nah an Saschas Ohr. »Hast du wirklich nicht kapiert, dass ich die Kohle brauche?«

»Warum hast du das nicht früher gesagt?«

»Hab ich doch! Du wolltest es nicht hören und hast dich hinter deinem verdammten Budget verschanzt.«

»Watzlaff«, knurrte Sascha, »wer hat dir weit über die tatsächlich erbrachten Leistungen hinaus Sonderzahlungen rübergeschoben? Du weißt genau, dass ich dich trotz deiner miesen Leute über die Ziellinie tragen wollte.«

»Reg dich ab, lieber Wallot«, erwiderte der Architekt ruhig und betonte dabei die zweite Silbe von Saschas Familiennamen.

Sascha entfuhr ein leises Lachen. Erstmals seit vielen Jahren kam ihm die Eigenheit, dass sie beide sich nur mit Familiennamen ansprachen, komisch vor, und je unpassender er sein Lachen fand, umso mehr musste er lachen.

Oliver Watzlaff blickte ihn irritiert an und schwieg, bis sich Sascha beruhigt hatte.

»Gestern Vormittag wollte ich mit dir reden«, sagte Watzlaff. »Du warst nicht da. Da hatte ich keine andere Wahl mehr, als zum Konkursrichter zu gehen. Wir sind zahlungsunfähig. Du hättest wirklich etwas rüberschieben müssen. Jetzt ist es zu spät. Jetzt hält der Insolvenzverwalter alle Karten in der Hand.«

»Was wird aus meinen Sonderzahlungen?«

»Die verrechnen wir mit den Nachforderungen, darüber ist der Insolvenzverwalter informiert. Mach dir keine Gedanken, schließlich steht ihr bei uns mit über einer Million in der Kreide.«

»Dazu sollten wir eine Gesprächsnotiz fertigen und mit dem richtigen Datum versehen«, sagte Sascha bestimmt und bemerkte sofort Watzlaffs ablehnenden Gesichtsausdruck.

»Der Verwalter besitzt alle Unterlagen, die euch betreffen, schließlich ist dein Projekt mein Sargnagel geworden.«

»Das kann nicht sein«, entrüstete sich Sascha. »Watzlaff, das kann nicht sein!«

»Ist aber so. Wir werden versuchen, alle anderen Aufträge zu separieren, damit dein Projekt die anderen nicht kontaminiert. Wir werden bei dir ohne sofortige Zahlung unserer Nachforderungen keine Leistungen mehr erbringen. Meine Architekten sind über die Insolvenz informiert, sie wenden sich neuen Projekten zu. Wenn ich es richtig sehe, haben wir noch eine Karenzzeit von eineinhalb Wochen.«

»Das bedeutet Stillstand der Baustelle«, rief Sascha. »Das ist ein *No-Go!*«

Der Architekt zuckte mit den Achseln und fragte stattdessen: »Wie lange wirst du außer Gefecht sein?«

»Wer weiß.«

»Dann werden wir die Dinge mit Horbacher klären müssen. Gute Besserung, Wallot!«

7

Wieder der Albtraum, von dem sie erwachte. Wieder das Zittern nach dem Sturz aus der Granitwand des *Grand Capucin*, wieder die Erinnerung an den Unfall im Wilden Kaiser, wieder die Angst vor der *Bigwall*.

Der Wecker zeigte 04:51. Olga rieb sich die Augen und schüttelte das lähmende Gefühl der Angst ab. Einfach war das nicht – immer noch nicht.

»Vor diese Aufgabe hat mich das Leben gestellt«, stöhnte Olga, »diese Erlebnisse so zu verarbeiten, dass sie mich nicht mehr hindern.«

Leichter gesagt als getan, denn es ist ein Unterschied, im Klettergarten eine schwere Route zum Umlenker hinaufzusteigen, der höchstens zwanzig Meter über Grund hängt, oder Seillänge um Seillänge in einer mehr oder weniger senkrechten Felswand dem Himmel entgegenzuklettern, unter sich einen gähnenden Abgrund. Sie stand auf, schaltete die Kaffeemaschine ein und lauschte deren Ächzen. Sie süßte ihre *Crema* mit Honig und studierte die Skizze der geplanten Tour. Ja, das war eine hohe Wand, aber die Route versprach genussreiche Kletterei in einem überschaubaren Schwierigkeitsgrad.

Das schaffe ich, machte sich Olga Mut, *das ist die richtige Tour für den Neubeginn an hohen Wänden.* Ihr Puls verlangsamte sich, das flaue Gefühl im Magen verschwand, die Angst verblasste.

Statt in die Kanzlei zu fahren, griff sie an diesem Morgen nach ihrer Sporttasche und radelte mit einem Krimi im Gepäck ins Fitnessstudio.

»Guten Morgen«, tönte eine fröhliche Stimme, als Olga gerade das Aufwärmprogramm hinter sich gebracht hatte. »Ist der Platz neben dir frei?«

Erfreut blickte Olga zu Sonja auf und klappte das Buch zu.
»Willst du mir Gesellschaft leisten?«

»Wenn ich darf?«

»Es wird Zeit, dass ich mal jemand zum Quatschen hab«,
sagte Olga. Sie hatte den Eindruck, dass Sonjas Lächeln ein
Stück breiter wurde.

»Geht mir ähnlich. Manchmal bin ich auf die Studentinnen
neidisch, die eine ganze Stunde beim Training quasseln.«

»Vergeht die Zeit schneller.«

»Und angenehmer«, bekräftigte Sonja. »Mit der richtigen
Person, versteht sich.« Ihre Augen blitzten verschmitzt.

»Du meinst, da passen wir zusammen?«, fragte Olga.

»Jedenfalls bist du mir sympathisch«, antwortete Sonja unverblümt.

Diese direkte Art gefiel Olga, und ohne nachzudenken erwiderte sie: »Du mir auch.«

Sonja strahlte sie an, sodass Olga ganz warm wurde. Verlegen
sah sie zur Seite. *Was ist nur los mit mir?*

»Was treibst du eigentlich für einen Sport?«, fragte Sonja.

»Klettern.«

»So richtig an steilen Felswänden?«

Olga nickte.

»Daher also deine Muskulatur. Da braucht man ganz schön
Kraft, oder?«

»Kraft schadet nicht, entscheidend ist die Technik. Du be-
treibst Bodybuilding mit Leib und Seele?«

»Das ist eine besondere Geschichte. Nun ja, jedenfalls hat
mich vor Jahren interessiert, was ich aus meinem Körper machen
kann. Aber Klettern finde ich megaspannend. Bin bloß nicht auf
die Idee gekommen, es selbst zu machen. Manchmal braucht
man wohl einen Stups ...«

Blitzschnell lief in ihrem Kopf die Überlegung ab, ob sie
Sonja einmal in einen Klettergarten mitnehmen sollte. *Vermut-*

74

lich hat sie Talent, urteilte Olga, *und an Kraft wird es ihr nicht mangeln.*

»Soll ich dich stupsen?«, fragte Olga und war ein wenig überrascht von sich selbst. Das hatte neckischer geklungen als beabsichtigt. Nicht, dass Sonja das falsch verstand. Sie sah ihr in die Augen. Sonjas intensiver Blick traf sie unvorbereitet.

Plötzlich lag eine knisternde Spannung in der Luft, wie sie es von der Starkstromvorführung im Deutschen Museum kannte. Olga schluckte. »Solltest halt schwindelfrei sein«, fügte sie hinzu.

»Kein Problem.« Sonja lachte und die Spannung verschwand. »Und fürchten tu ich mich auch nicht.«

Olga war verwirrt, doch sie versuchte, sich nichts anmerken zu lassen. »Prima, dann greifen wir das bald mal an«, sagte sie.

»Ich freu mich schon. Und was machst du sonst so, wenn du nicht gerade kletterst?«

»Ich bin Rechtsanwältin für Strafsachen.«

»Klingt spannend, hast bestimmt viel zu erzählen. Liest du deswegen gern Krimis?«

»Das ist dir aufgefallen?«

»Hast ja dauernd einen dabei.« Sonja grinste.

Olga spürte, wie eine warme Welle vom Bauch heraufzog in ihre Brust. Sonja war ganz schön aufmerksam und irgendwie gefiel ihr das. Rasch umfasste sie die Griffe des Crosstrainers fester und lief einen Tick schneller, um die seltsame Aufregung im Zaum zu halten, die sie durchströmte. Ob Sonja das bemerkte? Falls ja, ließ sie es jedenfalls nicht erkennen.

»Erlebst du als Strafverteidigerin nicht selbst genug Krimis?«, fragte sie.

»Im Anwaltsleben spielen sich eher keine Krimis ab. Das Verteidigen in Strafsachen ist viel langweiliger, als man es sich vorstellt. In erster Linie besteht es daraus, Akten zu lesen und Fehler der Ermittlungsbehörden zu finden.«

»Klingt nach einem Schreibtischjob.«

Fast war es Olga ein wenig peinlich, dass ihr Job so unspektakulär war, weshalb sie das Thema wechselte. »Ach, wie man's nimmt«, sagte sie. »Und du?«

»Ich bin Informatikerin und entwickle Programme und Apps bei einer Softwarefirma.«

Sonja ging also auch einem Schreibtischjob nach. Olga atmete erleichtert auf. »Stressig, oder?«, fragte sie.

»Meistens, aber es ist mein Leben und macht Spaß. Zum Ausgleich singe ich und treib Sport.«

»Du singst?«, fragte Olga und wunderte sich, dass sie das nicht wirklich überraschte. Es passte zu dem ersten Eindruck, den sie von Sonja hatte, es passte zu diesem Körper mit den definierten Muskeln, der gleichwohl auch eine frauliche Weichheit zeigte.

»Habe sogar viele Jahre Gesangsunterricht genommen«, bejahte Sonja.

»Kannst ja beim Klettern singen«, alberte Olga und übertönte mit einem zu hohen Lachen ihre aufkommende Befangenheit. Sie blickte zu Sonja hinüber und fragte sich, was es war, das diese Frau in ihr auslöste. Die elegante Dynamik, mit der Sonja auf dem Crosstrainer lief, übte eine seltsame Faszination auf sie aus.

»Ob das so eine gute Idee ist?«, fragte Sonja. »Beim Klettern sollte man sich doch aufs Klettern konzentrieren, oder?«

»Punkt für dich. Wann singst du dann?«

»Vielleicht unter der Dusche?«, Sonja zwinkerte ihr zu.

Olga merkte, wie ihr das Blut ins Gesicht schoss. »Daraus wird heute nichts«, sagte sie und hoffte, dass Sonja ihr ihre Verlegenheit nicht anmerkte. »Jetzt muss ich gleich heim und danach in die Kanzlei.«

»Wenn du magst, geh'n wir die Tage mal zum Essen. Hab 'nen leckeren Italiener bei mir ums Eck.«

Reflexartig wollte Olga ablehnen, doch dann fiel ihr wieder ein, wie einsam sie sich fühlte, seit Muriel auf Reisen war. Es wäre schön, eine neue Freundin zum Reden zu haben.

»*Va bene*«, ging Olga in die Offensive. »Heute Abend hätte ich Zeit.«

»Das lässt sich einrichten«, sagte Sonja lässig, doch alles an ihr drückte eine ungezügelte Freude aus. »Lass uns Kontaktdaten tauschen.«

Wieder spürte Olga ein sanftes Kribbeln im Bauch. *Ob das Schmetterlinge sind,* wunderte sie sich und schob den Gedanken gleich wieder beiseite. Vermutlich lag es eher daran, dass sie es seit Marcos Tod nicht mehr gewohnt war, so viel Aufmerksamkeit zu bekommen. Sie holte ihr Handy hervor und speicherte Sonjas Telefonnummer.

»Schick mir eine Nachricht«, sagte Sonja, »dann habe ich deine Nummer direkt auf meinem iPhone. Hast du Telegram?«

»Ja.«

»Ich schreib dir, sobald ich einen Tisch reserviert habe und schick dir die Adresse. Passt sieben?«

»Passt«, antwortete Olga und winkte Sonja zum Abschied: »Bis heute Abend.«

Als Olga in der Kanzlei eintraf, saß zu ihrer Überraschung Alex Sorger bei Angela am Empfang und trank einen Espresso.

»Wollte persönlich vorbeikommen, um dir zu erzählen, was ich herausgefunden habe. Wenn du also etwas Zeit hast …«

Olga winkte ihm und ging voraus in ihr Büro. Zu Angela gewandt sagte sie: »Lass uns eine halbe Stunde allein. Keine Anrufe.«

»Der Prodger scheint eigentlich ein anständiger Kerl zu sein, zumindest, wenn man seinen Kollegen Glauben schenken darf. Trotzdem ist er nicht *everybody's darling* und seinem Chef offenbar ein Dorn im Auge.«

»Wie das?«

»Sein zentrales Projekt ist das Controlling der Generalsanierung des Europäischen Theaters. Ein Mammutunternehmen und für die Stadt von immenser politischer Bedeutung. Wie man den Zeitungen entnehmen konnte, ist das Budget für die Sanierung bei Weitem zu knapp kalkuliert. Das bringt die Stadt als Hauptanteilseigner der Theater-GmbH in eine prekäre Situation. Wie es aussieht, will der Kulturreferent mit der klassischen Salamitaktik zu Budgeterhöhungen kommen. Prodger soll das unlängst als Millionenlüge gegeißelt und gefordert haben, dem drohenden Schrecken ein Ende zu machen.«

Olga kannte die Baumaßnahme. Während ihres Studiums hatte es immer wieder Angebote gegeben, ein Musical im Europäischen Theater zu besuchen. Mit Beginn der Sanierung war das unmöglich geworden.

»Prodger soll ein sehr gewissenhafter Controller sein, habe ich mir sagen lassen«, fuhr Alex mit seinem Bericht fort, »und vor rund zwei Monaten habe es vor allem deshalb Ärger gegeben, weil er die Ampel von Gelb auf Rot gestellt hat.«

»Was meinst du damit?«

»Das sind die Signalfarben der Risikobewertung. Grün steht für ein reibungslos laufendes Projekt, gelb für ein mehr oder weniger ernsthaftes Risiko hinsichtlich der Zielerreichung und rot bedeutet, dass das Projekt in Gefahr ist.«

»Und warum bekommt Prodger Ärger, wenn er das Vorhaben in Gefahr sieht?«

»Die Politik mag rote Ampeln nicht. Außerdem will Prodger offensichtlich, dass das Projekt nach dem ersten von zwei Bauabschnitten zunächst eingestellt wird, bis eine tragfähige Finanzierung gesichert ist. Seinen Gruppenleiter, einen gewissen Herrn Dr. Christ, hat das ziemlich auf die Palme gebracht.«

»Respekt«, warf Olga ein, »das hast du alles an einem Tag herausgefunden? Und was hat das für eine Relevanz für meinen

Mandanten und die ihm gemachten Vorwürfe? Könnte da jemand aus dem Umfeld der Sanierungsmaßnahme dahinterstecken und versuchen, Prodger etwas anzuhängen?«

»Völlig abwegig wäre das nicht«, spekulierte Alex Sorger, »aber ich halte es für unwahrscheinlich. Nach allem, was ich aus dem Kantinentratsch, den ich angezapft habe, heraushören konnte, ist dieser Christ zwar ein karrieregeiler Opportunist, aber überaus korrekt. Außerdem steht er im Ruf, Mitarbeiter gut zu behandeln. Im Übrigen könnte so ein Gruppenleiter, jedenfalls der Kulturreferent, einen unliebsamen Mitarbeiter jederzeit versetzen. Prodger ist Beamter, dem kann man mit einem Federstrich eine andere Aufgabe zuweisen. Da benötigt niemand schmutzige Tricks, um ihn loszuwerden. Ehrlich gesagt halte ich es für lohnender, sich im Umfeld des Theaters umzublicken, ob es dort jemand gibt, der ein besonderes Interesse daran haben könnte, den gestrengen Controller anzuschwärzen.«

»Um seinen Ruf zu beschädigen, bräuchte es doch lediglich die Kenntnis von seinem Griff in die Kasse des Freundeskreises«, gab Olga zu bedenken. »Das würde die Manipulationen mit den 800.000 Euro nicht erklären.«

»Stimmt. Voraussetzung ist meines Erachtens sowieso, dass jemand von Prodgers Veruntreuung weiß.«

»Der sich diesen Umstand zunutze macht, sich die Kohle unter den Nagel reißt und Prodger als Sündenbock dastehen lässt?«

»Ungefähr so.«

»Klingt kompliziert.«

»Ist es auch. Aber ich bin zuversichtlich, dass ich bei der Bank noch mehr herausfinden werde. Mein *Sniffer* ist auf einem guten Weg.«

»Dein wer?«

»Mein hinterhältiges kleines Programm, das es mir erlaubt, den Datenverkehr im System der Bank nachzuverfolgen. Mit dem kleinen Schnüffler spioniere ich gerade einige Passwörter aus. Manchmal ist das ein Geduldsspiel, aber wie gesagt, ich bin zuversichtlich.«

»Du bist echt pfiffig. Danke.«

»Hoffe nur, dass es hilft.«

»Tut es. Manches sehe ich bereits klarer. Und wenn ich auf deine Zauberkunststücke vertrauen kann ...«

»Mit Zaubern hat das relativ wenig zu tun«, gestand Alex. »Manchmal ist Hacken ein Kinderspiel, jedenfalls für einen, der sich mit der Technik ein wenig vertraut macht.«

»Glaube ich nicht.«

»Darfst du aber. Schau mal im Internet nach. Mit wenigen Klicks landest du bei einem frei verfügbaren, an sich harmlosen Programm, das du dir sogar kostenlos herunterladen kannst. Eigentlich dient es dazu, im eigenen Netzwerk nachzuschauen, ob sich fremde Programme eingenistet haben. Aber mit etwas Geschick lässt sich daraus eine lohnende Datenklau-Falle bauen.«

»Was du nicht sagst. Und das funktioniert auch bei einer Bank?«

»Na ja, Fantasie und Geschick sollte man mitbringen und dann benötigt man noch mindestens ein sorgloses Opfer. Übrigens«, fuhr Alex fort und zog aus seiner Jackentasche einige Blätter Papier, »hier ist das Organigramm des Europäischen Theaters und die Geschäftsverteilung im Kulturreferat. Es ist nie verkehrt, das parat zu haben.«

»Danke.«

»Dann mach ich mich wieder an die Arbeit.«

»Was meinst du, wann hast du Ergebnisse für mich?«, fragte Olga ungeduldig.

»Mit etwas Glück morgen Abend, aber ich kann nichts versprechen.«

»Okay«, gab sich Olga zufrieden. »Hättest du dann Lust auf ein Kirschweizen?«

»Immer.«

»Gut, ich bestell auf sieben einen Tisch.«

Nachdem Alex Sorger gegangen war, betrachtete Olga das Organigramm des Theaters und stellte fest, dass neben dem Intendanten und dem kaufmännischen Direktor für die gesamte Sanierung ein Generalbevollmächtigter zuständig war, dem die Verantwortung für die kompletten Bauangelegenheiten oblag. Dieser Sascha Wallot arbeitete im Gegensatz zum Intendanten, den jeder nur halbwegs Kulturinteressierte in München aus den Medien bestens kannte, und dem kaufmännischen Direktor, der zumindest den Freunden des Theaters ein Begriff war, eher im Verborgenen.

Weil sie bis zum nächsten Mandantentermin etwas Zeit hatte, googelte Olga den Bauingenieur und fand einen umfangreichen Lebenslauf auf der Homepage einer Hamburger Baugesellschaft, bei der Sascha Wallot bis vor gut drei Jahren in leitender Funktion tätig gewesen war. In seinen dortigen Aufgabenbereich war ein Projekt gefallen, das mit teuren Baumängeln behaftet nach wie vor Hamburger Gerichte beschäftigte.

Dieser Wallot, folgerte Olga, i*st also ein Mann für problematische Fälle.* Vielleicht wie sein Ururgroßvater, auf den Sascha Wallot stolz zu sein schien, denn die Familientradition von Architekten, Baumeistern und Bauingenieuren nahm einen beträchtlichen Absatz in dem Lebenslauf ein. Wollte Wallot in die Fußstapfen seiner Vorfahren treten? Das wären jedenfalls große Schuhe, die er sich anziehen müsste, stelle Olga erstaunt fest, als sie las, dass Paul Wallot in den Jahren 1884 bis 1894 das Reichstagsgebäude in Berlin gebaut hatte. Dass ihm zu Ehren im Jahr 1991 eine Sonderbriefmarke der Deutschen Post herausgegeben wurde, mochte dem Ururenkel Ansporn gewesen sein, ebenfalls große Projekte in Angriff zu nehmen.

Familientraditionen können eine starke Wirkkraft entfalten,
stellte Olga fest und bedauerte beinahe, selbst in keinerlei Tradi-
tion zu stehen. Ihr Vater war Handelsvertreter gewesen, als Kind
mit seinen Eltern aus Russland ausgewandert und in Ludwigs-
hafen am Rhein aufgewachsen, ihre Mutter eine Schneiderin aus
Worms, die bis zu ihrer späten Eheschließung Deutschland nie
verlassen hatte.

Ich bin ein Kind aus bildungsferner Schicht, schmunzelte Olga
und fühlte den Stolz in sich, es zu einer passablen Anwältin gebracht zu haben.

Eher beiläufig gab sie in die Suchmaske ihres Computers das
Stichwort »Europäisches Theater« ein und zuckte zusammen,
als sie die Schlagzeile der Münchener Boulevardzeitung sah: *Architekten pleite, Bauleiter im Krankenhaus – Scheitert die Sanierung des Europäischen Theaters?*

Im Zusammenhang mit den frischen Informationen zu Martin Prodgers Dienstaufgaben war diese Meldung elektrisierend.
Gab es einen Zusammenhang mit dem Fall ihres Mandanten?

8

Beschwingt hatte er Olgas Kanzlei verlassen und sich in seinem Büro darangemacht, einigen Verwaltungskram zu erledigen, als ihn das Pfeifen einer Push-Nachricht auf seinem Smartphone der Routine entriss. Der *Sniffer* meldete ein Ergebnis. Rasch loggte sich Alex Sorger in seinen Laptop ein und kontrollierte die Spionagesoftware.

In der Tat, er hatte das Kennwort für den Zugang des Administrators und konnte tiefer in die Architektur des Bankprogramms einsteigen. Rasch gelangte er zum Konto des Freundeskreises und nahm in der Historie den Faden an dem Tag auf, an welchem die erste sichtbare Buchung verzeichnet war. Binnen weniger Minuten wurden die Löschvorgänge sichtbar.

Alex pfiff durch die Zähne, denn seine Vermutung bestätigte sich: In der Datenbank waren die Einträge auf dem Datenträger gelöscht worden und nicht, wie es bei normalen Löschvorgängen üblich ist, nur die Adressreferenzen beseitigt worden. Hier war ein Könner am Werk, der die Speicherplätze mit nichtssagenden Zeichen physikalisch überschrieben hatte. Dafür gab es kein Standardprogramm. Dafür musste man die Speicherplätze gezielt ansprechen und überschreiben. Das war selbst für einen geübten Hacker keine triviale Aufgabe.

Vermutlich, überlegte Alex, *ist da einer am Werk, der in Assembler programmieren kann. Einer wie ich.* Jetzt packte ihn das Jagdfieber.

Er machte sich auf die Suche nach dem Zugang für die Sicherungsdateien und überlegte, wie er sich Zugriff zu den Back-ups verschaffen konnte, ohne den Systemadministrator zu alarmieren. Dazu musste er sich intensiv mit der Architektur des Systems beschäftigen, denn eines war klar: Wenn er Back-up-Daten aufrief, löste dies eine Systemmeldung aus. Fraglich war, ob diese lediglich in einer Datei abgespeichert und stichprobenartig überprüft wurden, oder ob eine aktive Programmroutine ausgelöst wurde, was entweder zu automatischen Systemreaktionen oder zu einer raschen Wahrnehmung durch einen Systemadministrator führen würde. Beides galt es zu vermeiden, weil sich Alex nicht sicher sein konnte, beim ersten Zugriff das Gesuchte zu finden.

Nun kam ihm seine dreißig Jahre zurückliegende profunde Programmierausbildung entgegen, denn wie wenig andere war Alex in der Lage, den Quellcode eines Systemprogramms Schritt für Schritt nah an der Maschine zu analysieren. Einzig der Zeitaufwand, der damit verbunden war, konnte sich als nachteilig erweisen. Zum Glück hatte er für diese Woche keinen einzigen Observierungsauftrag. Spätestens morgen Abend wollte er Olga Ergebnisse liefern.

Olga war ein Lichtblick in seinem Leben. In ihre grünbraunen Augen zu schauen hatte etwas Beruhigendes, auch, weil ihn diese Augen an seine Tochter Lisa erinnerten.

Das mit den väterlichen Gefühlen ist so eine Sache, grübelte Alex, der ahnte, dass er sich nach einer Ersatztochter sehnte, weil er zu seiner eigenen Tochter seit knapp drei Jahren keinen Kontakt mehr hatte. Was ihn schmerzte. Wehmütig schob sich das Bild von Lisa in seine Gedanken. Erstaunlicherweise nicht das der Erwachsenen, nein, die Dreijährige stand vor ihm mit ihrem Dreijährigenlächeln, das sie ihm geschenkt hatte, als sie erstmals ohne einen Styroporziegel im Badeanzug von einer Seite des Schwimmbeckens zur anderen geschwommen war. Glückliche Zeiten waren das gewesen. Unbeschwert hatten sie Urlaub gemacht, Jamaica, neun Tage am langen Sandstrand von Negril, nettes kleines B&B mit Pool im Garten. Judith hatte die Hängematte genossen und am Strand stolz ihre wiedergewonnene Figur im Bikini zur Schau gestellt. Er hingegen hatte Stunde um Stunde mit Lisa im Pool verbracht, damit sie das Schwimmen lernte. Wie süß anzuschauen, die Dreijährige mit ihren blonden Zöpfchen in dem dunkelblauen Badeanzug, in den sechs Taschen für Styroporklötze eingenäht gewesen waren. Eine passable Schwimmhilfe, die er jeden Tag um ein Auftriebsteilchen erleichtert hatte, bis Lisa aus eigener Kraft schwimmen konnte. Alex rieb sich die Augen und vertrieb das Bild des Mädchens, das er geliebt hatte, wie ein Vater sein Kind nur lieben kann, und auf dessen Schwimmen-Können er stolz war, wie nur ein Vater stolz sein kann.

Im Verlust der Tochter sah er den größten Kollateralschaden seiner Scheidung vor acht Jahren. Einer Scheidung, der fast drei Jahre Rosenkrieg vorausgegangen waren. Trotz mancher Gefechte unter der Gürtellinie war es ihm gelungen, bei seiner Tochter noch fünf Jahre lang die Vaterrolle auszufüllen, zumindest in dem Umfang, den seine Ex-Frau ihm hatte zugestehen wollen. Er war gern Vater gewesen und hatte zugunsten seiner Tochter und der gemeinsamen Zeit mit ihr auf manches verzichtet. Letztlich erfolglos.

Lisas Erwartungshaltung hatten jedes vernünftige Maß sowie die Möglichkeiten, die Alex besaß, übertroffen, und ihre Fähigkeit, mit Enttäuschungen umzugehen, war gering ausgeprägt. Aber Alex hatte seiner Tochter gewisse Enttäuschungen nicht ersparen können und es auch nicht gewollt. Als sie nach ihrem gescheiterten ersten Studium ein Nein und ein bescheideneres Gegenangebot auf die überzogenen Forderungen an weitere Unterstützung zu hören bekommen hatte, war sie vom Tisch aufgestanden und hatte türenschlagend seine Wohnung auf nie mehr Wiedersehen verlassen.

Zunächst hatte er gehofft, sie würde bald zur Vernunft kommen, aber sie war weder zur Vernunft noch zu einem Gespräch gekommen. Als er mit ihrer Mutter Monate später darüber gesprochen und sie die Tochter gerechtfertigt hatte, war ihm gedämmert, dass er auch den letzten Schlagabtausch einer unrühmlichen Scheidung verloren hatte.

Es war ein stummes und langsames Abschiednehmen gewesen, und wenn er in Olgas Grünbraun schaute, stellte er fest, dass es noch kein vollständiger Abschied war.

Vielleicht sehe ich in Olga, was aus Lisa hätte werden können, wenn sie mit mehr Selbstvertrauen an die Gestaltung ihres eigenen Lebens herangegangen wäre, anstatt sich zunehmend einer Verwöhnhaltung hinzugeben, die meine Ex-Frau über Jahre unterstützt hat.

Alex stand vom Schreibtisch auf und mischte sich am Kühlschrank eine kalte Holunderschorle. Draußen war es hochsommerlich warm und er saß im Kämmerlein beim Analysieren von Programmcode. Biergarten wäre angesagt, unter Leute kommen und das Leben genießen.

Der Gedanke an ein kühles Bier spornte ihn an, sich schneller durch unendliche Programmzeilen in der Systemarchitektur der Bankensoftware zu quälen. Dann, plötzlich und beinahe zufällig, entdeckte er das Einfallstor. Beim täglichen Back-up um 21:00 Uhr fand sich ein Schlupfloch, durch das man unbemerkt in die alten Back-up-Listen Einsicht nehmen konnte. Das musste er nutzen, dann konnte er weitersehen. Zwar stand das einem ausgiebigen Biergartenbesuch im Weg, aber eine spätnachmittägliche Stippvisite konnte er sich leisten. Er klappte den Laptop zu und verließ das Büro.

Während er das Fahrradschloss öffnete, überlegte er, welchen Biergarten er besuchen sollte. Sein Büro lag zentral, er hatte also die Qual der Wahl. Zunächst tendierte er zu seinem Lieblingsbiergarten, der ein verstecktes und heimeliges Dasein führte, entschied sich dann aber für den traditionsreichen größeren in der Nähe des Busbahnhofs, weil er sich dort internationaleres Publikum erhoffte. Er radelte an der Rückseite des Europäischen Theaters vorbei und betrachtete die eingerüstete Fassade des Bühnenhauses. *Vielleicht besteht zwischen diesem Bauvorhaben und*

Prodgers Problem wirklich ein Zusammenhang, dachte er. Immerhin könnte es dem einen oder anderen rund um die Theatersanierung sehr gelegen kommen, den akkuraten städtischen Controller aufs Abstellgleis zu schieben. *Man sollte jeder Vermutung genug Raum lassen, sich zu entfalten,* dachte Alex und radelte gemächlich der Theresienhöhe entgegen, um dann über die Hackerbrücke Richtung Busbahnhof und Biergarten zu fahren.

Nachdem er sein Fahrrad an den Pfosten eines Verkehrsschildes gekettet hatte, schlenderte er unter die alten Kastanien, deren aufgesetzte Kerzen bereits im Verblühen waren, und fand einen halbschattigen Platz an einem fast leeren Tisch.

»Darf ich?«, fragte er das turtelnde Männerpärchen am Tischende. Die beiden nickten, ohne groß aufzublicken.

Es dauerte einigen Minuten, bis Alex begriff, an einem Selbstbedienungstisch zu sitzen. Nebenan gab es Tischdecken und eine Speisekarte, dort erhielt man sein Bier von einem hilfsbereiten Kellner in Wams und Lederhose. Dort saßen drei in lebhafte Gespräche vertiefte Frauen, die er nicht stören wollte. Obwohl: Eine Brünette gefiel ihm auf Anhieb.

Er stand auf und beugte sich zum Nachbartisch. »'Tschuldigung, dürfte ich zu Ihnen kommen?«

Kurz fragende Gesichter, dann lachte die Brünette. »Willst bedient werden, gell? Wennst dich traust, komm.«

»Ich will nicht stören.«

»Hast schon g'macht, macht nix.« Wieder die Brünette mit einem strahlenden Lächeln. »Kommst von der Arbeit?«

»Ja.«

»Wir auch. Fratscheln grad unsern Chef durch.«

»Ist er so schlimm?«

»Wie Chefs halt so sind. Hast auch einen?«

Alex schüttelte den Kopf.

»Bist am End selber einer«, gluckste die Brünette, hob ihr Glas und prostete den Kolleginnen und Alex zu.

»Nur mein eigener«, entgegnete Alex und musterte die drei. Sie waren geschäftsmäßig gekleidet, Hosen, Blusen, Blazer, gedeckte Farben, konservativ, zurückhaltend geschminkt, gepflegte Hände, nichts, was ihm ihren Beruf verraten hätte. Wache Blicke waren nach dem Prost auf ihn gerichtet, Alex konnte ihre Neugier spüren. Er würde verraten müssen, was er tat, und er hatte das Gefühl, sie würden es bemerken, wenn er schummelte.

Die Mundwinkel der Brünetten zuckten auffordernd nach oben. Alex nahm mit einem warmen Gefühl im Bauch wahr, wie ihn die flirtende Art dieser Frau, die eine kecke Stupsnase ihr Eigen nannte, faszinierte, und wurde im selben Augenblick zögerlich. Zwar sprach sie ein beinahe derbes Bayrisch, aber allein Bluse und Blazer schienen ihm zu teuer für einen schlecht bezahlten Job. Nein, die drei hatten gut dotierte Jobs und ihr Chef, über den sie gerade gelästert hatten, war ein hohes Tier. *Also Vorsicht, was du sagst,* wappnete sich Alex und zögerte, das auszusprechen, was die drei von ihm erwarteten.

»Wenn ich euch die Wahrheit sage, haltet ihr mich für einen Aufschneider«, kokettierte er und blickte dabei der blonden Kollegin ins Gesicht, die der Brünetten gegenübersaß und die er für die heimliche Chefin der drei hielt. »Also ist es vermutlich günstiger für mich, euch ein Märchen aufzutischen. Außerdem«, fügte er mit ironischem Unterton hinzu, »bin ich ein Freund des vornehmen Understatements.«

»Dann lass dein Märchen hören«, forderte ihn die Blonde auf, »wir sind gespannt.«

»Nun, weil in jedem Märchen ein wahrer Kern steckt, wie wäre es damit: Ich bin Fotograf.«

Die Brünette, die Alex gut gefiel, lachte glockenhell. »Und jetzt willst du uns alle porträtieren, stimmt's?«

»Leider nein«, erwiderte Alex und grinste, »ich habe kein Talent für attraktive Frauen vor der Kamera. Mein Spezialgebiet sind Männer fortgeschrittenen Alters.«

»So siehst du gar nicht aus«, bemerkte die Brünette und formte einen übertriebenen Schmollmund. »Jetzt bin ich echt enttäuscht.«

Ihre Kolleginnen grinsten, hoben die Gläser und tranken ihm zu.

»Sympathische Männer sind eben entweder verheiratet oder schwul«, bemerkte die Blondine tröstend in Richtung der Brünetten. »Umso netter, dass du dich zu uns gesetzt hast.« Dabei machte sie die Andeutung einer Kopfbewegung in Richtung Nachbartisch.

Nun war es an Alex, schallend zu lachen. »Danke für das Kompliment. Bin weder verheiratet noch schwul, aber durstig.«

Zum Glück kam die Bedienung und nahm Alex' Bestellung auf. So legte sich das feinstoffliche Knistern ein wenig, das zwischen der Brünetten und Alex in der Luft lag. Ihr spitzes Kinn strahlte eine wohltuende Energie aus, die zu der niedlichen Stupsnase kontrastierte. Die kecke Kurzhaarfrisur betonte den schlanken Hals und die zierlichen Ohrmuscheln. Feingliedrige Hände und straffe Oberarme, alles an ihr gefiel ihm. Vor allem die Lachfältchen in den Augenwinkeln. Sie wirkte weiblicher dadurch und sehr humorvoll.

Eine Frau, die mit beiden Beinen im Leben steht, schmunzelte Alex. Offensichtlich gefielen ihm durchsetzungsfähige, selbstständige und lebenstüchtige Frauen viel besser als früher, und wenn er die drei Kolleginnen betrachtete, war die Brünette diejenige, die am wenigsten einem gängigen Schönheitsideal gehorchte und die er trotzdem am attraktivsten fand.

»Wenn das so ist«, gluckste die Brünette, nachdem die Bedienung mit Alex' Bestellung gegangen war, »bin ich die Dorothee.«

»Alex«, antwortete er und drückte ihre hingestreckte Hand. Die beiden anderen hießen Anna und Martina und wechselten vielsagende Blicke, während Dorothee ihn nach seinen Hobbys fragte.

»Nun ja, wie du siehst, bin ich nicht der übertrieben sportliche Typ. Stand-up-Paddeln gefällt mir und ich gehe gelegentlich ins Theater oder Kino.«

»Und in Biergärten, wie mir scheint«, ergänzte Dorothee. »Hast du ›Felix Krull‹ im Volkstheater gesehen?«

Alex schüttelte den Kopf. »Gibt es den als Theaterstück?«

Dorothee setzte ein ernsthaftes Gesicht auf und nickte. »Als Theaterliebhaber solltest du wissen, was Christian Stückl so alles auf die Bretter zaubern lässt.«

»Das habe ich nicht gesagt, dass ich Theaterliebhaber bin. Bloß, dass ich gelegentlich ins Theater gehe.«

»Dann solltest du an deinem ›gelegentlich‹ arbeiten«, neckte sie ihn. »Denn an dem Volkstheater-Krull hättest du deine helle Freude. Witziger Weise treten da drei Felixe auf. Jeder behauptet, der echte Krull zu sein. Mit deiner Fotografen-Story hast du uns nicht hinters Licht geführt. Als Felix Krull hättest du noch zwei Versuche, was deinen Job betrifft.«

Ihr Augenzwinkern brachte Alex aus der Fassung.

»Aber«, fuhr sie fort, »vielleicht willst du dir die Alternativen für ein nächstes Treffen aufheben?«

Jetzt war er perplex, vor allem, als die drei die Bedienung, die soeben Alex' Bier brachte, um die Rechnung baten.

»Brecht ihr schon auf?«

»Zu Hause warten Mann und Kind«, antwortete Martina mit einem spöttischen Unterton und übernahm die Zeche für alle drei. »War amüsant mit dir.«

»Und du solltest dir das mit den Männern im fortgeschrittenen Alter überlegen«, ergänzte Dorothee mit einem neckischen Augenaufschlag, ehe sie mit den beiden anderen aufstand, ihm eine Kusshand zuwarf und ging.

Alex erwiderte die Geste zaghaft und widmete sich seinem Bier.

Was hast du erwartet, fragte er sich. *Gehst in den Biergarten, setzt dich zu drei Frauen, die altersmäßig einigermaßen zu dir passen, und denkst, über einen oberflächlichen Flirt hinaus könnte sich etwas ergeben. Wie naiv bist du denn, Herr Sorger?* Er begann, sich über sich zu ärgern und auf diese Weise seine Enttäuschung zu überwinden. Und ja, er gestand sich ein, enttäuscht zu sein. Wenigstens ein kleines bisschen näher hätte er Dorothee kennenlernen wollen. Es hätte ihm gefallen, sich jenseits der flirtbehafteten Leichtigkeit mit ihr zu unterhalten, denn sein siebter Sinn sagte ihm, wie gut das mit ihr möglich wäre. Außerdem hatte ihm die Unbekümmertheit des Flirts gutgetan.

Wann habe ich mich das letzte Mal so flockig mit einer Frau unterhalten, fragte er sich und musste sich weiter zurückerinnern, als ihm lieb war. Doch auch damals war die Erkenntnis geblieben: Spaß an der Oberfläche, belanglose Freude am Tresen, gewürzt mit ein wenig Tiefsinn im Gedankenaustausch und Abschied in die Familienwelt. Eine Welt, die Alex nicht mehr hatte.

Er wischte sich den Bierschaum vom Mund und vermisste den Kontakt zu seiner Tochter.

»So nachdenklich allein geblieben?«

Alex zuckte zusammen. Die unvertraute, aber bereits bekannte Stimme hinter ihm schreckte ihn aus den Gedanken an seine Tochter. Er drehte sich um und blickte in Dorothees strahlendes Gesicht.

»Darf ich?«, fragte sie und nahm neben ihm Platz. »Den anderen wollte ich keine Gelegenheit geben, über mich zu tratschen, wenn ich bei dir sitzen bleib. Wir haben uns beim Radlständer verabschiedet und jede von uns ist in ihre Richtung gefahren. Zum Glück wohne ich entgegengesetzt von Anna und Martina. Nach dreihundert Metern hab ich umgedreht und jetzt steht mein Radl wieder da vorn.«

»Trinken wir noch eins?«, fragte Alex, dem nichts Besseres einfiel.

»Freilich, sonst wär' ich nicht da. Außerdem wollten wir uns über Felix Krull unterhalten.«

»Wollten wir das?«

»Und ob, denn du bist kein Fotograf.«

»Wenn du dich da mal nicht täuschst. Was machst denn du? Oder ist das indiskret?«

»In jedem Märchen steckt ein Stück Wahrheit?«

»Unbedingt.«

»Dann bin ich die Gehilfin eines Anwalts. Zufrieden?«

»Sehr sogar. Kann man dich abwerben? So jemand wie dich suche ich schon lang.«

»Bestell mir erst ein Bier, dann können wir verhandeln.«

Ihr ganzes Gesicht strahlte, sie hatte sichtlich Spaß an diesem Spiel und Alex mühte sich, die Achterbahnfahrt seiner Empfindungen zu Ende zu bringen. Warum war sie zurückgekommen? Bloß ein Flirt?

»Weißt du«, bemerkte sie, »im Volkstheater tritt der Felix Krull dreifach auf, ein genialer Taschenspielertrick des Regisseurs. Viel Lug und Trug und zugleich viel Wahrheit. Wenn du mehr bist als ein Fotograf, dann musst du das gesehen haben.«

»Soso.«

Sie nickte. »Bastian Kraft ist ein pfiffiger Regisseur, das solltest du wissen.«

»Es wird dich enttäuschen, wenn ich gestehe, mich da viel zu wenig auszukennen. Gelegentlich, sagte ich, gelegentlich gehe ich ins Theater.«

»Demnächst böte sich wieder eine Gelegenheit.« Dorothee sprach betont hochdeutsch und blickte ihn unverwandt an. »Ich schau mir die Inszenierung gern noch einmal an.«

»Ist das die Einladung zu einem Date?«

»Wenn du den Pausensekt zahlst.«

»Da können wir drüber reden.«

»Schade nur, dass das Stück keine Pause hat.«

»Dann ließe sich danach vielleicht bei einem Dinner plaudern«, ergriff Alex die angebotene Chance. »Wann steht der Hochstapler auf dem Spielplan?«

Dorothee griff in ihre Handtasche, holte ein Smartphone hervor, tippte auf dem Display herum und zeigte ihm das Ergebnis. »Also nächste Woche Freitag«, stellte Alex fest. »Kann ich einrichten.«

»Fein, dann schau, ob du Karten bekommst, Herr Fotograf.«

»Geheimnisse haben ihren Zauber«, erwiderte Alex und hob sein Glas, denn inzwischen hatte die Bedienung Dorothee ein Helles hingestellt. »Früher habe ich mich manchmal als Müllmann vorgestellt und daraus hat sich manch witziger Abend entwickelt, allerdings nicht von einer Verabredung gekrönt.«

»Für einen Müllmann hättest du zu gepflegte Hände. Prost.«

Sie tranken langsam und in mehreren Schlucken.

»Für eine Gehilfin bist du eindeutig zu schlagfertig. Wenn da ein Körnchen Wahrheit drinsteckt, bist du vermutlich die Juniorpartnerin in einer renommierten Anwaltskanzlei und deine Kolleginnen vorhin sind versierte Juristinnen.«

»Fotografen«, erwiderte Dorothee glucksend, »haben ein gutes Auge.«

»Habe ich recht?«

Sie schüttelte den Kopf. »Aber fast.«

»Im Sandkasten haben wir manchmal ...« Alex stockte und schenkte sich den Rest des Satzes. Er wunderte sich über sich selbst, dass er zu reden begonnen hatte, ohne nachzudenken. Diese Frau verwirrte seine Gedanken und löste ihm die Zunge. Eine Verführerin wie aus dem Lehrbuch. Er musste aufpassen, nicht die Kontrolle zu verlieren.

Oder habe ich sie bereits verloren, grübelte er und ertappte sich dabei, ihr unverwandt ins Gesicht zu starren.

»... zeigst du mir deins, zeig ich dir meins gespielt?« fragte sie mit ungerührter Miene.

Alex errötete.

»Ah geh, gschamig is' er auch noch!« Sie zwinkerte ihm zu. »Weißt, ich mag's manchmal direkt, das vereinfacht einiges. Und damit du gleich erschrickst, dann kannst du dir das mit dem Theater noch mal überlegen: Ich bin eine, die bösen Buben auf die Finger klopft. Na, kommst drauf?«

Als er auf die Uhr schaute, erschrak er heftig. 20:15. Er musste umgehend los, damit er rechtzeitig am Computer mit dem Back-up der Bank mitschwimmen konnte. Wo war die Zeit geblieben? Aus dem lockeren Geplänkel mit Dorothee war bei zwei weiteren Bieren ein anregender, spannender und neckender Gedankenaustausch geworden, der trotz ihrer Berufe bedeutungsreicher als ein bloßer Flirt war und schon zum Austausch ihrer Telefonnummern geführt hatte.

Alex wollte nicht aufhören, ihre Stimme zu hören, aber er musste sich losreißen und zurück ins Büro. Jetzt, da er um Dorothees Job wusste, konnte er Olga erst recht nicht enttäuschen. Wenn er nicht lieferte und sich, worauf er mit Bauchflimmern hoffte, seine Bekanntschaft mit Dorothee verfestigte, würde Olga argwöhnen, er habe die Seiten gewechselt.

»Es tut mir schrecklich leid«, stotterte Alex, »aber ich habe die Zeit übersehen. Ich muss dringend weg für einen Auftrag. Sei bitte nicht böse. Könntest du das Zahlen für mich übernehmen?« Er legte großzügig zwei Zwanziger auf den Tisch und versuchte den treuherzigsten Blick seines Lebens.

»Passt schon«, erwiderte sie, wobei Alex glaubte, einen Hauch von Enttäuschung zu hören. »Spring nur, ich kenne das. Und vergiss nicht, die Theaterkarten zu besorgen.«

Er stand auf und gab ihr die Hand, aber sie umarmte ihn stattdessen, gab ihm einen Klaps auf den Hintern und flüsterte in sein Ohr: »Hau ab.«

9

Sie trafen sich bei einem kleinen Italiener in der Nähe des gemütlichen Stadtmarktes. Sonja hatte einen Ecktisch reserviert. Es war dezent eingedeckt, passend zu einer eher schlichten Ausstattung. Sonja trug ein einfaches schwarzes Kleid, sommerlich luftig und weiblich. Die Haare fielen locker auf ihre Schultern.

Olga konnte es kaum glauben, dass das dieselbe Frau war, von der sie sich heute Vormittag im Fitnessstudio verabschiedet hatte.

Sie grüßten sich wie alte Freundinnen mit einer herzlichen Umarmung. Dezent flog ein lediger Duft in Olgas Nase.

»Du siehst toll aus«, bemerkte Olga, während sie sich setzten.

»Du erst«, erwiderte Sonja das Kompliment mit funkelnden Augen.

Erst jetzt wurde Olga klar, dass Sonja sich möglicherweise mehr von dem Treffen erhoffte, denn der Blick der Frau fühlte sich ganz anders an als der einer harmlosen Bekanntschaft.

Haben wir etwa ein Date, fragte sich Olga. Der Gedanke verunsicherte sie, doch gleichzeitig merkte sie, dass es ihr gefiel, wie Sonja sie ansah. Wann war sie das letzte Mal so bewundernd abgeschaut worden?

Es regte eine freudig-ängstliche Stimmung in ihr an, die sie bisher nur vom Klettern kannte, wenn sie am Einstieg zu einer herausfordernden Route den Gurt anlegte. Ähnlich wie bei der ersten Berührung des Gesteins pochte ihr Puls kräftiger und rascher, schärften sich die Sinne und sah sie alles deutlicher, roch alles besser und hörte intensiver. Nur dieses sanfte Vibrieren im Sonnengeflecht, das war heute Abend besonders, und Olga spürte, dass sich etwas in ihr regte, das möglicherweise an ihr Herz rühren könnte.

Sonja nickte dem Kellner zu, der gleich darauf mit zwei Sekt-
flöten erschien.

»Franciacorta Rosé zum Anstoßen. Schön, dass du da bist«,
tönte Sonjas melodische Stimme.

Sie erhoben die Gläser, ließen sie kurz klingen und kosteten
die mineralische Frucht auf der Zunge, die den Gaumen hinun-
terprickelte.

»Wie heißt dein Duft?«, fragte Olga. Ihre Stimme zitterte.
Auch das wie am Anfang einer herausfordernden Linie. Wie bei
der bangen Frage: Wo ist die Crux? Ob Sonja das auffiel?

»Bottega Veneta, gefällt er dir?«

»Sehr. Ist interessant und ungewöhnlich.«

»Wiesen und Wald und Erde und Leder. Erinnerungen. Ich
trage es nur zu besonderen Anlässen.« Sonja schenkte ihr einen
verheißungsvollen Blick.

»Wirklich? Und heute?«

»Weil du hier bist, in einem meiner Lieblingsrestaurants.
Wollen wir uns das Menü zeigen lassen?«

Es ist tatsächlich ein Rendezvous, gestand sich Olga ein und
wurde noch ein bisschen aufgeregter.

Auf einen Wink kam der Wirt und zeigte auf einer Schiefer-
tafel das Sommermenü in fünf Gängen nebst Weinbegleitung.

Olga schluckte, als sie den stattlichen Preis sah. Sonja bemerkte es.

»Darf ich dich einladen?«, fragte sie.

»Das geht nicht, das kann –«

»Doch, das kannst du annehmen«, unterbrach Sonja Olgas
Abwehrversuch. »Softwareentwicklung ist ein lukratives Geschäft. Du solltest dir keinen Gang und keinen der Weine entge-
hen lassen. Guiseppe ist ein Künstler und sein Weinkeller ist eine
Schatztruhe.«

Olga zögerte. Die Einladung anzunehmen war ein Signal, dass
Sonjas Interesse nicht unwillkommen war. Aber war das wirklich

so? Überrascht stellte sie fest, dass sie tatsächlich eine kribbelnde Neugier verspürte und sich fragte, was wohl passieren würde, wenn sie sich einfach treiben ließ. Also gab sie ihren Widerstand auf und ließ sich in den Abend hineinfallen.

Es war wie Urlaub im Süden. Sonne, Wärme, Dämmerung, lauer Wind, wie ein Abend in Arco unter den gelbgrauen Felsen des Colodri im Garten ihres Lieblingslokals.

»Wenn ich tagelang an einer App bastle und gar nicht vom Bildschirm wegkomme, futtere ich Junkfood und schütte Cola in mich rein«, gestand Sonja. »Umso mehr kann ich Guiseppes Menü genießen, wenn ich Zeit dafür habe. Manchmal kommt es mir so vor, als könnte ich ohne solche Gegensätze gar nicht sein. Ich mag es mal schwarz, mal weiß, aber auch die Grautöne dazwischen machen das Leben lebenswert«, plauderte Sonja weiter, und Olga ertappte sich dabei, Sonja gar nicht richtig zuzuhören, sondern aufzugehen in der Modulation ihrer Stimme.

München und Italien verschwammen ineinander. Hier die Flusskrebse auf Gurkencarpaccio, dort die Abenddämmerung unter den Felswänden, hier unbeschwertes Erzählen, dort das Nacherleben einer Kletterroute.

Olga trank vom anschmiegsamen Weißwein über den tiefgründigen Rotwein hin zum wuchtigen Abschluss die Weine mit Andacht und wunderte sich zwischendurch über sich selbst: Wann hatte sie das letzte Mal so entspannt mit einem anderen Menschen zusammengesessen?

Mit Muriel vielleicht, ehe sie zu ihrer Weltreise aufgebrochen war. Doch diese Vertrautheit, die sie in Sonjas Gegenwart spürte, hatte sie mit Muriel erst nach langer Bekanntschaft erreicht. Hier und heute entstand sie quasi aus dem Nichts. Über den Wolfsbarsch im Brokkolischaum und das Kalbsfilet mit Sommergemüse bis zu den Zitrusravioli an Beerenmus verdichtete sich der Abend zu einem umfassenden Genuss, und als es Zeit zum Aufbruch war, schien es Olga, als erwache sie aus einem wunderbaren Traum.

»Wir könnten auf meiner Dachterrasse den Abend beschließen«, schlug Sonja vor. Dieser Satz riss Olga aus ihren Träumen. Obwohl sie mit so etwas gerechnet und dem vorfreudigen Kribbeln angesichts dieser Vorstellung nachgespürt hatte, war sie auch unsicher, ob das nicht alles etwas schnell ging und ob sie sich nicht vielleicht nur einbildete, sich zu einer Frau hingezogen zu fühlen. So etwas hatte sie noch nie erlebt.

Sie wiegte nachdenklich den Kopf. War das warme Ziehen im Bauch ein Alarmzeichen, dass sie sich womöglich auf etwas einlassen könnte, das sie eigentlich gar nicht wollte? Oder war es das Gegenteil? Olga spürte das Knistern, fühlte Sonjas Interesse. Es war Anziehung da. Sie lag in der Luft wie der unverwechselbare Geruch von Zigarrenrauch.

Bei dem Gedanken musste Olga unwillkürlich grinsen und ein Teil ihrer Verunsicherung löste sich einfach auf. Ein wenig Langsamkeit wünschte sie sich, und so antwortete sie zurückhaltend, aber nicht ablehnend: »Vielleicht nehmen wir auf dem Weg erst mal einen Absacker in einer Bar.«

»Gute Idee«, griff Sonja den Vorschlag auf. »Das ›Mirandola‹ um die Ecke hat herrliche Cocktails.«

Sie fanden einen Platz an der Theke und bestellten beide einen *Planter's Punch*: frisch, stark und fruchtig, ein passender Abschluss für ihr gemeinsames Dinner.

»Stimmt es denn«, fragte Olga neugierig, um ein unverfängliches Gespräch in Gang zu bringen, »dass man als geschickter Hacker in beinahe jedes Computersystem hineinschleichen kann?«

»Im Prinzip ja. Es ist jedenfalls leichter, als in das Herz eines Menschen einzubrechen«, erwiderte Sonja in lockerem Tonfall und suchte dabei Blickkontakt.

Etwas in diesem Blick überwältigte Olga und ließ ihr Herz schneller schlagen. Mit kratziger Stimme antwortete sie: »Herzen sollte man erobern, findest du nicht?«

»Am liebsten ist es mir, wenn sie sich freiwillig öffnen.« Bei diesen Worten schnippte Sonja wie ein Zauberkünstler mit den Fingern und näherte ihren Mund Olgas Ohr.

»Es muss magisch sein«, flüsterte sie so leise, dass Olga die Worte gerade noch vernahm.

Ein angenehmer Schauder lief ihr über den Rücken.

Dann lehnte sich Sonja zurück und plauderte in ihrem volltönenden Mezzosopran über die Leichtgläubigkeit vieler Menschen. »Und solche«, endete sie, »braucht man als Hacker, denn die Neugierigen und Leichtgläubigen, die lassen dich herein. Das und nichts anderes ist das zentrale Geheimnis des Hackens.«

»Gibt's da nicht auch die Guten und die Bösen?«

»Natürlich, wie im richtigen Leben. Und was meinst du, zu welcher Sorte gehöre ich wohl?«

»Zu den Guten, will ich hoffen.«

Sonja lachte. »Wer weiß. Die braven Mädchen kommen nur in den Himmel.«

»Die Bösen überall hin«, ergänzte Olga und hob tadelnd den Zeigefinger.

»Du kennst den Spruch«, stellte Sonja fest und prostete Olga zu. »Ich habe ihn von meinem Papa. Allerdings hat er ihn immer auf die Buben gemünzt, schließlich prägen die bösen Buben die Welt.«

»Ich dachte, die Toten Hosen«, platze Olga albern heraus.

Wieder lachte Sonja ihr wohlklingendes Lachen und stupste Olga gegen die Schulter. Der Alkohol in dem starken Cocktail trug eindeutig zur fortschreitenden Lockerheit bei.

Olga spürte die Wirkung und fühlte sich von Minute zu Minute entspannter und ermunterte Sonja: »Erzähl mir von deinem Vater.«

»Er war ein lebenslustiger Typ mit einer melancholischen Seite. Er hat sich immer einen Sohn gewünscht, und obwohl er mich das nie hat spüren lassen, hat er mich beinahe vergöttert, als ich meine langen Haare abgeschnitten, den Bubikopf mit Henna gefärbt und nur noch Hosen getragen habe.«

»Schade um die schönen Haare«, warf Olga ein. »Hast du das wegen deines Vaters getan?«

»Weiß nicht – nein, glaube nicht; irgendwie war das schon in mir drin und ich hatte Lust darauf. Aber ja, es hat mir auch gefallen, dass Papa den Bubikopf gemocht hat. Und jetzt sind sie ja wieder länger und blond. Wenn mir Papa von wo auch immer zusieht, wird er trotzdem stolz auf mich sein. Wie damals, als ich mit dem Bodybuilding angefangen habe. Als er zum ersten Mal meine definierten Muskeln gesehen hat, hat er mich Popeye genannt, und das bin ich bis zu seinem Tod geblieben: sein Popeye.«

»Zum Glück bist du hübscher«, gluckste Olga, der dieser Spitzname gefiel, und fragte, nun ernst, nach: »Hat dir das nichts ausgemacht, dass dein Vater gern einen Sohn gehabt hätte?«

»Du stellst Fragen«, erwiderte Sonja gedehnt und schien zu überlegen. Schließlich sagte sie: »Vermutlich schon ein wenig, und vielleicht wollte ich auch deshalb oft lieber wie ein Junge als ein Mädchen sein – aber eigentlich ... Nein, Papa hat mich geliebt wie ich bin, und ich war gern Popeye.«

Sonja schwieg versonnen, und Olga fragte sich, was sie empfunden hätte, wenn ihr Vater sich einen Sohn gewünscht hätte. Darüber hatte sie noch nie nachgedacht.

»Zum Glück«, riss Sonja sie aus ihren Gedanken, »bin ich nicht zu einem Jungen unter Jungen geworden, sondern auf meine Weise eine Frau geblieben. Und ich war stolz, unter den vielen Jungs im Studium immer bei den Besten gewesen zu sein.«

»Was hast du denn studiert? Informatik?«

»Auch Informatik, ja, aber im Schwerpunkt zunächst Theoretische Physik und Mathematik.«

»Wow! Warum denn das?«

»Die Welt der Formeln hat mich von klein auf fasziniert. Ich liebe es, die Welt mit Formeln zu erfassen und zu ergründen. Schon in der Mittelstufe konnte ich nie genug von mathematischen Rätseln bekommen, und später hat mich die Faszination der Algorithmen gepackt.«

»Eine Welt, mir so fremd wie der ferne Mars. Und wie bist du zum Gesang gekommen?«

»Vermutlich verdanke ich die Liebe zur Musik Papas melancholischer Seite«, sagte Sonja. »Er hat mein Talent früh erkannt und, aber das lag auch in der Familientradition, mich früh Klavier lernen lassen. Später kam dann das Singen dazu, eigentlich aber erst als Ausgleich zu Sport und Studium. Außerdem«, ergänzte Sonja, »passen Musik und Mathematik gut zusammen.«

»Wie das?«, fragte Olga neugierig.

»Ganz einfach: Bereits die Tonleiter ist eigentlich eine Exponentialfunktion. Das kannst du am Griffbrett einer Gitarre sehen: Je höher der Ton, desto geringer ist der Abstand zwischen den Bünden. Letztlich hat das etwas mit der Mechanik der Erzeugung der Schwingungsfrequenzen zu tun – du siehst, ein spannendes Feld.«

Olga staunte und fragte: »Und wie ging's bei dir beruflich weiter?«

»Nun, ich habe noch vor dem Diplom mit meinem pickeligen rothaarigen Kommilitonen Jan eine Softwarefirma für Spracherkennung gegründet. Und so wurde Jan zum wichtigsten und einzigen Mann in meinem Leben.«

Olga gab diese Bemerkung einen kleinen Stich. Sollte sie sich getäuscht und Sonja völlig falsch eingeschätzt haben?

Sonja schien ihre Verunsicherung zu spüren, denn sie beugte sich vor und flüsterte ihr ins Ohr: »Nur geschäftlich, Süße.«

Die Erleichterung, die Olga überkam, war überraschend groß und ließ sie nur noch mehr gewahr werden, wie angenehm es dort kribbelte, wo Sonjas Atem ihr Ohr gekitzelt hatte.

Sonja lehnte sich wieder zurück und fuhr fort: »Schon drei Jahre später haben wir unser Start-up verkauft und Jan ist mit seinem Anteil nach London gegangen. Ich bin geblieben und arbeite jetzt für das Großunternehmen, das uns aufgekauft hat.«

Eine schlüssige Biografie, dachte Olga, als Sonja ihren Cocktail austrank. Als Sonja nun zum zweiten Mal vorschlug, den Abend auf ihrer Dachterrasse ausklingen zu lassen, nahm Olga die Einladung an.

Sie verließen das »Mirandola« und gingen ums Eck zurück zu Olgas Fahrrad. Olga sperrte es auf und schob es neben Sonja her, hinein in eine ruhige Seitenstraße. Ein freier Laternenmast bot sich fürs Anketten an. Dann traten sie durch eine schwere Eichentür in einen großzügigen Vorraum, stiegen drei Steintreppen zum lichten Treppenhaus hoch und standen dort in einem altbürgerlichen Treppenhaus. Erinnerungen an *Vertigo* stiegen in Olga hoch, doch leider hatte man ins Auge der Treppe einen modernen Aufzug gesetzt. Als Sonja die Tür zum Lift öffnen wollte, schüttelte Olga den Kopf. »Lass uns zu Fuß gehen.«

Olga wurde von Stockwerk zu Stockwerk ein wenig klarer im Kopf und war oben, als sie die Diele von Sonjas Wohnung betrat, nüchtern genug, um den Anblick bewusst in sich aufzusaugen. An die Diele schloss sich ein großes Wohnzimmer an, das spärlich eingerichtet war und von einem schwarz glänzenden Flügel dominiert wurde. Hinter einer breiten Fensterfront illuminierten Bodenstrahler die in die Dachschräge eingepasste Dachterrasse, die trotz einiger Pflanztröge großzügig Platz für eine gemütliche Sitzgruppe bot.

Dorthin deutete Sonja: »Geh ruhig raus, ich besorge uns was zu trinken.«

Olga trat hinaus und blickte über die Dächer Münchens. Die erstaunliche Ruhe hier oben wurde vom sanften Rauschen in der Ferne begleitet, dem Grundton der Stadt, unaufdringlich und auf eigenartige Weise beruhigend. Man war nicht allein, aber ungestört. Es gab kein Gegenüber; das dortige Dachgeschoß wies jene schmalen Dachluken auf, die einzig dem Belüften eines Trockenspeichers dienten.

Sonja trug ein Tablett auf die Terrasse, darauf zwei tulpenförmige Weingläser und eine Flasche in einem Kühler.

»Ich hoffe, du magst Champagner«, sagte sie, schenkte die Gläser ein, kam mit beiden an die Balustrade, reichte Olga eines und stieß mit ihr an.

»Santé!«

Herb, fruchtig, perlend, wundervoll. So einen Champagner hatte Olga noch nie getrunken. Sie trank eigentlich nie Champagner, wenn prickelnd, dann eher einen Prosecco der Kategorie ›unter zehn Euro‹, natürlich auch ihrem Geschäftserfolg geschuldet.

»Strafverteidigen ist einfach weniger lukrativ als Softwareentwicklung«, bemerkte Olga nach den ersten Schlucken.

»Ich finde deinen Job spannend«, erwiderte Sonja und stellte sich so neben Olga, dass sich ihre Körper gerade nicht berührten. Langsam rückte sie den fehlenden Zentimeter heran, bis ihre Hand Olgas Hand streifte.

Diesmal war Olga sich sicher, dass es kein Zufall war.

Olga trank ihr Glas aus, genoss Sonjas Nähe und vermisste sie sofort, als Sonja zum Tisch ging, um die Gläser nachzufüllen. Sie goss stets nur bis zu jenem Rand ein, an dem sich die Tulpe zu verjüngen begann, also nie mehr als vier oder fünf Schlucke, und da sie die ganze Flasche im Stehen tranken mit Blick über die Dächer, pulsierten ihre Körper in Annäherung und Entfernung. Mal hielt Sonja ominöse zwei Zentimeter Distanz, mal rückte sie heran, mal streifte sie Olgas Hand, mal tat sie es nicht,

103

es war wie der Tanz der Motten ums Licht, als müsste sie darauf bedacht sein, sich nicht zu verbrennen. Doch mit jedem Entfernen wuchs Olgas Wunsch auf das Sich-nähern, und als die leeren Gläser auf der Balustrade abgestellt und nicht mehr nachgefüllt wurden, weil die Flasche ausgetrunken war, streckte Olga ihre Hand aus und griff zögerlich nach Sonjas Hand.

Sonja drehte sich zu Olga und lächelte. Die Wärme, die von ihren Händen ausging, strömte durch Olgas Körper. Und Sonja kam näher, noch näher, ganz nah.

Olga schloss die Augen und nahm den Kuss entgegen wie das sanfte Streicheln des Winds. Er war ein zarter Hauch, dann wuchs der Abstand geringfügig, und sie standen Seite an Seite, blickten schweigend in die Nacht hinaus und hielten sich an den Händen.

10

Obwohl er sich beeilt hatte, kam er zu spät. Das Back-up der Bank lief bereits und die Hintertür, durch die Alex in das Sicherungssystem hatte hineinschlüpfen wollen, war verschlossen. Zwar versuchte er einige Tricks, doch wie er vermutet hatte, gab es nur in der Startroutine ein verstecktes Schlupfloch. Das System der Bank verfügte über eine ausgeklügelte Sicherheitsarchitektur, die ihm seine Grenzen aufzeigte. Dies anerkennend überlegte er, ob es beim Abschluss des Back-ups nochmals eine Gelegenheit geben könnte, die Schutzmauern des Systems zu durchbrechen. Die zündende Idee blieb aus.

Stattdessen schob sich Dorothees Gesicht immer stärker in seine Gedankenwelt, bis er kapitulierte, den Computer herunterfuhr, das Büro abschloss und nach Hause radelte. Dort mixte er sich einen Gin Tonic, legte eine alte Schallplatte auf und ergab sich dem Fluss seiner Gedanken.

Dorothee. Ganz zentral ihr Gesicht mit dieser niedlichen Stupsnase und dem energischen Kinn. Ihre Stimme, glockenhell und tief zugleich, mit schmelzender Geschmeidigkeit. Zierliche Hände, die es vermochten, seine Blicke in ihren Bann zu ziehen.

Über ihren Chef hatte sich Dorothee einige Minuten ausgelassen, ansonsten war der Beruf kein Thema gewesen. Sie hatte viel erzählt, und er hatte fasziniert ihrer Stimme gelauscht. Alex klopfte sich auf die Schulter, dass er ein guter Zuhörer gewesen war. Er sah die Staatsanwältin vor sich und spürte eine beinahe schon vergessene Aufregung. Diese Sehnsucht, diese Frau jetzt und sofort und auf der Stelle wiedersehen zu wollen, und da wusste er: Ich habe mich Hals über Kopf verliebt.

In ihre Erscheinung, in ihre Art, in ihre Stimme hatte er sich verknallt und versucht, alles aufzunehmen, was sie gesagt hatte.

Hatte sie ihm nicht beiläufig zu verstehen gegeben, eine enttäuschende Beziehung hinter sich zu haben? Hatte sie nicht die These vertreten, Anfang und Ende würden einander entsprechen? »Wie man ins Haus hineinkommt«, hatte sie gesagt, »so geht man heraus.«

Er schrie auf. Ha, da war sie, die zündende Idee! Genau das, was Dorothe gesagt hatte, war der Schlüssel für die verborgene Tür in der Firewall der Bank.

In der Regel ähnelten sich Log-in- und Log-out-Routinen, und oft genug bekam man mit derselben Routine den Zugang zum System, mit der man es auch verließ. Das musste er ausprobieren. Vielleicht konnte er sogar unbemerkter als während des laufenden Back-ups in der Sicherungsarchitektur herumspazieren, wenn das Back-up geschlossen und sein Schnüffler innerhalb des Systems unterwegs war.

Er holte seinen Laptop und fuhr den Rechner hoch. Er würde seinen *Sniffer* ein wenig modifizieren müssen, um mit der Abschlussroutine des Sicherungslaufes durch die Tür gehen zu können, vorausgesetzt natürlich, dass der Systemprogrammierer bequem genug gewesen war, dieselbe Routine zu benutzen. Rasch kontrollierte Alex, ob das Back-up noch lief und stellte erleichtert fest, dass genügend Zeit verbleiben dürfte, bis die Datensicherung abgeschlossen war.

Er machte sich an die Arbeit. Kurz vor Ende der bankinternen Sicherung hielt er seine Software für einsatzfähig, und als ein markanter Puffer ausgelesen wurde, startete er seinen heimlichen Datenhund. Das System schlug keinen Alarm. Ein erster Erfolg.

Lange Zeit geschah nichts. Geduld, nur Geduld, schließlich durchsuchte sein *Sniffer* eine riesige Datenmenge.

Bingo! Plötzlich listete das Programm alle Kontobewegungen der letzten achtzehn Monate auf. Rasch ein Screenshot, dann zwischenspeichern. Der Drucker war bereits eingeschaltet, Bluetooth aktiviert. Drei Minuten später hatte Alex alles, was Olga brauchte. Er schaltete den Computer aus, ging ins Bett und schlief ein.

11

Mitten in der Nacht wachte Olga auf. Neben ihr das ruhige Atmen eines halb in eine Decke eingehüllten Körpers. Sekunden verstrichen, ehe sie in die Wirklichkeit zurückfand.

Sie hatte Sonjas Einladung angenommen, über Nacht zu bleiben. Sie waren in Sonjas großes Bett geschlüpft. Da war noch ein scheuer Kuss gewesen vor dem Einschlafen, mehr nicht. Kurz hatten sie sich an den Händen gefasst, dann hatte sich Olga auf die Seite gerollt und war eingeschlafen.

Olga lauschte auf Sonjas Atemzüge. Dieses leise Geräusch rührte sie. Warme Zärtlichkeit durchströmte ihren Bauch und es drängte sie danach, sich an Sonja zu schmiegen. Doch sie wollte sie nicht stören, nicht aufwecken. Lieber diese Nähe wirken lassen, wo sich doch alles so rasch entwickelt hatte. Ein Sturzbach an neuen und irgendwie doch vertrauten Gefühlen, völlig ungewohnt und trotzdem selbstverständlich.

Es ging eine geheimnisvolle Vertrautheit von Sonja aus, wie sie da neben Olga lag und atmete. Aus der Nähe erwuchs Neugier und – Begehren. Das verwirrte Olga und kurz entstand der Wunsch, aufzustehen und sich hinauszuschleichen, aber dieser Impuls wurde rasch von einer Sehnsucht nach zarter Berührung verdrängt.

Olga rückte vorsichtig an Sonja heran, schmiegte sich an diesen warmen Körper und wurde von einem wohligen Schauer durchströmt. Sie schnupperte an Sonjas Hals, sog das Bottega Veneta ein und dämmerte allmählich zurück in den Schlaf. Es fühlte sich alles richtig an.

Ein zärtliches Rütteln an ihrer Schulter weckte sie. Sie blinzelte in das gedimmte Licht.

»Der Kaffee ist fertig«, flüsterte Sonja. »Du musst aufstehen, deine Kanzlei wartet. Im Bad habe ich dir ein Handtuch hingelegt und eine Zahnbürste. Zum Glück habe ich immer eine in Reserve.«

Feinwürzig zog der Kaffeeduft von der Küche her. Olga betrachtete Sonja, die in Jeans und T-Shirt vor ihr stand. Sie erhob sich und amüsierte sich über das etwas zu kurz geratene Nachthemd, das an ihrem verschwitzten Oberkörper klebte. Die Nacht war tropisch geblieben.

Sie huschte ins Bad und sprang unter die Dusche. Der riesige Brausekopf spendete weiches Wasser. Wie gut das tat. Dann trocknete sie sich ab und nahm die verpackte Zahnbürste in die Hand. Sollte sie die Verpackung öffnen? Sie zögerte.

Sie könnte sich in der Kanzlei die Zähne putzen. Dort lag immer ein voll ausgestatteter Kulturbeutel. Würde sie die Bürste benutzen, wäre das ein Zeichen.

Sie lächelte. Auch wenn es noch ein unausgesprochenes Geheimnis war, Olga wusste es: Wir sind jetzt ein Liebespaar. Und das Kribbeln in ihrem Bauch musste von was Größerem kommen als einem Schwarm von Schmetterlingen.

Olga riss die Verpackung auf und putzte sich die Zähne.

Während sie durch die inzwischen geschäftige Stadt zu ihrem Büro radelte, hielt sie die Erinnerung an den Abschied fest. Eine zärtliche Umarmung und ein gehauchter Kuss hatten ausgereicht, diesen Morgen zu einem glücklichen Morgen zu machen. Dieses Gefühl würde sie durch den Tag tragen. Und ihre Glücksgefühle würden sich steigern, ihr Herz würde Stunde um Stunde ein wenig schneller schlagen, bis sie wieder in Sonjas Armen lag und irgendwann erfahren würde, wie es war, mit einer Frau Liebe zu machen. Sie war neugierig, was sie erwarten würde. Aber ein wenig machte ihr die Vorstellung auch Angst. Sie hatte keinerlei Erfahrungen damit, wie es war, mit einer Frau zu schlafen. Bestimmt fühlte es sich anders an als mit einem Mann, aber wie anders?

Vor Marco hatte sie zwei Freunde gehabt. Einer davon war ein erotischer Spielkamerad und Versuchskaninchen gewesen, den sie gemocht, nicht geliebt hatte. Der zweite, Andreas, war eine verspätete Jugendliebe gewesen, ihr Schwarm aus der Abiturklasse, der sich im dritten Semester endlich in sie verknallt und mit dem sie zwei intensive Jahre verbracht hatte, ehe er die große Welt entdeckte und von Blüte zu Blüte geflattert war. Ihren Liebeskummer hatte sie in der Examensvorbereitung erstickt. Vermutlich musste sie Andreas dankbar sein, denn ohne die amouröse Ablenkung hatte sie ein fulminantes Ergebnis hingelegt.

Sie war Referendarin gewesen, als sie bei einem Klettertraining Marco begegnet war. Mit ihm hatte sie die ganzen Facetten von Geborgenheit kennengelernt, seine Zuverlässigkeit am Seil hatte sich nahtlos ins Private fortgesetzt, seine Sicherheit am Fels hatte in jeder Minute ihres Zusammenseins gestrahlt und seine unbekümmerte Zuversicht hatte ihr Tag für Tag das Gemüt gewärmt.

Nach seinem Tod war nichts als eine traurige Leere geblieben, die sie unzureichend mit den wenigen Freundschaften gefüllt hatte, die sie noch pflegte. Inzwischen war aus der bitter schmeckenden Traurigkeit ein dumpfer, verhallender Abschiedsschmerz geworden. Das scharfe, beißende Nagen im Bauch war verschwunden. Aber die richtige Lust auf ein neues Verlieben hatte sich nicht einstellen wollen. Bis jetzt.

Sie gab gerade ihr Kennwort bei Windows ein, als der Gong ihres Handys eine SMS ankündigte. Alex Sorger fragte, ob er vorbeikommen dürfe, sofort.

Sie sagte zu, öffnete den Internet-Explorer und scrollte durch die Schlagzeilen der Münchner Tageszeitungen auf der Suche nach Meldungen zum Europäischen Theater. Die größte unter ihnen hatte sich des Themas angenommen und berichtete ausführlich über die Insolvenz des Architekturbüros und über Missstände im Baumanagement des Theaters.

Sascha Wallot wurde als Hauptverantwortlicher für die Bauausführung namentlich genannt, und der Artikel hinterfragte kritisch, ob der Bauingenieur die Herausforderung dieser Generalsanierung womöglich unterschätzt habe.

Die Geschichte wurde immer spannender. Sollte Prodger als Controller festgestellt haben, dass es im Bereich von Sascha Wallot massive Planungsmängel gab, drängte sich ein Zusammenhang nahezu auf. Vor allem, wenn Sascha Wallot seinem Ururgroßvater ähnlich war.

Ehe sie diese Gedanken weiterspinnen konnte, klingelte es und Alex Sorger stand in der Tür.

»Ein Espresso könnte nicht schaden«, krächzte er und legte eine Bäckertüte auf den Tresen. »Habe mir die Nacht um die Ohren geschlagen. Hier sind zwei Croissants.«

»Kommt sofort«, erwiderte Olga. »Was hat dir die Stimme ruiniert?«

»Alkohol. Bin aber wieder nüchtern. Doch wenn ich dir erzähle, was ich herausgefunden habe, wirst vermutlich du besoffen.« Er grinste.

»Spann mich nicht auf die Folter. Heraus mit der Sprache.«

»Zuerst den Espresso.«

Olga drückte auf den Knopf des Vollautomaten, der sich räusperte und sein Mahlwerk in Betrieb setzte.

Wenige Minuten später saßen sie im Besprechungsraum, jeder ein Espressotässchen und einen Teller mit einem Croissant vor sich. Alex Sorger schmatzte unbekümmert. Seine Augen glänzten.

»Du bist so aufgedreht«, bemerkte Olga. »Erzähl!«

»Kennst du eine Dorothee Hauber?«

»Klar, Staatsanwaltschaft München I, wieso?«

»Hast du öfter mit der zu tun?«

»Eher selten, warum?«

»Das ist gut.«

»Das finde ich auch, denn sie ist für Straftaten von Rechtsanwälten und Notaren zuständig. Wieso fragst du nach ihr?«

»Biergartenbekanntschaft – gestern«, antwortete Alex.

»Soso«, erwiderte sie augenzwinkernd. »Biergartenbekanntschaft. Bist du etwa auf Freiersfüßen?«

Alex errötete und nickte.

»Da hast du dir eine patente Frau angelacht. Allerdings solltest du ihr nicht unbedingt verraten, was für einen Job du momentan für mich erledigst.«

»Womit wir beim Thema wären«, griff Alex die Steilvorlage auf. »Dein Mandant hat vermutlich wirklich nichts mit den fehlenden 800.000 Euro zu tun. Hilft dir das?«

»Selbstverständlich. Was hast du herausgefunden?«

»Das Konto des Freundeskreises wurde äußerst raffiniert manipuliert. Da war ein Meister am Werk, und wenn Prodger kein Weltklassehacker ist oder mit einem Insider unter einer Decke steckt, kann er mit diesen Machenschaften nichts zu tun haben.«

»Weiter.«

»Das ist der Kern meiner Botschaft. Über eine exklusive Administratorberechtigung wurden die 800.000 Euro in zwei Tranchen zu 375.000 und 425.000 Euro vom Vereinskonto abgezogen und in unzähligen Kleinbeträgen auf viele unterschiedliche virtuelle Konten transferiert. Von dort aus wurden die Beträge kanalisiert und weiter transferiert. Hier verliert sich die Spur. Der Bankauszug, auf dem die Überweisungen aufscheinen, beruht auf einer raffinierten Falscheintragung im System. Die verwendeten Zwischenkonten sind von einem Algorithmus generiert und nach den Transaktionen sofort gelöscht worden. Wer sich das ausgedacht hat, kennt die Architektur des Banksystems in- und auswendig.«

»Wer könnte hinter so einer Aktion stecken?«

»Nach meinem Dafürhalten kommt nur ein Bank-Insider in-frage, der mit diesen Manipulationen Prodger den schwarzen Peter zuschieben will.«

»Kannst du den Täter finden?«

»Das ist beinahe unmöglich. Er hat seine Spuren gründlich verwischt. Die Zielkonten der Überweisungen liegen außerhalb Europas, die Daten sind gelöscht. Allerdings könnte ich mir vor-stellen, dass unser Täter sich nicht mit einer knappen Million zufriedengibt. Vermutlich hat er solche Sachen schon einmal ge-macht und wartet auf die nächste sich bietende Gelegenheit, um es wieder zu tun. Ich werde nach Vergleichsfällen suchen. Außer-dem möchte ich herausfinden, wer in der Bank zu so einem raffi-nierten Vorgehen in der Lage wäre. Ob's gelingt? Fifty-fifty.«

»Auf den Punkt gebracht heißt das: Ich weiß von der Un-schuld meines Mandanten, verwerten kann ich dieses Wissen nicht.«

Alex Sorger nickte.

»Mist.«

»Nicht ganz. Die 800.000 Euro sind spurlos verschwunden. Es existieren wohl nur die beiden Papierauszüge, und die könn-ten gefälscht sein. Wenn es ansonsten keine Unterlagen gibt, aus denen sich erschließen lässt, dass Prodger das Geld bekommen hat, wird es für die Staatsanwaltschaft schwer, ihm das nachzu-weisen. Im Verfahren ziehst du die Papierauszüge in Zweifel, das könnte bereits genügen.«

»Trotzdem hätte ich gern den Schuldigen.«

Alex drückte Olga die Hand und meinte freundschaftlich: »Den Schuldigen hätten wir immer gern. Da bist du wie ich. Ich bleibe dran.«

»Du bist vorsichtig?«

»Selbstverständlich. Schließlich will ich mich lieber privat mit Dorothee Hauber treffen.«

12

Er schrie seinen Zorn lautlos in das Kopfkissen. Was für eine Unverschämtheit, ihn öffentlich der Planungsfehler zu bezichtigen. Wie kam diese Journalistin dazu, solche Behauptungen aufzustellen? In Münchens angesehenster Zeitung! Und was war das für ein Hintergrundbericht, aus dem sie angeblich zitierte? Der Artikel spielte auf Interna an, die kaum jemand kennen konnte.

»Teufel noch mal«, fluchte Sascha Wallot und griff zum Telefon.

»Frau Spatz hat sich krankgemeldet«, gab Wallots Sekretärin Auskunft.

»Dann stellen Sie mich zu Motsch durch.«

»Gern«, antwortete sie und nach kurzem Knistern sprang die Warteschleifenmusik des kaufmännischen Direktors an – Pink Floyd, *Money*.

»Wie sinnig, du Arschloch«, grummelte Wallot zornig und wartete ungeduldig. Gerade als er auflegen wollte, meldete sich seine Sekretärin wieder.

»Bedauere, Herr Motsch ist in Besprechungen und will heute nicht gestört werden. Wie geht es Ihnen? Sind Sie – «

Sascha legte kommentarlos auf. Er bebte. Zugleich verkrampfte sich etwas in seinem Bauch, ein Gefühl, das er so schon lange nicht mehr erlebt hatte, das ihm jedoch vertraut war: Angst.

Schnitten ihm die Theaterleute absichtlich die Kontakte ab und ließen ihn auflaufen? War er bereits als Sündenbock ausgesucht worden? Sollte er den Kopf hinhalten für die vielen Schwierigkeiten, die im Projekt steckten, und die jeder andere ebenso wenig lösen konnte wie er? War er mit dieser Namensnennung in der Zeitung und der Erwähnung seines Kranken-

hausaufenthalts bereits zum Abschuss freigegeben? Irgendjemand musste hier vertrauliche Informationen weitergegeben
haben. Das konnte sich nur gegen ihn persönlich richten.

Sascha überlegte, wer von den Entscheidungsträgern beim
Europäischen Theater am ehesten infrage käme, ihm übel zu
wollen. Der Intendant schwebte über den Dingen. Roger Beauville interessierte sich nicht für die Niederungen von Bau und
Verwaltung. Künstler, der er war, hing er auch in der Übergangs-
zeit nur seinen Theatervisionen an. Nein, Beauville würde keine
Interna herausgeben. Eher Motsch. Sascha und der kaufmännische Direktor waren sich anfangs in die Wolle geraten, weil
Motsch sich angemaßt hatte, im Budget für die Sanierung mit-
reden zu wollen. Motsch hatte schließlich klein beigegeben, ihm
diese Niederlage aber nie verziehen. Außerdem war es an
Motsch, in den Verhandlungen mit der Stadt und dem zweiten
großen Geldgeber eine Aufstockung des Budgets zu erreichen.
Vielleicht half es ihm im Geldgeberdschungel, den Bauverant-
wortlichen nicht nur zum Schuldigen zu machen, sondern auch
dessen Kopf feilzubieten. Motsch war mit allen Wassern gewa-
schen, was diese Dinge anging, und er stand vermutlich nicht
umsonst im Ruf, intrigant zu sein. Wäre er, Wallot, aus dem Weg
geräumt, könnte der kaufmännische Direktor seine Macht aus-
bauen – allerdings müsste künftig er die Verantwortung für
Wohl und Wehe der Sanierung übernehmen.

Motsch hat ein handfestes Motiv, stellte Sascha mit grimmiger
Miene fest. Sollten die Sonderzahlungen, die Sascha an Watzlaff
geleistet hatte, zur Sprache kommen, müsste Motsch ein besonderes Interesse daran haben, diese Dinge zu bereinigen und
damit ihn, Wallot, über die Klinge springen zu lassen. Dazu
passte, dass er ihm den E-Mail-Zugang gesperrt hatte.

Motsch also, zog Sascha ein Zwischenfazit und überlegte, wer
sonst infrage käme. Der Gruppenleiter der Stadt fiel ihm ein, der
immer glänzen und schön dastehen, niemals aber für Pannen

verantwortlich sein wollte. Christ verfügte über sämtliche internen Berichte, zudem wurde ihm nachgesagt, er würde gerne unter der Hand Stadtratsmitglieder mit Informationen versorgen.

Politisch stand Christs Chef, der Kulturreferent, in der Verantwortung. Gut möglich, dass bei andauerndem Projektchaos zunächst Christ seinen Hut nehmen müsste. Doch was wollte man Christ vorwerfen? Das Europäische Theater war zwar eine Tochter-GmbH der Stadt, aber dank mehrerer Co-Finanziers war die Stadt nicht Alleingesellschafter und damit das Theater unabhängiger, als es dem Kulturreferenten lieb war. Christ hatte keine Fachaufsicht über das Theater, konnte nicht unmittelbar auf die Maßnahmen des Theaters einwirken, sondern sich lediglich beratend oder im Rahmen der Rechtsaufsicht einbringen.

Die Sonderzahlungen an Watzlaff wären Christs Hebel, sich einzuschalten.

Wenn die Sonderzahlungen mit dem falschen Zungenschlag diskutiert werden, dachte Sascha, *bin ich der naheliegende Sündenbock, und so einen benötigt dieser Karrierebeamte allemal.* Oder erledigte Prodger die Drecksarbeit für seinen Chef und stach Informationen aus den Controlling-Sitzungen durch?

Prodger war gefährlich, das wusste Wallot schon lange, aber Prodger war eigentlich ein aufrechter Typ, der die Dinge beim Namen nannte und einem dabei in die Augen schaute. Prodger würde mit offenem Visier kämpfen.

Nein, wenn es in der Stadtverwaltung einen gab, dem er seine Aufmerksamkeit widmen sollte, war es der Gruppenleiter Dr. Christ.

Obwohl er sich bisher gut mit ihm verstanden hatte, wuchs sein Argwohn gegenüber dem städtischen Spitzenbeamten. Als vor einigen Monaten erstmals die fehlende Liquidität zum Jahresende problematisiert worden war, hatte Sascha Christ zu einem informellen Dinner eingeladen und sich nicht lumpen lassen. Christ hatte das denkmalwürdige Ambiente des renommierten Restaurants und die hervorragende Menüfolge genossen, vor allem aber hatte es ihm die exquisite Weinbegleitung angetan. Erst beim dritten Gang, einem zarten Seeteufel, der von einem Riesling mit feiner Säure begleitet worden war, hatte Sascha seinem Gast die Unwägbarkeiten erläutert, die sich aus auflaufenden Rechnungen und Leistungsabrufen des Architekturbüros ergeben könnten. Wenn es ganz ungünstig laufen würde, könnten zum Jahresende bis zu vier Millionen Euro fehlen.

Christ hatte gefragt, ob die Summe insgesamt vom Budget gedeckt wäre, und als Sascha das bejaht hatte, hatte der Gruppenleiter abgewinkt und erklärt, dann werde man eben aus dem Budgetansatz des Folgejahres eine Auszahlung vorziehen, da sei die Stadt flexibel.

Sie hatten auf dieses Ergebnis angestoßen und sich für den weiteren Verlauf des Projekts gegenseitig Mut zugesprochen. Christ hatte genau und von Anfang an gewusst, wie unrealistisch die ersten Ansätze für die Generalsanierung gewesen waren. Christ würde alles daransetzen, nicht nur Liquiditätsengpässe zu überbrücken, sondern auch das Gesamtbudget rechtzeitig so anzuheben, dass die Generalsanierung ausfinanziert werden konnte.

Mit dem vierten Gang war das Dinner in Münchens bekanntestem Gourmetrestaurant denkwürdig geworden, jedenfalls aus Sachas Sicht. Das hatte weniger an den gratinierten Lammkoteletts und dem begleitenden Brunello gelegen, als an einer aufflammenden Redseligkeit des Gruppenleiters. Mit Begeisterung hatte er von seiner Mission gesprochen, die Kulturarbeit der bayerischen Landeshauptstadt zu beflügeln, und wie dankbar er sei, an einer so verantwortungsvollen Position seiner Heimatstadt dienen zu dürfen.

Als die Burrata von einem charakterstarken Sancerre umschmeichelt worden war, war ein sichtlich angetrunkener Doktor Christ in seinen jungen Jahren gelandet.

»Wissen Sie«, hatte er Sascha sein Lebensgeheimnis verraten, »meine Karriere in der Verwaltung erlebe ich jeden Tag als ein Geschenk Gottes. Der Erfolg war mir nicht in die Wiege gelegt. Glauben Sie mir.« Und bei diesen Worten, sie waren inzwischen beim Dessert angelangt, hatte Christ Tränen in den Augen gehabt.

»Ich fürchtete, stets der Benjamin, der kleine Bruder, um den man sich kümmern musste, zu bleiben, und bis zuletzt musste ich um die Anerkennung durch meinen Vater kämpfen, weil ich Kunstgeschichte statt Rechtswissenschaften studiert habe.«

Sascha hatte den tiefen inneren Antrieb dieses Menschen gespürt, der sich offensichtlich mühte, aus dem Schatten seiner übermächtig wirkenden Brüder zu treten.

»Demut, Herr Wallot«, hatte er nach dem dritten Cognac genuschelt. »Demut ist es, die mich in meinem Beruf bewegt. Und deshalb, weil ich hohen Respekt habe vor Ihrer Leistung, werde ich Sie in allen Belangen unterstützen. Sie sanieren unser Europäisches Theater. Ich bin nicht mehr als Ihr erster Diener in der Stadtverwaltung.«

Mit diesen Worten war Christ aufgestanden und unsicheren Schrittes zur Toilette gegangen, was Sascha Gelegenheit gegeben hatte, die Rechnung zu begleichen, ohne dass Christ wegen des fast vierstelligen Betrages hatte erschrecken müssen.

Nein, von Dr. Christ konnte eigentlich keine Gefahr für ihn ausgehen. Oder doch? Würde sein demütiges Streben nach bestmöglichem Erfolg zwangsläufig dazu führen, dass er einen geeigneten Sündenbock brauchte, wenn die Probleme überhandnahmen?

Wenn es hart auf hart kommt, folgerte Sascha, *wird Christ seine schützende Hand von mir abziehen. Er kann und will sich nicht mit einem Misserfolg identifizieren lassen. Er muss sich und*

118

seinen Brüdern immer noch beweisen, dass ein städtischer Spitzenbeamter einem Notar und einem Staranwalt ebenbürtig sein kann.

Leider, begriff Sascha resigniert, fehlte Christ der Richter, der ihn freisprechen könnte vom Vorwurf des Versagens, denn sein Vater, ein stadtbekannter Erfolgsanwalt, war vor zwei Jahren gestorben.

Der Stachel sitzt tief in so einem Menschen. Christ wird weiterhin alles tun, um als Mann des Erfolges für seine Heimatstadt zu glänzen und womöglich noch einen weiteren Karriereschritt zu erreichen. Er muss für jede Art von Misserfolg andere verantwortlich machen können. Also hüte dich vor ihm, mahnte sich Sascha, *vor ihm noch viel mehr als vor Martin Prodger, diesem peniblen Zahlenknecht, der mir im Zweifel jeden Cent unter die Nase reibt, den ich falsch verbuche.*

Trotzdem: Von keinem der beiden werde ich mir mein Werk zerstören lassen, dachte Sascha grimmig.

Die Sanierung des Europäischen Theaters, diese Mammutaufgabe, durch die rasante Entwicklung der Baupreise in den letzten drei Jahren noch schwieriger geworden, war die Krönung seines Lebenswerkes. Erst recht nach dem Tod seiner Frau. Er würde diese Aufgabe vollenden und er würde sich bei der Wiedereröffnung der großen Bühne auf dieser feiern lassen. Dieses Ziel durfte er nicht aus den Augen verlieren. Hindernisse, die sich ihm in den Weg stellten, gehörten beiseitegeschoben. Hatte nicht auch sein Vater vor fast dreißig Jahren allen Widerständen getrotzt? Oder erst sein Ururgroßvater, lang lang ist's her?

»Scheitern verboten«, knurrte Sascha und rief seinen Freund Horbacher an.

Der jedenfalls ließ sich nicht verleugnen, sondern meldete sich beinahe fröhlich, nachdem die Sekretärin Sascha durchgestellt hatte: »Bist du auf dem Weg der Genesung, alter Junge? Wäre dringend nötig, du hast bestimmt Zeitung gelesen –«

»Wer ist für diesen Bericht verantwortlich?«, fiel Sascha ihm ins Wort. »Das ist eine Schweinerei.«

»Recht hast du. Wir werden uns zur Wehr setzen.«

»Du weißt, wer dahintersteckt?«

»Christ, war dir das nicht klar?«

»Hätte ich mir denken können. Wie kommt er dazu?«

»Sascha, du hättest Watzlaff nicht pleitegehen lassen dürfen.«

»Was hat das damit zu tun?«

»Bist du wirklich auf den Kopf gefallen?«, erwiderte Horbacher mit plötzlich schneidender Stimme. »Ihr zerstreitet euch wegen angeblicher Planungsmängel, die du bei Watzlaff und seinen Leuten siehst, und selbst hast du wieder und wieder Änderungen eingebracht und alles über den Haufen geschmissen. Watzlaff sind die Leute davongelaufen, weil sie sich schlecht behandelt fühlten, die neuen haben ihn mehr gekostet und du hast die Nachträge abgelehnt.«

»Die letzten Nachträge sind und bleiben unberechtigt.«

»Watzlaff sieht das anders. Sei's drum, Fakt ist: Ihr werft euch gegenseitig Planungsmängel vor. Kein Wunder, dass die Stadt versucht, Klarheit zu schaffen.«

»Der Bericht ist also von der Stadt.«

»So ist es. Ein Sonderbericht, der die Controlling-Berichte der letzten Quartale zusammenfasst und dem Bauausschuss des Stadtrats zur Verfügung gestellt wurde.«

»Kanntest du den Bericht?«

»Nein, ich kenn ihn immer noch nicht.«

»Wir müssen den Bericht sehen.«

»Da gebe ich dir recht. Ich werde mich bei Christ darum kümmern.«

»Und wie zum Teufel kommt der Bericht an die Medien, und wer zum Teufel hat meinen Unfall publik gemacht?«

»Keine Ahnung. Im Stadtrat gibt es viele bunte Hunde, die

gern etwas durchstechen, und das mit deinem Krankenhausaufenthalt ...«

»Wir brauchen eine Gegendarstellung«, regte sich Sascha auf und registrierte erst später, dass Horbacher zur Unfallfrage geschwiegen hatte.

»Ruhig Blut«, brummte Horbacher beschwichtigend. »Lass mich zuerst mit Christ sprechen.« Dann beendete er grußlos das Telefonat.

Sascha blieb mit zwiespältigen Gefühlen zurück. Solange Horbacher die Nachforderungen von Watzlaff für zumindest in Teilen berechtigt hielt, solange waren die Sonderzahlungen keine Über- sondern höchstens Vorauszahlungen. Das war der positive Aspekt. Der negative war, dass Horbacher offensichtlich bei ihm und seinem Team Planungsfehler vermutete. Diesen Vorwurf wollte er nicht auf sich sitzen lassen. Die nach und nach auftauchenden Sonderthemen aus dem Bereich des Denkmalschutzes wollten bearbeitet und planerisch gelöst sein. Ganz abgesehen von den Mängeln in der alten Bausubstanz, die erst während der Arbeiten zum Vorschein gekommen waren und besondere Herausforderungen darstellten. Das konnte ihm niemand zum Vorwurf machen. Nein, er war an den notwendigen Umplanungen nicht schuld.

Beinahe trotzig ballte er die rechte Faust und freute sich an dieser Bewegung. Zeit für die Visite. Er hoffte auf gute Nachrichten der Ärzte.

Die erhielt er kaum zehn Minuten später, als der Ärztetross hereingeschwirrt war und der Chefarzt seine Interpretation der neuesten Kernspin-Aufnahmen zum Besten gegeben hatte. Das Wichtigste, hatte der Professor betont, sei Geduld und Schonung. Die Stabilität des Wirbels stimme zuversichtlich und der Bandscheibenprolaps habe sich bereits verbessert. Montag könne er mit physiotherapeutischen Maßnahmen beginnen. Entlassen? Nein, entlassen könne er am Montag nicht werden, das sei zu riskant. Da müsse man weitere Untersuchungen abwarten, vielleicht Ende nächster Woche.

»Geduld und Schonung«, befahl der Chefarzt mit erhobenem Zeigefinger, drehte sich um und verließ, gefolgt von seinen Jüngern, Saschas Zimmer.

Geduld gehörte nicht zu den hervorstechenden Eigenschaften von Sascha Wallot. Untätig im Bett zu liegen machte ihn mehr als kribbelig und die augenblickliche Situation bot allen Anlass, unruhig zu sein. Abgeschnitten von seinen E-Mails, ohne Kontaktmöglichkeit zu den Mitarbeitern in seiner Bauabteilung, angewiesen auf Telefonate, was allen die Möglichkeit bot, sich verleugnen zu lassen, konnte er die drohende Katastrophe nicht abwenden.

Nein, lehnte er sich auf, *noch eine Woche in der Klinik geht gar nicht.* Er ballte die rechte Hand zur Faust. Für ihn stand viel auf dem Spiel, zu viel, um untätig zu bleiben. Längst war die Generalsanierung ihm ein ganz persönliches Anliegen geworden, seine gesamte Reputation ginge zu Bruch, wenn er hier versagte. Er wollte als der Retter des Europäischen Theaters gefeiert werden und nicht als ein jämmerlicher Loser dastehen, dem so ein Projekt über den Kopf wuchs. Ganz abgesehen davon, dass die Problematik der Sonderzahlungen in seinem Sinne gelöst werden musste.

Er brauchte diesen internen Bericht so schnell wie möglich und beschloss, sich mit Prodger in Verbindung zu setzen. Vielleicht würde ihm der Controller die Hintergründe auseinandersetzen und den Bericht zur Verfügung stellen. Umso größer war seine Enttäuschung, als ihm Prodgers Sekretärin mitteilte, dieser sei nicht zu sprechen. Allmählich witterte Sacha Wallot eine Verschwörung. Seine innere Unruhe wuchs.

13

Olga überflog den Entwurf der Tilgungsvereinbarung, die sie für Prodger mit dem Anwalt des Freundeskreises anstrebte. Dieser hatte in einer ersten Besprechung zugestimmt, sich zunächst auf die von Prodger eingeräumten Darlehensschulden zu fokussieren, ein Ergebnis, das der Fürsprache von Professor Maul zu verdanken war. Mit einer Einmalzahlung von 20.000 Euro gäbe sich der Freundeskreis vorerst zufrieden. Damit war jedenfalls fürs Erste im Verhältnis zum Freundeskreis die große Summe vom Tisch, es sei denn, Prodger würde die Veruntreuung dieser 800.000 Euro doch noch nachgewiesen.

Hoffentlich, dachte sie, *ist es Prodger mit einer seiner Banken gelungen, einen entsprechenden Privatkredit eingeräumt zu bekommen, damit die Umschuldung reibungslos gelingt.* Mit so einer Vereinbarung in der Hand konnte man erfolgversprechend mit der Staatsanwaltschaft verhandeln. Mit etwas Glück bekäme man eine Verfahrenseinstellung gegen Auflagen, auch wenn der Geldbetrag, den Prodger zu zahlen haben würde, gewiss erheblich wäre. Bei dieser kontrollierten Bruchlandung dürfte auch sein Disziplinarverfahren bei der Stadt glimpflich verlaufen. Das nämlich war existenzbedrohend für ihren Mandanten. Sollte er auf der Grundlage aller Vorwürfe, die ihm die Staatsanwaltschaft machte, verurteilt werden, führte dies im Disziplinarverfahren zur Entlassung aus dem Dienst. Allein deshalb galt es, Prodger herauszupauken. Olga fand ihren Entwurf gelungen, legte ihn beiseite, schnappte sich ihre Sporttasche und machte sich auf ins Fitnessstudio.

Beim Weg über die große Straße wurde sie von Hunderten Schülerinnen und Schülern aufgehalten, die gerade ihrem Demonstrationsziel in der Innenstadt entgegenstrebten.

Olga schaute auf die Uhr. In der Tat war sie heute mehr als

eine halbe Stunde früher unterwegs. Deshalb also traf sie auf die Fridays-for-Future-Bewegung, die sie bisher lediglich in den Medien wahrgenommen hatte. Lachende junge Gesichter, strahlende Augen, lebhafte Gespräche und viele selbst gemalte Plakate und Transparente marschierten an ihr vorbei. Ab und zu wurde in Trillerpfeifen geblasen und irgendwo trommelte jemand. Friedlich und relativ still war dieser Protestmarsch, der einem Ziel zustrebte, das Olga erahnte: Die Schülerinnen und Schüler wollten zum Kultusministerium, das vor wenigen Tagen kryptische Äußerungen lanciert hatte, wie mit dem Fernbleiben vom Unterricht umgegangen werden solle.

Olga hatte das, wie die gesamte Bewegung, nicht genau verfolgt. Doch jetzt, während sie wenige Minuten warten musste, ehe sie die Straße überqueren konnte, nahm sie sich vor, den Jugendlichen mehr Aufmerksamkeit zu schenken. Schließlich engagierten sie sich für ein wichtiges Anliegen, das Olga selbst bewegte. Sie fand es gut, dass die jungen Menschen für das Klima auf die Straße gingen und dafür auch mal einen Unterrichtstag sausen ließen. Als Bergsteigerin sah sie seit Jahren die Gletscher schmelzen und litt unter der zunehmenden Steinschlaggefahr. Umwelt- und Naturschutz hielt sie seit ihrer Zeit bei der Jungmannschaft des Alpenvereins für selbstverständliche Anliegen jeder Bergsteigerin und jedes Bergfreundes, und sich in der Stadt beinahe ausnahmslos zu Fuß oder mit dem Fahrrad zu bewegen war seit Studententagen ihr *way of life*.

Sie winkte drei Mädchen zu, die ein pfiffiges Plakat hochhielten, auf dem Donald Trump das Wasser bis übers Kinn stand und in seinen weit geöffneten Mund hineinlief, aus dem blubbernd die Sprechblase platzte: *Klimawandel, eine Erfindung der Chinesen.*

Die Mädchen winkten zurück und zogen weiter. Olga aber drückte ihnen die Daumen, beim Kultusministerium etwas zu erreichen, was den Erwachsenen fast selbstverständlich war: für eine gerechte Sache während der »Arbeitszeit« streiken zu dürfen.

Im Studio schaute sie zuerst bei den Crosstrainern, dann im separaten Hantelraum nach, ob Sonja beim Trainieren war, doch sie fand sie nicht. Gerade noch rechtzeitig setzte sie sich zu einer Basic-Class auf das Spinning-Rad und begann bei hundert Kurbelumdrehungen ein solides Warm-up. Langsam fuhr der Puls hoch, und zur eingängigen Musik spielte ihr innerer Film noch einmal den gestrigen Abend ab, besonders aber der Blick über die nächtlichen Dächer Münchens mit dieser beglückenden Nähe von Sonja an ihrer Seite.

Nach zehn Minuten Warm-up ging die Post ab, *Runnings* wechselten mit *Jumps* und jagten den Puls in die Höhe. Je anstrengender es wurde, desto mehr wurde der Gedankenfluss zum stillen Strom, bis sich sogar der schönste der gestrigen Momente – der Kuss – verflüchtigte. Nun waren nur noch Kraft und Energie, Herzschlag und Atem. Ihr Körper funktionierte und beschenkte sie mit dieser besonderen Befriedigung nach der Höchstleistung, wenn er sich im *Cool-Down* langsam entspannte.

Die Erinnerung an die zurückliegende Nacht kehrte zurück und verstärkte das Glücksgefühl nach der rasanten Fahrt.

Schade, dass Sonja nicht neben mir steht und wir gemeinsam unsere Lenker sauberwischen, dachte Olga. Jetzt, da sie diese besondere Tür geöffnet hatte, wollte sie mehr von den schönen Momenten. Sie war sich nicht sicher, wie es hatte passieren können, dass sie sich plötzlich zu einer Frau hingezogen fühlte, doch es fühlte sich so richtig und gut an, dass sie keine Lust hatte, sich länger ihrer Unsicherheit oder Verwirrung hinzugeben.

Sie würde Sonja später eine Nachricht schreiben, vielleicht konnten sie noch ein Gläschen trinken gehen, bevor Olga am nächsten Tag mit Frieder in die Dolomiten fuhr. Da fiel ihr ein, abends schon mit Alex auf ein Kirschweizen in ihrer Lieblingsgrillbar verabredet zu sein.

Vielleicht lässt sich das verschieben, dachte sie. Schließlich hatte er ihr gerade seine neuesten Ergebnisse mitgeteilt und bis abends dürften kaum weiterführende Erkenntnisse zu erzielen sein. *Am Ende,* spekulierte Olga, *ist es ihm gerade recht, spontan einen freien Abend für die Staatsanwältin zu haben.* Noch in diesem Gedankengang tadelte sie sich für ihren Egoismus, der einem ihrer Prinzipien zuwiderlief. *Pacta sunt servanda* (Vereinbarungen sind einzuhalten) war für Olga mehr als ein altrömischer Rechtssatz. Nein, man sagt nicht einfach eine Verabredung ab, weil man kurzfristig Besseres zu tun hat.

Sie empfing Martin Prodger wieder in ihrem Besprechungszimmer und verzichtete wie beim Erstgespräch auf jedes anwaltliche Accessoire wie Notizblock, Kugelschreiber, Diktiergerät, Ermittlungsakte und Gesetzbuch. Prodger trug den gleichen abgetragenen Anzug wie am Montag. Der Händedruck war fest, die Augen klar. Auf der Stirn sahen die Sorgenfalten etwas eingekerbter aus als vor vier Tagen.

»Meine Dienststelle hat mich von allen Außenkontakten abgeschnitten«, platzte er heraus. »Ich darf keine Termine mehr wahrnehmen und mit niemand außerhalb des Kulturreferats kommunizieren. Keine Briefe, keine E-Mails, keine Kurznachrichten, keine Telefonate. Absoluter Innendienst. Zudem erhalte ich keine sensiblen Unterlagen mehr zu meinem Hauptbeschäftigungsfeld. Die Personalstelle nimmt das mit dem Disziplinarverfahren extrem ernst, dabei hat der Vorwurf, den mir die Staatsanwaltschaft macht, mit meinen Dienstaufgaben überhaupt nichts zu tun.« Seine Stimme zitterte. »Können Sie mir helfen?«

»Das ist nicht so einfach. Da Ihnen ein Delikt zur Last gelegt wird, das mit Vertrauen zu tun hat, und der Vorwurf zunächst in schwerer Form auf dem Tisch liegt, muss Ihr Dienstherr sogar mit der Einleitung eines Disziplinarverfahrens reagieren, weil

Sie mit Ihrer privaten Tat zugleich das Ansehen des Berufsbeamtentums geschädigt, also gegen eine Beamten-Dienstpflicht verstoßen haben könnten. Immerhin ist das Verfahren zwar eingeleitet worden, ruht aber zunächst, und Sie sind noch nicht vom Dienst suspendiert.«

»Faktisch kann ich trotzdem nicht mehr vernünftig arbeiten«, jammerte er.

»Sie haben einen Straftatbestand erfüllt. Selbst die Schadenssumme, die Sie einräumen, reicht für eine empfindliche Strafe aus.«

»Ja, schon, aber ...«, stammelte Prodger.

»Glauben Sie mir, ich versuche, das Beste für Sie herauszuholen. Aber da gehört Einsicht in das eigene Fehlverhalten dazu.«

»Ich weiß, dass ich Mist gebaut haben«, erwiderte Prodger zerknirscht. »Aber nicht in dem Umfang, den man mir vorwirft. 40.000 Euro, und das Geld habe ich dringend für die Familie meiner Frau gebraucht. Wenigstens das muss man mir zugutehalten.«

»Wir werden versuchen«, beschwichtigte Olga seinen aufkeimenden Ärger, »Ihre familiäre Situation strafmildernd einzubringen.«

»Außerdem«, eiferte sich Prodger, »hat meine Unterschlagung überhaupt nichts mit meiner Arbeit zu tun. Eine Verfehlung in meinem Privatleben sollte nicht dazu führen, mich im Büro mundtot zu machen, oder?«

»Das kommt darauf an. Was ist so sensibel, dass man Sie nach außen abschirmen muss?«

»Nun, ich bin innerhalb der Stadtverwaltung für das Controlling der Generalsanierung des Europäischen Theaters zuständig. Ein heikles Thema mit politischer Brisanz für den Kulturreferenten und sogar für den Oberbürgermeister.«

Olga nickte und merkte an, sie habe die letzten Tage Zeitung gelesen.

»Die Kosten steigen erheblich, der Zeitplan wankt. Die Stadt muss eingreifen. Die Theaterleitung sträubt sich natürlich, vor allem der Generalbevollmächtigte Bau. Mein Chef befürchtet Komplikationen, wenn die Stadt eine Aufsichtsmaßnahme ergreift, an der ich beteiligt bin und in diesem Zusammenhang durch irgendeine Indiskretion bekannt wird, dass gegen mich ein Ermittlungsverfahren läuft.«

»Klingt an den Haaren herbeigezogen.«

»Sie sollten meinen Chef kennen.«

»Trotzdem müssen wir uns zunächst um Ihr Strafverfahren kümmern. Den Entwurf einer Tilgungsvereinbarung mit dem Freundeskreis habe ich vorbereitet. Er liegt in meinem Büro. Konnten Sie mit ihrer Hausbank eine Regelung finden?«

»Ja, der Sachbearbeiter würde einen Privatkredit bis zu 40.000 Euro befürworten. Die Unterlagen liegen beim Filialleiter, mit dem habe ich nächsten Dienstag einen Termin. Damit könnte ich die aus meiner Sicht offenen 20.000 Euro auf einmal zurückzahlen, mehr natürlich nicht. Und ich wäre liquide für eine Strafzahlung, wenn Sie die entsprechende Verfahrenseinstellung erreichen könnten.«

»Kommen wir zu diesem ›Mehr‹ – was es mit den fehlenden 800.000 Euro auf sich hat«, forderte ihn Olga auf. »Wer könnte das Vereinskonto manipuliert haben?«

»Vielleicht hat jemand von der Bank am Konto gedreht?«

Olga nahm die Verzweiflung in Prodgers Gesicht wahr und konnte ihn verstehen; sie war sich durch Alex' Nachforschungen schließlich ziemlich sicher, dass er in diesem Punkt unschuldig war.

»Herr Prodger, ich glaube Ihnen. Aus den Ermittlungsunterlagen ergibt sich nach meinem Dafürhalten nicht, dass Sie diese Überweisungen getätigt haben. Gleichwohl müssen wir uns wappnen. Wer könnte ein Interesse daran haben, Ihnen das in die Schuhe zu schieben?«

»Wenn es ein Bankmitarbeiter war, dann hat der die Situation ausgenutzt. Manchmal schauen sich Banker die Kontobewegungen von Kunden an. Vielleicht hat einer seine Chance erkannt. Wie will man den dingfest machen?«

Olga nickte nachdenklich und fragte: »Aber wie soll ein Bankmitarbeiter darauf kommen, dass es hier zu unberechtigten Kontobewegungen gekommen ist?«

»Da gibt es Programme, ähnlich wie bei den Kreditkartenfirmen. Die melden ungewöhnliche Umsätze.«

»Warum waren Ihre Überweisungen ungewöhnlich? Woran erkennt ein Algorithmus das?«

»Erstens gab es zehn Jahre lang nie eine Überweisung an mich und zweitens waren alle drei Überweisungen betragsmäßig deutlich höher als die üblichen Zahlungsvorgänge. So was findet das Programm heraus und dann liegt das vermutlich bei einem Kundenbetreuer auf dem Schreibtisch.«

»Klingt logisch«, gab Olga zu und erinnerte sich jetzt, dass sie von ihrem eigenen Kreditkarteninstitut auch manchmal eine Benachrichtigung erhielt, meistens, wenn sie die Kreditkarte das erste Mal im Ausland einsetzte oder eine ungewöhnliche Internet-Bestellung tätigte. »Wer könnte noch ein Interesse daran haben, Sie zum Sündenbock zu machen?«

»Ansonsten gibt es mehrere Leute, die mit der eingetretenen Situation sehr zufrieden sind. Als Controller habe ich mir einige Feinde gemacht.«

»In unserem ersten Gespräch sagten Sie, jemand wolle ihnen etwas anhängen. Was für eine Idee haben Sie dazu?«

»Vielleicht hat sich einer meiner Feinde die Mühe gemacht, das Konto des Freundeskreises zu manipulieren. Ehrlich gestanden wüsste ich aber nicht, wie so jemand auf die Idee kommt, mich über den Freundeskreis anzugreifen. Der hat schließlich nichts mit meinem Beruf zu tun.«

»Unterstellt, jemand hätte die Idee gehabt, wen würden Sie verdächtigen?«

»Den Generalbevollmächtigten Wallot und meinen eigenen Chef.«

Olga stieß ein leises »Oh« aus. »Wie kommen Sie auf die beiden?«

»Das ist eine längere Geschichte.«

»Ich höre.«

»Seit rund fünf Jahren arbeite ich im Sachgebiet für Theater und darstellende Kunst und bin dort seit vier Jahren für das Controlling der Generalsanierung des Europäischen Theaters zuständig. Vor zwei Jahren wurde ich gegen den Wunsch des Gruppenleiters Christ stellvertretender Sachgebietsleiter. Ich bin ihm von Anfang an ein Dorn im Auge gewesen, weil ich zu wenig ›politisches Einfühlvermögen‹ an den Tag lege. Das Theater ist ein Prestigeobjekt, die Sanierung überfällig. Wie so oft bei der öffentlichen Hand wurde das Projekt unterfinanziert begonnen. Man hat von Anfang an gewusst, dass die bereitgestellten Mittel nicht ausreichen werden, aber auf die erfolgreiche Salamitaktik gesetzt: Hat man erst angefangen, wird schon Geld nachgeschossen. Vor einem Jahr war es dann so weit, aber die Geldgeber wollten nichts drauflegen. Nun war vom Generalbevollmächtigten *design to budget* gefordert. Das ist auf eine Planung hinausgelaufen, zunächst nur das bereits im Bau befindliche Haupthaus fertigzustellen. Hinsichtlich der notwendigen Umbaumaßnahmen kam es zu vermehrten Konflikten mit dem Architekturbüro, dem Wallot erhebliche Planungsfehler vorgeworfen hat. Damit hat er diverse Bauverzögerungen gerechtfertigt, die wiederum Kostensteigerungen ausgelöst haben. Ein Teufelskreis. Die irrational steigenden Baupreise haben ihr Übriges getan. Das Projekt stand kurz vor der Pleite. Damit habe ich meinen Gruppenleiter und den Kulturreferenten konfrontiert. Die damalige Krisensitzung war ernüchternd. Weil es im Controlling an belastbaren Zahlen fehlte, hielt mir Christ vor, ich würde Panikmache betreiben. Die Chefs wollten keine schlechten Nachrichten, haben gegen meinen Rat ein Konzept entworfen, das mit geringem Mehraufwand eine sogenannte >kleine Lösung< ermöglichen sollte. Damit ist der Kulturreferent an die Presse gegangen. Aber das ist zum Scheitern verurteilt und weil ich seitdem bei jeder Gelegenheit darauf hinweise, will mich Christ loswerden.«

»Sie sind Beamter der Stadt München, Ihr Chef kann Sie jederzeit versetzen.«

Prodger kratzte sich am Kinn und antwortete gequält: »Das stimmt. Aber er muss befürchten, dass ich mich gegen die Versetzung wehre. Die Sache ist kompliziert. Würden Sie ihn kennen, könnten Sie das besser verstehen. Christ ist ein Getriebener, der sich selbst zum Erfolg verdammt hat. Er träumt vom nächsten Karrieresprung. Die Luft da oben wird immer dünner, Fehler sind tödlich. Also gilt es, Fehler zu vermeiden und für Misserfolge stets auf andere deuten zu können. Erfolge muss er dagegen für sich selbst reklamieren. Allein das führt zu Beschönigungen in den Akten und Christ ist sich für kein Plagiat zu schade. Er weiß, dass ich das weiß. Schlimmer ist seine Eitelkeit. Er schmückt sich gern damit, mit wem er sich wann und wo trifft, wer ihm wie und warum Wertschätzung zollt, und er sonnt sich in Freundschaftsbekundungen einflussreicher Menschen. Da ist der Austausch von Gefälligkeiten und Geschenken opportun.«

»Wollen Sie damit andeuten, Ihr Chef ist korrupt?«

»Vor einem halben Jahr, kurz vor der erwähnten Krisensitzung, hat er mich gefragt, ob ich das Restaurant Gümbelhof kenne. Was ich bejahte. Dorthin habe ihn ein stadtbekannter Künstler eingeladen als Dankeschön für die erfolgreiche Abwicklung einer Projektförderung. Auf meine Äußerung, er solle in diesem hochdekorierten Gourmetrestaurant sein Menü lieber selbst bezahlen, reagierte er pikiert. Der Termin mit dem Künstler war einige Wochen in seinem dienstlichen Kalender vermerkt. Als ich ihn später fragte, wie es ihm im Gümbelhof geschmeckt habe, teilte er mir schmallippig mit, kurzfristig abgesagt zu haben. Ein Schelm, wer Böses dabei denkt. Den Kalendereintrag habe ich mit einem Screenshot gesichert, was ich ihm bei einem Streit auch gesagt habe.«

»Sie haben ihm gedroht?«, fragte Olga entsetzt. »Dann verstehe ich natürlich, wie gelegen es Ihrem Chef kommt, Sie über ein Disziplinarverfahren mundtot zu machen. Weiß er von Ihrer Tätigkeit für den Freundeskreis?«

»Nicht von mir und Berührungen gibt es keine, doch ausschließen kann man das im Münchner Kunstbetrieb nie.«

»Sie haben mir bisher kaum etwas über diesen Freundeskreis und Ihre Rolle dort erzählt. Wollen Sie das nachholen?«

»Viel zu erzählen gibt es nicht. Als Schatzmeister bin ich ehrenamtlich tätig, habe mich stets im Hintergrund gehalten und einmal im Jahr auf der Mitgliederversammlung meinen Rechenschaftsbericht abgegeben. Dreimal im Jahr hatten wir Vorstandssitzungen, meistens im Vorfeld der Aufsichtsratssitzungen des Museums. Der Vorstandsvorsitzende des Freundeskreises gehört dem Aufsichtsrat des Museums an. Dort bin ich jedoch nie in Erscheinung getreten.«

»Wenn Ihr Gruppenleiter, was ich ehrlich gesagt für unwahrscheinlich halte, auch nur im Entferntesten etwas mit den verschwundenen 800.000 Euro zu tun haben sollte, bräuchten wir eine Verbindung von ihm zum Freundeskreis. Denken Sie darüber nach.«

Olga stand auf und trat ans Fenster. Sie spürte ein Unbehagen in der Magengrube, das mit den Verhältnissen in Prodgers Dienststelle zusammenhing. Sie konnte dieses Gefühl nicht einordnen, wusste nicht, ob es an Prodgers Schilderung lag oder an dem Bild, das sich vor ihrem geistigen Auge von Dr. Christ zusammensetzte. Sollte ein Gruppenleiter der Stadt München bestechlich sein? Das mochte sie kaum glauben. Andererseits kamen in der Stadtverwaltung wiederholt Korruptionsfälle ans

Tageslicht, und gerade die gesellschaftlich tolerierten Essenseinladungen dürften ziemlich verbreitet sein. So ein »Geschäftsessen« löste vermutlich kaum Unrechtsbewusstsein aus, und wer wollte es den Menschen verdenken, Erfolge gemeinsam zu feiern?

Sicher, Christ hat sich allein dadurch, dass er so eine Einladung angenommen hatte, strafbar gemacht. Aber zum einen ließ sich das kaum gerichtsfest nachweisen und zum anderen wäre das kein Anlass, einem Mitarbeiter durch gezielte Bankmanipulationen zu schaden. Nein, wenn Christ Prodger loswerden wollte, brauchte er ihn nur zu versetzen. Olga forderte ihren Mandanten auf, von dem Generalbevollmächtigten zu erzählen.

»Sascha Wallot kenne ich seit drei Jahren. Nachdem die Entscheidung gefallen war, dass das Europäische Theater in eigener Zuständigkeit die Generalsanierung durchführt, musste man dort eine Bauabteilung aufbauen. Es war ein Glücksfall, Sascha Wallot gewinnen zu können, einen Bauingenieur mit immenser Erfahrung, der zuletzt in Hamburg ein Großprojekt im Volumen von knapp einer halben Milliarde Euro betreut und zu Ende geführt hatte.«

»Wenn ich es recht verstehe, haben Sie also im Theater professionelle Strukturen. Was soll da schiefgehen?«

Prodger riss die Augen auf. »Was da schiefgehen kann? Alles!«, rief er, als sei er entsetzt, dass Olga so eine Frage überhaupt stellen konnte.

Sie unterdrückte ein Schmunzeln, schließlich wusste er nicht, dass sie sich von Alex über die Hintergründe hatte berichten lassen. Es war für sie und ihre Einschätzung der Glaubwürdigkeit ihres Mandanten von jeher wichtig, möglichst viel aus dem Mund des Mandanten zu hören und das von anderer Seite zu überprüfen.

»Dann lassen Sie mal hören«, forderte sie Prodger auf, weiterzuerzählen.

»Wallots zupackende Art und sein persönliches Engagement für dieses Projekt waren Gold wert. Aber er ist kein Meister des Budgets. Er wollte die Generalsanierung durchziehen, koste es, was es wolle. Komplettsanierung im Zeitrahmen hieß sein Ziel. Um die Finanzierung sollten sich gefälligst die Geldgeber kümmern. Wallot begann, mich über die tatsächliche Kostensituation zu täuschen. Geschickt hat er sich hinter diffusen Prognosen verschanzt. Zunehmend hat er das Architekturbüro Watzlaff der Schlechtleistung beschuldigt, wollte sich aber trotzdem nicht von Watzlaff trennen. Das würde zu unvertretbaren Zeitverzögerungen führen, lieber päpple er die Architekten und trage sie über die Ziellinie so sein Mantra. Vor einigen Monaten habe ich dann ungerechtfertigte Zahlungen an die Architekten festgestellt. Als ich ihn darauf angesprochen habe …« Prodger stockte mitten im Satz, schüttelte unvermittelte den Kopf. »Das ist doch der Wahnsinn«, murmelte er und sprang plötzlich auf. »Ich fass' es nicht!«

Was geht jetzt in ihm vor, fragte sich Olga und wartete ungeduldig auf eine Erklärung.

Schließlich setzte Prodger sich kopfschüttelnd wieder an den Tisch. »Dass mir das nicht längst aufgefallen ist. Wissen Sie, um wie viel es ging?«

Er schaute Olga erwartungsvoll an, doch sie zuckte nur mit den Achseln.

»Ziemlich genau 800.000 Euro.«

14

Verschwitzt wachte Alex Sorger auf und stellte fest, dass der Mittagsschlaf länger gedauert hatte als geplant. Nachdem er sich von Olga verabschiedet hatte, war er nach Hause gegangen und hatte sich hingelegt, den verlorenen Schlaf der Nacht nachzuholen.

Das war wohl notwendig, bemerkte er mit Blick auf die Uhr. Er ging ins Bad, machte sich frisch und überlegte, wonach ihm der Sinn stand. *Nach Dorothee,* schoss ihm spontan durch den Kopf. War es klug, sich rasch zu melden? Oder würde ein zu stark signalisiertes Interesse sie einschüchtern?

Mit Blick auf die Uhr unterstellte er ihr, noch mindestens eine Stunde zu arbeiten, und im Büro der Staatsanwaltschaft wollte er sie nicht stören. Aber präparieren könnte er sich und versuchen, Karten für Felix Krull im Volkstheater zu erhalten. »Gute Idee«, murmelte er vor sich hin, verließ die von der Sommerhitze aufgeheizte Wohnung und radelte, den Fahrtwind genießend, durch die Stadt. An einigen versprengten Protestlern von Fridays for Future vorbei gelangte er rasch zur Tageskasse des Theaters und konnte sein Glück kaum fassen, zwei Karten im Parkett fünfte Reihe zu erhalten. Mit dem Enthusiasmus des Übernächtigen steckte er seine Beute ein und radelte in sein Büro.

Die Administratorenrechte, die er sich dank seines *Sniffer* zugelegt hatte, ermöglichten ihm ziemlich tiefgreifende Recherchen im System der Bank. Er durchforstete die Accounts der Bankangestellten nach Zugriffen auf das System in der fraglichen Zeit. Zum Glück war alles, was in den zurückliegenden sechs Monaten geschehen war, in den aktuellen Datenbanken gespeichert. Er konzentrierte sich auf die wenigen Tage Anfang April, in denen die Manipulationen gelaufen waren, und fand bei zwei Mitarbeitern auffällige Aktionsmuster.

Alex nahm sich vor, den beiden intensiver auf die virtuellen Finger zu schauen. Doch jetzt war die Zeit weit genug fortgeschritten, um Dorothee außerhalb der Diensträume zu vermuten. Er schrieb ihr eine SMS mit der guten Nachricht: *Nächsten Freitag: Reihe 5, Plätze 17 und 18.* Natürlich hoffte er auf Antwort.

Und erhielt sie: *Prima. Lust auf 'nen Spontankaffee?*

Sie trafen sich in einem Café unweit des Justizgebäudes. Dorothee saß in Jeans und sportlichem T-Shirt an einem kleinen Rundtisch im Halbschatten und blickte Alex strahlend entgegen. Allein für ihre Lachfältchen könnte er sie gernhaben, und die blitzenden grünen Katzenaugen raubten ihm den Atem.

Verdammt noch mal, dachte er und bemühte sich, die fünf Meter an ihren Tisch langsam zurückzulegen, *bin ich verknallt.*

Sie stand auf und umarmte ihn, als würden sie sich schon viele Jahre kennen, nur den hingehauchten Kuss auf die Wange ließ sie aus. »Schön dich zu sehen, Sherlock«, flüsterte sie ihm stattdessen ins Ohr.

»Zweimal Karten für einmal Krull mit drei Krulls«, grinste Alex und zeigte ihr seine Volkstheater-Errungenschaft. »Du musst mir nur sagen, wo du das Dinner genießen möchtest.«

»Dafür ist es danach zu spät. Wenn du gscheit hinschaust: Das Stück beginnt um acht Uhr abends und vor halb zehn kommen wir nicht raus. Besser, du isst vorher, dann können wir im Anschluss einen heben geh'n.«

»Einverstanden«, antwortete Alex und überlegte, was er als Nächstes sagen sollte. Im Biergarten war ihm alles so leichtgefallen, als hätte er hinlänglich Übung in Flirten und Small Talk, heute dagegen machte ihn seine Verliebtheit befangen. Ihr Blick tat ein Übriges. Sie war eine Frau, die wusste, was sie wollte. Die mit Wachheit und Bewusstheit durchs Leben zu gehen schien. Wehe, wenn man ihr als Delinquent ausgeliefert war, sie förderte sicher jede Wahrheit zu Tage. Besser, man gestand gleich.

»Über was denkst du nach?«, fragte sie und setzte dabei eine Miene auf, als wüsste sie die Antwort auf alle Fragen dieser Welt.

»Eigentlich darüber, warum wir beide hier sitzen«, entgegnete Alex zögerlich. »Eine junge Staatsanwältin Anfang vierzig mit einem korpulenten Privatermittler, der kurz vor seinem fünfzigsten Geburtstag steht, sich weder in der Literatur noch in der Theaterlandschaft auskennt und ein banales Leben führt, dessen aufregendste Seiten darin bestehen, untreue Ehemänner beim Tête-à-Tête mit meist jungen Frauen, die nicht die Ehefrauen sind, zu fotografieren.«

Dorothee griff über das Tischchen nach seiner Hand und drückte sie. »Du bist süß, hast wohl a bisserl eine Midlife-Krise, oder?«

»Vermutlich bin ich es einfach nicht gewohnt, mit einer attraktiven Frau zu flirten.«

»Sollst du auch nicht, mir ist's bodenständig lieber. Weißt was? Jetzt trinken wir unseren Kaffee, reden a bisserl über Thomas Mann und dann verabreden wir uns spontan für heute Abend zum Essen. Hast Lust?«

Ohne Nachzudenken nickte er.

Sie drückte erneut seine Hand und erzählte ihm von ihrer ersten Begegnung mit Thomas Mann. »Im zweiten Semester hatte ich einen Verehrer in der Arbeitsgemeinschaft zum bürgerlichen Recht, der war ganz sympathisch, aber schrecklich verklemmt. Nach einigen Wochen, die wir uns öfter in Cafeteria und Mensa getroffen und unterhalten haben, sind wir mal abends einen heben gegangen und da hat er mich gefragt, ob ich ihn nach Hause begleiten würde. Er tät mir gern aus der Josephslegende von Thomas Mann vorlesen. Selten hab ich so gelacht. Leider haben ihn mein Lachen und meine Absage so verschreckt, dass er aufgehört hat, mein Verehrer zu sein. Dabei hab ich zunächst gedacht, er will mir irgendeine Heiligengeschichte vorlesen und erst später wurde mir klar, dass er vermutlich versucht hätte, mich mit Muts Verführungsszene in Wallung zu versetzen. Also keine Angst, ich rede jetzt nicht mit dir über altvordere Dichterfürsten. Auf was hast du denn Lust zum Essen nachher?«

»Italienisch?«

»Italienisch ist gut. Kennst du das ›Sole mio‹?«

»Ja.«

»Dort um sieben?«

»Geht klar.«

»Gut!« Dorothee stand auf. »Dann zahlst du heute persönlich und wir sehen uns später. Ciao!«

Sie hauchte ihm einen Kuss auf die Wange und hüpfte davon wie ein junges Mädchen.

Was für eine Frau, dachte Alex und schrieb Olga eine SMS.

Um sein schlechtes Gewissen zu beruhigen, das ihm die Absage eintrug, die er Olga gesimst hatte, fuhr er in sein Büro und durchforstete die Accounts der beiden Bankangestellten, deren elektronisches Bewegungsprofil ihm verdächtig vorkam. Erstaunlicherweise waren die Profile von Norbert Schusternagel und Harald Lingner nachlässig geschützt. Mit seiner Systemadministratorberechtigung konnte Alex fast alles nachvollziehen, was die Männer gemacht hatten, und bald biss er sich an Harald Lingner fest, einem Mitarbeiter aus der Abteilung Investmentbanking und Vermögensbetreuung. Bei dem fiel es naturgemäß kaum auf, wenn er sich um die Kunden kümmerte. Bei Schusternagel lag das anders. Als stellvertretender Leiter der EDV-Abteilung in der Zentralverwaltung der Bank hatte er wohl kaum Kundenkontakt. Lingner dagegen hatte, ohne unmittelbar Berater des Freundeskreises zu sein, dessen Kontobewegungen überprüft und eine elektronische Prüfüberweisung vorgenommen, wie sie manchmal von Banken oder anderen Finanzpartnern durchgeführt wird. Da hierzu keinerlei Veranlassung bestand, machte das den Vorgang verdächtig, und Alex ging daran, Lingners Log-in- und Log-out-Daten zu checken.

Bingo. An den Tagen, an denen über die virtuell generierten Konten die insgesamt 800.000 Euro vom Freundeskreiskonto abgebucht worden waren, war Lingner außerhalb der üblichen Geschäftszeiten im System eingeloggt gewesen. Lingner könnte also etwas mit den Manipulationen zu tun haben, fraglich nur, was. Dem würde er bald nachgehen, jetzt aber war es an der Zeit, ins »Sole mio« aufzubrechen, und mit Erleichterung las er Olgas eingetroffene Kurznachricht, die ihm seine Absage verzieh.

Dorothee trug ein hochgeschlossenes, die Taille betonendes, orangefarbenes Kleid mit sommerlichen, knapp die Oberarme bedeckenden Ärmeln und halblangen Faltenrock. Sie sah bezaubernd aus, und Alex sagte es ihr. Sie nahm seinen Arm, und gemeinsam betraten sie das Restaurant, das vor vielen Jahren die Kulisse abgegeben hatte für einen typischen München-Film und seine Gäste mit dem Flair von *dolce vita* auf mediterrane Köstlichkeiten einlud.

Im Schein der Kerze erhielten sie als Aperitif einen süffigen Prosecco, der Alex nicht nur ausgezeichnet schmeckte, sondern auch half, ihn von einem Knödel im Hals zu befreien. Noch vor dem ersten Gang gelang ihm ein lockeres Parlando über seine Erlebnisse rund um Italien. Dorothee amüsierte sich köstlich über seine Schilderung, wie er vor vielen Jahren mit seiner Tochter Lisa auf den Trampelpfaden toskanischer Wildschweine durchs Unterholz gekrochen und einmal schrecklich erschrocken war, weil sich unmittelbar vor ihm eine Bache mit sieben Frischlingen in der Pfütze eines fast ausgetrockneten Bachs getummelt hatte. Damals waren sie so leise wie möglich rückwärts gekrabbelt, um aus der Gefahrenzone zu gelangen, denn mit einer Muttersau hatte es Alex wirklich nicht zu tun bekommen wollen.

Die aus heutiger Sicht bedenklichen Jagdausflüge zu Eidechsenfelsen, wo er mit der vor Freude quietschenden Fünfjährigen die flinken Reptilien eingefangen hatte, die sie sich dann einige Tage als Haustiere gehalten hatten, ehe sie diese wieder in die Freiheit entlassen hatten, lösten bei Dorothee ein wohlwollendes Schmunzeln über das Kind im Manne aus. Ganz anders als damals bei Judith, die ihn für solche Kindereien immer getadelt hatte.

Mehr noch als ihr Humor erfreute ihn die heitere Gelassenheit, mit der Dorothee seine Erzählungen rund um Lisa anhörte, auch jene Andeutungen, die das verlorengegangene Verhältnis von Vater und Tochter berührten. Sie schien kein Problem damit zu haben, dass er ein »gebrauchter Artikel« war mit nicht nur fröhlicher Vergangenheit, und er überlegte bereits, wie er ihr von seinem Scheitern als Kriminalbeamter erzählen sollte. Aber nicht heute, nein, dazu verlief das Essen zu locker und flockig trotz gewisser Ernsthaftigkeit, und ehe sich Alex versah, waren Tiramisu, Espresso und Grappa verzehrt und die Kerze ausgeblasen.

»Wennst net g'schamig bist, kommst mit zu mir«, flüsterte ihm Dorothee vor dem Restaurant ins Ohr und hakte sich bei ihm unter.

15

Leider keine neuen Erkenntnisse. Terminkollision. Muss Kirsch-
weizen absagen. Sorry.

Olga betrachtete die SMS von Alex. Wenn das kein Zeichen
war. Ihr war bewusst, wie diffizil die heimlichen Recherchen
waren, die Alex unternehmen musste, um dem Bankmanipula-
tor auf die Spur zu kommen. Was sich daraus ableiten ließe,
wenn Alex den Schuldigen fand, stand sowieso in den Sternen.
Im Verfahren gegen Prodger würde sie diese Erkenntnisse nur
indirekt verwerten können, vermutlich wären Alex' Ergebnisse
in rechtlichen Verfahren überhaupt nicht relevant.

Trotzdem wollte sie wissen, wer und was hinter allem steckte.
Es waren ihre persönliche Neugier und ihr Ehrgeiz, die Wahrheit herauszufinden, obwohl es darauf als Strafverteidigerin
nicht ankam.

Es genügte, berechtigte Zweifel an der Schuld ihres Mandanten zu erzeugen. Dann musste er freigesprochen werden. Was die
800.000 Euro anging, war sich Olga sicher: Prodger hatte das
Geld nicht. Nur, wer dann?

Was Prodgers Feinde und ihre Möglichkeiten anbelangte,
waren sie im bis in den Spätnachmittag reichenden Gespräch zu
keinem Ergebnis gekommen. Die ungefähre Übereinstimmung
des Betrages von der Überzahlung an die Architekten durch
Wallot und der Unterschlagung beim Freundeskreis sprang zwar
ins Auge, konnte aber trotzdem Zufall sein. Was sollte das eine
mit dem anderen zu tun haben? Schließlich gingen die Sonderzahlungen vom Theaterkonto ab und die Unterschlagung nicht
auf dem Theaterkonto ein. Purer Zufall, das wäre die naheliegende, einfache Variante.

Eine Verschwörung, bei der die Theaterleute auf irgendeine
Art und Weise einen Helfer in der Bank hatten, der auf die

Bühne gehoben wurde wie ein – wie hieß das doch gleich? – *deus ex machina?* Das klang abenteuerlich und kompliziert, aber restlos verwerfen konnte man Prodgers Verschwörungstheorie nicht. Sie würde über diese Konstellation mit Alex reden müssen.

Dagegen schien Olga die Vermutung, der städtische Gruppenleiter könne hinter den Bankmanipulationen stecken, arg weit hergeholt. Wie sollte Dr. Christ an das Konto des Freundeskreises gelangen, noch dazu mit so ausgeklügelten Methoden? Nein, das erschien Olga zu kompliziert. Und warum sollte Christ dieses Geld an die Architekten weiterleiten? Da passte das Motiv nicht. Außerdem: Würde ein Karrierebeamter sich derart exponieren?

Möglich ist ja alles, grübelte Olga, *aber wahrscheinlich?*

Selbst vor dem Korruptionsvorwurf, den ihm Prodger machte, musste sich der Gruppenleiter nicht fürchten. Weder gab es einen stichhaltigen Beweis, noch schien die Annahme einer Essenseinladung allein strafwürdig genug, zumal es nicht zu dem Dinner gekommen war. Olga hielt es für unwahrscheinlich, dass Christ hinter den dunklen Machenschaften steckte. Ihr Mandant fühlte sich vermutlich in seiner persönlichen Eitelkeit verletzt, weil seine Vorgesetzten die gesamte Sachlage rund um die Generalsanierung anders einschätzten als er.

Wegen des schwebenden Disziplinarverfahrens mundtot gemacht worden zu sein, musste Prodger schmerzen. Verständlich, dass er für diese Kränkung einen Schuldigen suchte. Doch der Schuldige war er selbst. Immerhin hatte er rechtswidrig in die Kasse des Freundeskreises gegriffen.

Hoffentlich kommt er mit seiner Hausbank klar, dachte Olga, dann könnte eine Absprache mit der Staatsanwaltschaft gelingen. Sie nahm sich vor, nächste Woche mit der zuständigen Staatsanwältin zu telefonieren, die sie aus mehreren Verfahren bereits als vernünftig und pragmatisch kannte.

Zum Glück hat die wirklich nichts mit Dorothee Hauber zu tun, kicherte Olga in sich hinein und bei diesem Gedanken freute sie sich für Alex Sorger. Verliebt sein tat ihm gut. Und ihr selbst? Sie sah Sonjas Lächeln und wusste die Antwort: Verliebt sein tat ihr gut!

Eine WhatsApp-Nachricht von Frieder riss sie aus den aufkeimenden romantischen Gedanken: *Wetter zu instabil, können wir telefonieren?*

Auch dafür mochte sie ihren Kletterfreund, dass er mit einer Kurznachricht anklopfte, wann sie Zeit zum Telefonieren hatte, anstatt einfach anzurufen und vielleicht ungelegen zu kommen. Doch schon beschleunigte sich ihr Puls, denn sie ahnte, was auf sie zukam, und tippte ein schlichtes *Ja* als Antwort. Gleich darauf ertönte ihr Klingelton.

»Am Sonntag ham wir Gewitterneigung in den Dolomiten, ab Mittag über fünfzig Prozent«, bedauerte Frieder. »Für die Marmolata-Süd zu heikel. Woll'n wir daheimbleiben und am Sonntag die Pfanzelt-Führe reißen?«

»Lieb, dass du anrufst«, antwortete Olga. »Ich hatte keine Zeit für den Wetterbericht. Die Pfanzelt-Führe kenn ich nicht. Wo ist die?«

»Hölltorköpfl. Südwestwand. Wenn wir früh einsteigen, haben wir's schattig und sind mittags fertig, können je nach Wetter noch d' Nordkante mitnehmen oder d' Henke-Führe.«

»Wie schwer?«

»Kerniger Sechser, pfundig zum Klettern, bin's vor Jahren 'gangen. Tät' dir g'fallen.«

»Morgen lassen wir sausen?«

»Wenn's dir recht ist? Dann geh' ich zu mei'm Vatern, der liegt mir in de' Ohren, dass ich ihm seinen Giebel anstreich; dazu braucht's Sonne.«

»Passt. Holst du mich am Sonntag ab?«

»Kurz vor sieben.«

Olga freute sich. Jetzt hatte sie die Freiheit, Sonja nicht nur um ein kurzes Treffen am Abend zu bitten. Olga spürte, wie sehr es sie danach verlangte, auch die nächste Nacht mit Sonja zu verbringen. Je länger sie an die Geborgenheit in Sonjas Armen dachte, desto stärker flutete ein Begehren auf, das ihr bisher unbekannt gewesen war. In ihre Sehnsucht nach Sonjas Nähe mischte sich eine drängende Neugierde. Sie nahm ihr Smartphone, aktivierte das Display, öffnete Telegram und schrieb: *Fahre morgen nicht in die Dolomiten. Ist das nicht ein Wink des Schicksals? Ich würde dich gern sehen. Wollen wir uns treffen – open end? Also, ja, also, das wäre so schön!*

Auf dem Nachhauseweg radelte Olga an der »Goldamsel« vorbei und wünschte sich, Muriel säße in ihrem winzigen Atelier und hätte Zeit für einen Plausch. Mit Muriel könnte sie über ihre neueste Erfahrung sprechen. Muriel würde zuhören, ihren Espresso schlürfen und ab und zu den Kopf hin und her wiegen, ohne gleich eine Antwort zu geben, und Muriel würde sich mit ihr freuen. Aber Muriel tummelte sich ausweislich ihres Blogs gerade in Rajasthan. Olga konnte ihre Freude und Aufregung mit niemand unmittelbar teilen, und je näher sie ihrer Wohnung kam, desto mehr wünschte sie sich eine positive Antwort von Sonja.

Zu Hause angekommen, legte sie ihre Tasche ab, warf den Blazer über eine Stuhllehne und kramte ihr Handy hervor. Eine Telegram-Nachricht poppte auf: *Wunderbar, ich vermisse dich auch schon, liebe Anwältin ☺ Muss leider bis acht Uhr arbeiten – aber treffen wir uns gern um halb neun bei mir, Fertigpizza und leckeres Trinken.*
»Yes«, rief Olga und schrieb rasch zurück: *Freu mich so auf dich – mir würde sogar ein trockenes Brot genügen.* Dann setzte sie sich auf ihren Balkon. Sie nippte an einem spritzigen Hugo

und suchte auf ihrem Tablet-PC die Homepage des Freundeskreises des Museums der Moderne. Die professionelle Aufmachung überraschte sie weniger als die immense Zahl der Mitglieder von annähernd zweitausend Menschen, die sich für moderne Kunst engagierten und dafür ein umfangreiches Angebot vom Freundeskreis erhielten, das exklusive Museumsführungen und Künstlergespräche ebenso umfasste wie Vernissagen und Finissagen. Der Vorstand war prominent besetzt, beim Schatzmeister fand sich jedoch ein »N.N.«

Ihren Mandanten hatte der Freundeskreis in der Außendarstellung also rasch aus dem Verkehr gezogen. Olga studierte die Namenslisten der Gremien gründlich und überlegte, wer gegebenenfalls für den Griff in die Vereinskasse infrage käme. Da sie mit Ausnahme von zwei Vorstandsmitgliedern niemanden kannte, schien es ihr ein hoffnungsloses Unterfangen. Sie verzichtete darauf, die lange Namensliste der Beiratsmitglieder des Vereins durchzugehen, legte ihr Tablet zur Seite und nahm sich vor, Alex Sorger um eine Recherche zu bitten. Der Privatermittler hatte oft kreative Ideen und ein sagenhaftes Gespür für dubiose Zusammenhänge. Trotzdem würde sie das nächste Mal mit Prodger ausführlicher über den Freundeskreis und seinen Zugang zu bildender Kunst reden.

Sie prosteten sich mit einem eiskalten Weißwein zu, dann belegte Sonja die Fertigpizzen mit frischen Champignons, Tomatenscheiben und Paprikastreifen, gab einige schwarze Oliven dazu und schob die beiden Teile in den Ofen.

»Wenn mich der Programmiertisch nicht loslässt«, erklärte sie, »bleibt mir nur die schnelle Küche. Gesund sollte es trotzdem sein.«

»Schaut lecker aus«, antwortete Olga, »und Hunger hab ich auch.«

»Jetzt brauchen wir bloß ein wenig Geduld.«

Daran soll es nicht liegen, schoss es Olga durch den Kopf und sie wünschte sich, dass Sonja für sie singt, aber sie wusste nicht, ob sie sie einfach darum bitten konnte. Noch spürte sie etwas von der Befangenheit ganz am Anfang. War es zu direkt, Sonja um ein Lied zu bitten? Olga trank noch einen Schluck von dem fruchtigen Weißwein und schüttelte die Skrupel ab: *Was ist schon dabei?*

»Würdest du bis zum Essen«, fragte Olga, stockte kurz und fuhr mit weicher Stimme fort, »würdest du für mich singen?«

Sonja nippte an ihrem Glas und rieb nervös ihr Ohrläppchen zwischen Daumen und Zeigefinger. »Was hättest du denn gern?«

»Egal. Ich will dich einfach singen hören.«

Sonja nahm Olga bei der Hand und führte sie ins Wohnzimmer hinüber, zeigte auf einen Sessel und setzte sich selbst hinter den Flügel. Völlig unvermittelt legte sie los, eine fröhliche und wilde Melodie, einige Takte Klavier und dann: ihre Stimme. Olga schloss die Augen und lauschte. Sie kannte das Stück nicht. Sonja sang schnell und klar, ihre Finger flogen über die Tasten, und in der Musik schwang eine ernsthafte Heiterkeit. Dann Pause. Schmelzende Akkorde nun und getragener die Stimme, um mit kleinen Läufen wieder hineinzukippen in eine volksliedhafte Lockerheit.

Olga gab sich Sonjas Stimme hin und war verzaubert. Ein drittes Lied, sanft und langsam, das Klavier dezent im Hintergrund und voller und voller hervortretend mit sanfter Koloratur Sonjas Stimme, ein melancholischer Traum, der viel zu schnell verklang.

Sonja verließ das Klavier, kam zu Olga und streichelte ihr über den Arm. »Zeit für die Pizza.«

»Wunderschön«, erwiderte Olga. »Was war das? Ich kannte kein einziges.«

»Das erste war Debussy, die *Ballade des femmes de Paris*, das zweite war von Donizetti und heißt *Il Barcaiolo* und zuletzt *Crépusdule* von Jules Massenet.«

»Du hast ein breites Repertoire, oder?«

Sonja winkte ab und ging hinüber in die Küche. »So weit her ist es damit nicht, aber um die zwanzig Lieder kann ich schon. Leider komme ich nicht annähernd an die Interpretationskunst einer Cecilia Bartoli. Wenn du willst, lege ich nachher ihre italienischen Lieder auf.«

Sie hatten beide Hunger und aßen beinahe hastig, schauten sich oft in die Augen, stießen zwei-, dreimal mit ihren Sektkelchen an und atmeten auf, als die Teller leer waren. Hand in Hand gingen sie auf Sonjas Dachterrasse und setzten sich nebeneinander auf die bequeme Sitzgruppe.

»Was macht dein Job?«, fragte Olga und ließ ihre Hand in Sonjas Hand liegen.

»Es geht gerade wieder hoch her. Wir wollen die Konkurrenz mit einer neuen App ausstechen und die Investoren üben enormen Druck aus. Manchmal denke ich mir, ich hätte unsere Firma nicht verkaufen sollen. Aber es gab keine Alternative. Wir hätten zu viel Geld aufnehmen müssen. Ohne einen großen Investor kommst du nicht weiter. Und das Programmieren und Tüfteln macht mir Riesenspaß. Ein wenig bin ich der klassische Computer-Nerd, fürchte ich. Besser, ich käme öfter mal raus.«

»Das ließe sich einrichten«, sagte Olga und drückte Sonjas Hand. »Du müsstest nur ein wenig das Klettern entdecken.«

»Erzähl mir davon«, bat Sonja und schmiegte ihren Kopf an Olgas Schulter.

Es war eine vertraute Geste, die Olga gefiel. Vom Klettern erzählen zu dürfen gefiel ihr auch, und so versuchte sie, Sonja mit ihrer eigenen Begeisterung für die Herausforderungen im Fels anzustecken.

Wie sie als Jugendliche mit ihren Eltern in der Nähe des Gardasees einen Spaziergang gemacht hatte, erzählte sie, und an einem Felsriegel die dortigen Kletterer beobachtet hatte. Eine zierliche Frau hatte sich wieder und wieder an einer überhängenden Felsstufe versucht, war jedes Mal aufs Neue ins Seil gefallen, zurück an die Schlüsselstelle geklettert, unverdrossen und hochmotiviert, bis sie eine gefühlte Ewigkeit später über die Schwierigkeit hinweggeklettert war.

Olga hatte den Blick nicht von der Frau wenden können. Sie hatte das Ende der Geschichte wissen müssen und sich mit der Kletterin gefreut, als die etwas weiter oben am Ziel ihrer Route angekommen war, einen Freudenschrei ausgestoßen hatte und dann am Seil dem Boden entgegengeschwebt war.

»Da wusste ich, dass ich das auch machen wollte«, beendete Olga ihre Erzählung und geriet ins Schwärmen. »Dann war ich zum ersten Mal am Fels. Wie hart und rau er sich anfühlt. Jeder Fels anders. Es ist, wie wenn du verschiedene Stoffe in die Hand nimmst. Der abgespeckte Kalk einer viel begangenen Route ist anschmiegsam wie Seide, dagegen fühlt sich ein wilder Kalkfels, der selten Menschen sieht, wie ein alter kratziger Wollpullover an. Granit mit seiner feinen Struktur ist kühl und erhaben. Er muss durch seine Leisten und Risse erobert werden und hat was von einem kräftigen Lodenstoff, während ein in der Sonne schimmernder Gneis sich anfühlt wie klassischer englischer Tweed.«

»Fels mit Stoff vergleichen«, staunte Sonja. »Darauf wäre ich nie gekommen.«

»Die Felswände sind ein Geschenk für meine Hände«, träumte Olga laut vor sich hin. »Ich darf meine Fingerkuppen in kleine Dellen legen und die Füße allein wegen ihrer Reibungskraft aufsetzen, darf in Tropflöcher greifen, auf schmale Leisten antreten, in beliebiger Choreographie jede denkbare und manche unfassbare Bewegung machen und der Schwerkraft trotzen. Ich bin nicht von dieser Welt, wenn ich richtig klettere …« Olga ließ den letzten Satz in der Luft schweben.

»Erzähl weiter«, flüsterte Sonja, »ich mag es, dir zuzuhören.«

Olgas Hand zitterte, als sie Sonja ihr Glas zum Einschenken hinhielt, und als Sonja ihr den Arm um die Schulter legte und ihr zuprostete, fuhr ein Stromschlag über Olgas Haut. Wann hatte sie zuletzt so ein aufregendes Vibrieren erlebt? Jede Faser ihres Körpers schien sanft zu pulsieren. Sie fühlte sich wie fiebrig und fast so, als wandere sie in dichtem Nebel durch eine einsame Berglandschaft, ihre Empfindungen in Watte gepackt und zugleich aufs Äußerste angespannt. Selten hatte sich ihr Begehren so stark gemeldet wie jetzt.

»Vielleicht rede ich zu viel«, erwiderte Olga und sah Sonja tief in die Augen. »Ich möchte mehr fühlen.«

Sonja lächelte und gab ihr einen zärtlichen Kuss.

Olga schloss die Augen und genoss den Moment. Betört von der Weichheit dieser Lippen wollte sie mehr. Ihre Lippen öffneten sich. Ihr Atem ging rascher, ihr Puls beschleunigte sich, ihr Körper drängte sich an Sonjas Körper. Die leidenschaftlichen Küsse und die zarten Berührungen auf ihrer Haut ließen sie erschaudern.

Olga ließ sich fallen und gab sich ganz den Gefühlen hin.

16

Rasende Kopfschmerzen weckten ihn. Orientierungslos blickte Sascha um sich, ehe ihm klar wurde, immer noch in diesem verdammten Krankenhausbett zu liegen. Er griff zum Galgen und drückte die Klingel. Wenig später kam eine junge Pflegerin herein, die er noch nie gesehen hatte, und fragte in gebrochenem Deutsch nach seinem Anliegen.

Ungehalten verlangte Sascha Wallot nach einer Kopfschmerztablette und unterdrückte den Impuls, ihr nachzuschauen, als sie das Zimmer verließ. Er blickte auf die Uhr: 05:42. Ein ganzes langes Wochenende lag vor ihm, und er war zur Untätigkeit verdammt.

Horbacher hatte sich gestern nicht mehr gemeldet. Der Bericht, der der Stadt und dem Stadtrat und offensichtlich der größten Tageszeitung Münchens vorlag, war ihm nach wie vor unbekannt. Er ärgerte sich maßlos und steigerte sich in seinen Zorn hinein, der die Kopfschmerzen erst recht zum Rasen brachte, ehe die Pflegerin mit einer Tablette zurückkam.

Herrisch riss er ihr den Becher aus der Hand, in dem die Tablette lag, und warf sich die Kapsel ein. Sein Mund war zu trocken zum Schlucken. Er fluchte und verlangte nach Wasser. Sie gab ihm ein Glas, er trank und schluckte das Ibuprofen, dann winkte er die Schwester hinaus.

Mit den abklingenden Kopfschmerzen milderte sich sein Zorn. Nach und nach konnte er klarer denken, und als sich in seine Gedanken ein Bild seiner Retterin einschlich, wurde er milde gestimmt. Ob er die Kunstmalerin anrufen durfte? Würde sie an so einem Frühsommerwochenende einen Krankenbesuch machen?

Sie kannten sich nicht, purer Zufall hatte dazu geführt, dass sie ihn im Wald gefunden und die Rettung alarmiert hatte. Was hatte sie sonst mit ihm zu schaffen? Fand sie ihn sympathisch? Wenigstens ein bisschen? Aus reiner, selten genug anzutreffender Menschlichkeit hatte sie sich nach ihm erkundigt, vielleicht getrieben von Sportlersolidarität. Seine Einladung zu einem Essen, wenn er gesund genug war, hatte sie eher zurückhaltend angenommen.

Immerhin, dachte Wallot und fühlte kurz so etwas wie männlichen Stolz in sich. Sein Selbstbewusstsein wies Sprünge und Risse auf wie ein alter Spiegel. Er wollte es sich nicht eingestehen, aber er spürte es, und das verunsicherte ihn. Beinahe kränkend war ihm bewusst, wie sehr er mit dem Verlust von Agathe seinen inneren Kompass verloren hatte.

Er starrte an die Decke und versuchte, angenehme Bilder hinaufzuprojizieren. Elisabeth Stegners Gesicht? Fehlanzeige. Nur ihre blauen Augen erschienen wie mit milchiger Wasserfarbe. Agathe? Nichts. Das konnte doch nicht sein!

Wieder eine Aufwallung von Zorn. Seine geliebte Frau wollte nicht auf der leeren Leinwand erscheinen. Ihr Bild verblasst nach nur einem Jahr? Ausradiert von seiner Arbeitswut? War da wirklich nichts mehr als diese Generalsanierung, deren Gelingen er sich mit Haut und Haaren verschrieben hatte?

Als vor vielen Jahren Agathes Mutter gestorben war, hatten sie sich intensiv um ihren Vater gekümmert. Monatelang hatte sich die Trauer hingezogen, bis Sascha eines Abends wütend auf den Tisch geklopft und gefordert hatte: Das Leben muss weitergehen!

»Kummer«, hatte Agathe damals betroffen formuliert, »Kummer kannst du nicht aushalten und echtes Trauern ist dir fremd.«

Da war eine Saite in ihrer Beziehung gerissen. Eines dieser geheimen Bänder, die Liebende verbinden, war unwiederbringlich verloren gegangen. Trotzdem hatten sie, als er von Hamburg zurück nach München gezogen war, einige wunderbare Monate miteinander verlebt.

Agathe hatte recht behalten: Er konnte nicht trauern, selbst um Agathe nicht. Rasch nach der Beerdigung hatte er seine Traurigkeit vergraben, sich in die Arbeit gestürzt und alles ausgeblendet, was mit Weiblichkeit, mit Frauen und mit seiner Sexualität zu tun hatte. Nicht, dass er in seinem Leben ein Kostverächter gewesen wäre, nein, aber niemals hatte eine andere Frau seine Beziehung zu Agathe beeinträchtigt. Und mit ihrem Tod war jedes Verlangen gewichen. Die Arbeit war geblieben, hatte ihn weitergepeitscht in einem unheiligen Zorn.

Verzweifelt versuchte Sascha, Agathes Gesicht an die Decke zu malen und Halt zu finden in ihrem nachsichtigen, oftmals allzu wissenden Lächeln. Es gelang nicht. Stattdessen drängten sich Gedanken in den Vordergrund, die die Selbstzweifel schürten. Warum das alles? Wieso dieser aberwitzige Ehrgeiz, die Generalsanierung des Europäischen Theaters zum Meisterstück seiner gesamten Berufskarriere zu erklären? Als ob er nicht genug Bestandskräftiges geleistet hätte. Aber nein, hier in München, in seiner Geburtsstadt, musste er sich ein Denkmal setzen.

Er lachte hysterisch auf, lachte über sich selbst, bis ihm das Lachen im Hals stecken blieb. Wenn die Sache mit Watzlaff schiefging, dann hatte er sich mit diesen vermaledeiten Sonderzahlungen ruiniert. Auch wenn er es nicht einsehen wollte, dämmerte ihm mehr und mehr: Er stand vor einer persönlichen Katastrophe.

Sein Körper zitterte. Sascha erschrak und drückte den Knopf für den Notruf. Eine Minute später stand die Pflegerin in der Tür und fragte, wie sie ihm helfen könne. Er bat erneut um eine Kopfschmerztablette. Als sie kurz darauf mit einem weiteren Medikamentenbecher an seinem Bett stand, nahm er die Tablette entgegen und bedankte sich: »Sehr nett von ihnen. Tut mir leid, dass ich vorhin schroff war. Aber die Kopfschmerzen waren ganz furchtbar. Haben Sie etwas Zeit, um bei mir zu bleiben? Mir ist ein wenig übel.«

»Bei Übelkeit wir müssen den Arzt holen. Kommt gleich«, antwortete sie und tätschelte seine Hand, als sei er ein kleines Kind.

»Keinen Arzt«, bat Sascha, »der kommt noch früh genug. Nur ein paar Minuten, wenn Sie bei mir bleiben ...«

Sie schüttelte den Kopf. »Bei Übelkeit wir holen den Arzt.« Mit diesen Worten verließ sie das Zimmer.

Er spürte, wie ihm der Hals schwoll. Was hatte er erwartet? Vermessen zu glauben, so eine junge Pflegerin würde ihm Gesellschaft leisten oder gar mit ihm flirten. Er sehnte sich danach, mit jemand zu sprechen, der ihm zuhören würde, so wie Agathe es getan hatte, wenn er unter Strom gestanden hatte.

»Ihnen ist übel und Sie haben starke Kopfschmerzen«, rief der Arzt ihm von der Tür her zu und eilte an sein Bett. »Lassen Sie mal sehen, wie es uns geht.«

Er griff nach Saschas Puls und befühlte Saschas Stirn, brummelte etwas vor sich hin, und kramte eine Blutdruckmessmanschette aus der Kitteltasche. Flugs war die Manschette angelegt und aufgepumpt. Mit dem Stethoskop hörte er den Puls ab und gab schließlich Entwarnung: »Alles normal. Kopfschmerzen kommen bei Ihrer Verletzung schon mal vor. Die zwei Ibuprofen dürften fürs Erste genügen. Trinken Sie in kleinen Schlucken, und wenn etwas ist, drücken Sie einfach den Knopf. Wir sehen uns später.«

Die Uhr zeigte 06:27. Ob dieser Samstag vergehen würde?

Das halte ich nicht aus, dachte er grimmig und überlegte, ob er das Krankenhaus auf eigene Verantwortung verlassen sollte. Doch was würde er zu Hause erreichen? Mit wem er sprechen wollte, den konnte er anrufen. Wenn die Leute ans Telefon gingen. Von Prodger hatte er keine privaten Kontaktdaten, und mit Christ, der rund um die Uhr seine E-Mails checkte, wollte Sascha nicht reden. Später könnte er Horbacher kontaktieren oder sein Glück bei Elisabeth Stegner versuchen. Bis dahin schien es

153

ihm ratsamer, im Bett liegen zu bleiben und Agathes Gesicht herbeizuzaubern. Aber Agathe verweigerte sich, die Decke blieb weiß.

Sascha fühlte sich einsam. Vom Bauchnabel her stieg eine kalte Angst in ihm auf.

17

Die Sonne stand gleißend über den Dächern Münchens, als sie gemeinsam auf der Dachterrasse den Frühstückstisch deckten. In der Küche duftete es nach aufgebackenen Semmeln und Brezen, die Sonja aus der Tiefkühltruhe geholt hatte und in ein Bastkörbchen legte. Mit ihrer Siebträgermaschine bereitete Sonja zwei Tassen *Crema* zu, dazu gab es frischen Orangensaft aus dem Bioladen. Butter und Marmelade, ein Teller mit Käseaufschnitt und ein Holzbrett mit Salami standen auf dem Tisch.

Sie setzten sich, schlürften ihren Kaffee, strichen Butter auf ihre Brezen und manchmal berührten sich ihre Finger, wenn sie zeitgleich nach der Butterdose griffen. Alles an diesem Frühstück war neu und aufregend, und doch lag eine vertraute Zärtlichkeit in der Luft, als würden sie sich seit Langem kennen. Olga fühlte sich, als schwebte sie mit einem Gleitschirm über alle Berge hinweg, die sie jemals in ihrem Leben bestiegen hatte. So leicht und unbeschwert wie seit Monaten nicht mehr startete sie in diesen Samstag hinein, von dem sie sich pure Freude erhoffte, denn in wenigen Stunden würde sie Sonja das Klettern beibringen.

Aus zarter Vertrautheit heraus war unaufgeregt eine Grundlage gelegt worden, einander das Leben anzuvertrauen; in wenigen Stunden am Fels, womöglich weit darüber hinaus.

Während sie in ihre Butterbreze biss, erlebte Olga den Anfang eines geheimen Zaubers. Zwischen Kauen und Schlürfen sprachen sie über Seil und Gurt und Expressschlingen und Karabiner und Abseilgerät, über Seildehnung und Sturzeintrag, Reibung und Körperspannung, kurz über alles, was einem beim Frühstücken einfallen kann, wenn man als Kletterer einem Novizen alles auf einmal erklären möchte.

Sie waren, wie es sich Olga erhofft hatte, allein im Klettergarten. Einzig rechts außen tummelten sich ab und zu einige Bergfreunde am Einstieg des vor zwei Jahren eingerichteten Klettersteigs, ansonsten verirrten sich an die Kalkwand neben der Inntalautobahn keine Menschen. Zum einen lag das an den wenigen Linien, die hier eingebohrt waren und den Besuch kaum lohnten, zum anderen am permanenten Rauschen des Verkehrs.

Zum Hineinschnuppern ins Sportklettern allerdings fand Olga diesen nach Osten ausgerichteten Felsriegel optimal. Frühmorgens schon wurde der Fels warm und behielt seine den Fingern angenehme Schmeichelei über den Tag hin bei, während die direkte Sonneneinstrahlung mittags beendet war, was das Klettern bei sommerlichen Temperaturen angenehm gestaltete. Von der Autobahn nahm man beim Klettern nichts wahr, dazu erforderten die Bewegungen zu viel Konzentration. Die Standplätze waren gut eingerichtet, die Hakenabstände optimal, der Fels griffig und die Schwierigkeiten überschaubar.

Olga hatte Sonja in die Handhabung des Sicherungsgeräts eingewiesen, dann war sie mit didaktisch geschickter Langsamkeit den »Turmfalken« hinaufgeklettert und hatte mit ihrem eigenen Schraubkarabiner die Umlenkung eingerichtet.

Nun schloss Sonja Freundschaft mit dem Tiroler Kalk. Geschmeidig bewegte sie sich den die Route dominierenden Riss hinauf. Sie setzte ihre Fußspitzen mit einer Sicherheit auf die kleinen Tritte, als hätte sie nie etwas anderes getan, als winzige Trittleisten für luftige Balanceakte zu verwenden. Ihre Finger spielten mit den Dellen des Felsens, und das seitliche Eindrehen an einer Stelle, an der man den Riss für eine Gegendrucktechnik zu Hilfe nehmen musste, gelang ihr mühelos.

Nach drei »Turmfalken« war Sonja reif für den »Supertrop«, eine fantastische Risskletterei im oberen fünften Grad, und hier zeigte sich, mit welcher Kraft Sonja die natürliche Eleganz ihrer Bewegungen unterstützte. Olga konnte sich kaum satt sehen an der Geschmeidigkeit, mit der Sonja Meter um Meter eroberte. Als sie nach sechs Stunden Kletterei das Seil verstauten und zurück zum Auto gingen, quoll Sonjas Mund über von begeisternden Reminiszenzen an Fels und Routenführung.

»Das ist der Wahnsinn«, begeisterte sich Sonja, während sie später unten am Biertisch der Kneipe saßen, wo die Kanuten ihre Kenter-Maßen und die Rafting-Touristen ihre Beruhigungsbiere tranken. »Nie hätte ich mir träumen lassen, wie schön dieser Sport ist. Ich fühle mich wie neugeboren. Da kann kein Training im Studio mithalten. Wunderbar!«

Sie strahlte mit den in der Sonne funkelnden Wellen des Inn um die Wette, und Olga fühlte sich an ihre ersten Klettererlebnisse erinnert, so frisch, als wäre es gestern gewesen.

»Bitte«, forderte Sonja, »du musst mir alles beibringen, damit ich mit dir richtig zum Klettern gehen kann.«

Die beiden küssten sich und kümmerten sich nicht um die Blicke der Wassersportler, atmeten die frische Luft ein, die vom dahinschießenden Inn kühlend aufstieg, während sich allmählich die Hitze des Tages legte und über den Gipfeln der Ötztaler Alpen spätnachmittägliche Quellwolken aufzogen.

18

Die Visite war ereignislos verlaufen. Die junge Pflegerin war nicht mehr gekommen, stattdessen eine altgediente Krankenschwester, die ihm seine Wünsche mit robuster Routine erfüllte. Der Vormittag war trotz aller Zähigkeit vorübergegangen. Inzwischen stand das Mittagessen auf dem Beistelltisch und Sascha Wallot hatte sich immer noch nicht entschieden, ob er Elisabeth Stegner anrufen sollte.

Die Hitze an diesem strahlenden Sommertag drang durchs geöffnete Fenster. *Wer nicht muss,* dachte Sascha, *macht an so einem Tag keinen Krankenbesuch.* Er drückte den Knopf, mit dem sich das Rückenteil des Bettes hochfahren ließ, und rührte lustlos in der Eierschaumsuppe. Er hatte keinen Appetit. Nach drei Löffeln schob er das Essen zur Seite und fuhr das Rückenteil zurück in Liegeposition. Die Decke war weiß und sie blieb es.

Da griff er nach seinem Smartphone, öffnete WhatsApp und tippte: »Vermutlich genießen Sie diesen wundervollen Samstag. Auf dem Bike? Dann viel Spaß. Falls Sie Ihr Weg ins Klinikum führen könnte, würde ich mich sehr freuen. Sascha Wallot.«

Er drückte auf *Senden,* ehe er es sich anders überlegte. Danach fühlte er sich erbärmlich. Das Gefühl tiefer Zuneigung, das ihr Besuch gestern bei ihm ausgelöst hatte, verunsicherte ihn. Er hoffte, sie rasch wiederzusehen, aber eigentlich wollte er als starker Mann vor ihr erscheinen und nicht als das hilflose Menschlein, das er gerade war. Wohin war der Sascha Wallot verschwunden, dem nichts zu schwer war und der zur Not mit dem Kopf durch die Wand ging? Dessen Motto lautete: Geht nicht, gibt's nicht.

Wer bin ich, fragte er sich und wunderte sich über sich selbst. Hatte er sich diese Frage jemals gestellt? Als Jüngling vielleicht, im Stimmbruch oder als der erste Bart gewachsen war; nicht als

Erwachsener. Stets hatte er gewusst, wo es langging, und stets war er überzeugt gewesen, im Mittelpunkt seiner Welt zu stehen. Eine Frage wie »Wer bin ich?« war da völlig überflüssig, so eine Frage stellte sich einem nicht. Jetzt aber, mutlos, appetitlos, kraftlos, jetzt stellte er sich diese Frage mit einem furchteinflößenden Ernst.

Nach und nach zählte er seine Bauvorhaben auf, die er betreut und zu einem vernünftigen Ende gebracht hatte: das avantgardistische Museum in Hamburg, durchaus eine Herausforderung der besonderen Art, zumal wegen des alles andere als pflegeleichten Stararchitekten. Der umfangreiche Archivbau in Berlin, eine begeisternde Ingenieurleistung wegen des sandigen Untergrunds, der ihnen einiges an Innovation hinsichtlich der Fundamente abverlangt hatte. Die Verwirklichung des Banktowers in Frankfurt, der ein Ausrufezeichen in die Skyline der Mainmetropole gesetzt hatte.

Drei Großprojekte, die knapp zwanzig Jahre seines Berufslebens ausfüllten und die im Gedächtnis haften blieben. Drei Großprojekte als verantwortlicher Bauleiter, das war Sascha Wallot.

Bin ich meine Großprojekte?, fragte sich Sascha und zweifelte. Die Architekten von Hamburg, Berlin und Frankfurt würden im Gedächtnis bleiben, den Bauleiter hatte man in wenigen Jahren vergessen. Der Bauleiter würde in den Annalen zur Fußnote verkümmern, aber hier, in München, beim Europäischen Theater, da könnte es sein, dass man sich lange an den Generalbevollmächtigten Bau erinnerte, denn hier war er weit mehr der Herr des Verfahrens als anderswo. Mitten in seiner Heimatstadt stand sein Meisterwerk, das er vollenden musste. Aber koste es, was es wolle?

Mit einem Mal schmeckte dieser erträumte Ruhm schal. Wie einem angeschlagenen Fahrradschlauch langsam die Luft entweicht, so verlor sich seine Begeisterung für den erhofften Erfolg.

*Wer bin ich, wenn ich mich nicht durch meine Projekte defi-
nieren kann?* Bin ich ein einsamer kleiner Wicht, wie eine
Schachfigur, die auf dem Brett der unterschiedlichen Politikinte-
ressen beliebig hin- und hergeschoben werden kann? Je länger er
grübelte, desto mehr lösten sich die Gewissheiten auf, derer er
sich über Jahrzehnte sicher wähnte. Was, wenn er scheiterte?
Wem könnte er noch mit Stolz in die Augen schauen? Wer
würde ihn künftig bewundern? Oder wenigstens respektieren?
Hing sein Selbst wirklich am Erfolg dieser Generalsanierung?

Es wäre jämmerlich, haderte Sascha, *wenn sich danach mein
Leben bemessen würde. Bin ich nichts ohne meinen beruflichen
Erfolg?* Sein Selbstbild zerfaserte, fast war ihm, als löste er sich
auf. Agathe, wo bist du? Das Bild seiner Frau erschien nicht auf
der weißen Fläche über ihm, im Gegenteil: Die Decke wurde
grau. Sascha Wallot begann zu frieren.

Er musste eingeschlafen sein, denn als ihn eine Hand berührte,
schreckte er mit einem tiefen Seufzer hoch. Träumte er? An seinem Bett stand in Radlerhose und kuhfleckigem Assos-Trikot
Elisabeth Stegner, sein rettender Engel.

»Habe ich Sie aufgeweckt?«

»Sind Sie es wirklich?«

Ihr Lachen war glockenhell.

»Schön, dass Sie da sind«, sagte Sascha mit belegter Stimme.

»Ihre Kurznachricht hat mich beunruhigt. Geht es Ihnen
gut?«

»Ehrlich gesagt, nein. Wie soll ich es ausdrücken? Es fällt mir
schwer, weil ich gewohnt bin, das Heft in der Hand zu halten.
Jetzt ist mir alles entglitten. Gern wäre ich Ihnen gesund und
stark begegnet, nicht ängstlich und schwach.«

Sie zog einen Stuhl heran und setzte sich. »Männer«, bemerkte sie mit leicht ironischem Unterton. »Aber gut, dass Sie es
ansprechen. Das ist ein Anfang. Sie sind allein, habe ich recht?«

»Witwer seit rund einem Jahr. Habe mich seitdem in der Arbeit vergraben und mir da wohl keine Freunde gemacht.«

»Sie arbeiten was?«

»Bauingenieur.«

»Also ein *homo faber*«, sagte sie und nickte. »Sie brauchen jemand zum Reden, stimmt's?«

Sascha konnte nicht verhindern, dass ihm Tränen kamen.

Sie nahm seine Hand und munterte ihn auf. »Reden Sie, ich kann gut zuhören.«

»Wissen Sie«, begann er zögerlich, »als ich Ihnen vorhin geschrieben habe, kam mir mein Leben vor wie ein nutzloses leeres Blatt Papier. Jetzt, wo Sie neben mir sitzen, ist das Papier beschrieben. Mit einem Wort vielleicht. Oder gar mit einem Satz? Hoffnung? Freude? Wissen Sie, seit dem Unfall träume ich von Ihren Augen und denke dabei an Chagall.«

Die Kunstmalerin schüttelte den Kopf.

»Sagen Sie nichts«, fuhr Sascha fort, »Assoziationen sind manchmal verrückt. Sie haben mich gerettet. Wer weiß, wann der nächste Mensch dort im Wald aufgetaucht wäre. Sie sind mir wie ein Engel erschienen. Wenn Sie kein Engel wären, dann wären Sie nicht hier. Es ist Freude in mir, weil Sie neben mir sitzen. Und ich hoffe ... Nein, das ist zu hoch gegriffen. Ich wünschte, Sie säßen mir künftig öfter gegenüber.«

Elisabeth Stegner drückte erneut seine Hand. »Erzählen Sie, was Sie eigentlich erzählen wollen.«

»Es ist leer in mir, aber ich will es nicht sehen, und so fülle ich mich auf mit andauerndem Tun. Eigenartig, dass ich Ihnen das sage. Es kommt mir gerade in den Sinn. In Wahrheit habe ich nie darüber nachgedacht. Mein Leben hat sich stets irgendwie ergeben. Verstehen Sie, was ich meine?«

Ihr Blick sagte ihm: Ja.

Da tauchte er ein in den Monolog seines Lebens. Ein roter Tropfen kennzeichnete den Auftakt seiner Erinnerungen. Sie waren Schlittenfahren gewesen, ein Freund, sein Vater und er, drüben in Oberwiesenfeld. Auf dem Olympiaberg tummelten sich gegen Ende der Weihnachtsferien bei reichlich Schnee Dutzende Münchner mit Skiern und Rodel. Um den Skifahrern, die teilweise wild mit ihren Stöcken herumfuchtelten, nicht in die Quere zu kommen, rodelten Sascha und sein Freund am linken Rand des Wiesenhangs.

Am späten Nachmittag erbettelte Sascha eine allerletzte Abfahrt. Er stieg bis oben hin und sauste los. Die Schlittenleine geriet unter die Kufen, der Rodel wich von der Geraden ab – und bremste abrupt. Als Sascha den kleinen Baum vor sich erblickte, war er erstaunt. Dann tropfte es rot vor seinem Auge herunter.

Er schrie. Der Vater fuhr ihn ins Schwabinger Krankenhaus, doch die Ärzte verlegten Sascha sofort in die Universitätsklinik Rechts der Isar. In Erinnerung blieb Sascha ein freundlicher weißer Herr, in dessen Zimmer er viele Tage lang lag, umgeben von allerlei Apparaten.

Wie sehr die Ärzte um sein Leben kämpften, blieb dem Siebenjährigen ebenso verborgen wie die Ängste seiner Mutter, die hochschwanger war und eine Frühgeburt erlitt. Saschas nächste Erinnerung war die zauberhafte Krankenschwester, als er in die Kinderklinik verlegt wurde. Dann kam er nach Hause mit kahl geschorenem Schädel und erlebte eine im Schmerz aufgelöste Mutter: Das frühgeborene Brüderchen war gestorben.

Die Ehe der Eltern zerbrach an Mutters Trauer, weil der Vater keinen Trost spenden konnte, sondern vorwärtsgewandt seine Karriere als aufstrebender Architekt verfolgte.

In der neuen Ehe seines Vaters wuchs Sascha als der Prinz auf, um dessen Wohl und Wehe sich alles drehte. Die leibliche Mutter verblasste gegenüber der lebenslustigen Stiefmutter, der Vater wuchs zum überlebensgroßen Vorbild heran, und es bestand kein Zweifel, dass Sascha einst in seine Fußstapfen treten würde.

Alles gelang, alles ging leicht von der Hand. Schule und Studium mit Bravour gemeistert, das Leben zu lieben gelernt und es genossen, im Mittelpunkt zu stehen, so folgte sein Leben einer vorgezeichneten Bahn. Einzig in der Pubertät gab es den Versuch, sich gegen den Vater abzugrenzen.

Die Auflehnung bestand darin, dass Sascha sich Vaters Leidenschaft für das Bergwandern verweigerte und den Verführungskünsten eines Freundes erlag, der ihn zum alpinen Kajaksport brachte. Nach einigen furiosen Jahren im Wildwasser fanden Vater und Sohn zu gemeinsamen Wanderungen zurück, auf denen sie Pläne schmiedeten, aus welchen Saschas erste Bauprojekte resultierten, die er für Vaters Firma in Eigenverantwortung durchführen durfte.

Als er Agathe kennenlernte, schwamm er sich vom Einfluss des Vaters so weit frei, dass er eigene Projekte übernahm und als Bauleiter von Erfolg zu Erfolg eilte. Agathe ging in ihrer Arbeit als Chirurgin, er in seiner als Bauingenieur auf, die karg bemessene gemeinsame Freizeit genossen sie bei spannenden Reisen oder geruhsamen Wanderungen. In Agathe besaß er seinen ruhenden Pol, seinen inneren Kompass, seine niemals hinterfragte Geborgenheit, die ihm so selbstverständlich schien wie die Abenteuer mit all den Frauen, die ihm zuflogen wie Zugvögel.

Er lebte vergnüglich und oberflächlich, drehte sich erfolgreich um sich selbst und lernte, sich und seinen Willen durchzusetzen. Die Leitschnur einer langen Familientradition im Bauwesen auf der einen Seite, die Geborgenheit im Zusammenleben mit Agathe auf der anderen Seite schienen das Fundament seines Lebens, und die Leichtigkeit des Seins erübrigte über Jahrzehnte jede Frage nach Sein oder Nichtsein.

Allerdings musste er sich immer wieder beweisen. Jeder kommende Erfolg sollte strahlender ausfallen als der vorherige. Die Generalsanierung des bedeutendsten Theaters seiner Heimatstadt sollte die Krönung werden, damit wollte er endlich aus dem Schatten des Vaters treten. Vom *Honeymoon* mit Agathe gelangte er zur sich anbahnenden Katastrophe und endete mit der niederschmetternden Erkenntnis, nicht mehr zu wissen, für was sein Leben gut sein sollte.

Immerhin kamen ihm nicht die Tränen, aber aus jeder Silbe sprach sein Selbstmitleid, als er endete: »Nun habe ich Ihnen mein Leben vor die Füße geworfen. Wofür haben Sie es gerettet?«

»Da will ich Ihnen mit einem Aphorismus von Kierkegaard antworten. ›Es ist ganz wahr, was die Philosophie sagt, dass das Leben rückwärts verstanden werden muss. Aber darüber vergisst man den andern Satz, dass vorwärts gelebt werden muss.‹«

»Gibt es ein Vorwärts für mich?

»Sie sagten vorhin, mein Kommen wäre für Sie Freude und Hoffnung. Dann gibt es auch ein Vorwärts.«

»Was müssen Sie von mir denken, nach dieser Lebensbeichte?«

»Es spielt keine Rolle, was ich denke. Sie sind Ihr einziger Gradmesser. Sie müssen Ihr Leben gestalten und mit Sinn erfüllen. Nur nicht damit, sich weiter in den Mittelpunkt zu stellen. Es wird etwas anderes auf Sie warten. Sie müssen es nur wollen.«

»Sie klingen so weise. Wer sind Sie?«

Die Kunstmalerin lachte heiser und stand auf.

»Gehen Sie?«

»Es ist spät geworden.«

»Kommen Sie wieder?«

»Wenn Sie aufhören, in mir einen Engel zu sehen: Ja.«

»Sie sind einer.«

»Nein, mein Lieber. Warten Sie ab, bis ich mich revanchiere und Ihnen meine Lebensgeschichte erzähle.« Sie beugte sich zu ihm herab und umfasste mit beiden Händen seine rechte Hand. »Werden Sie gesund.«

Noch lang hing der Duft von Rosen in der Luft. Sascha versuchte, das Bild ihres Gesichts festzuhalten, doch so sehr ihn ihre Anwesenheit bewegt hatte, so wenig gelang es ihm. Ihr Antlitz verblasste, stattdessen sah er die Gesichter von Watzlaff und Horbacher vorüberziehen, die Freunde aus Studententagen in düsteren Farben gemalt.

Wieder wurde ihm kalt vor Angst. Tief versteckt in seinen Gedanken wusste er nun, dass die Katastrophe ihren Lauf nehmen und sein bisheriges Leben vernichten würde. Mit der Kunstmalerin war die Zuversicht gegangen, die er während der Stunden, in denen er ihr sein Leben geschildert hatte, zu verspüren geglaubt hatte.

Obwohl er begriffen hatte, dass er nicht länger um sich selbst kreisen durfte, war es trotzdem der Schmerz über den drohenden Verlust, um den sich alle seine Gedanken und Gefühle drehten. Er musste sich aufbäumen und alles daransetzen, die drohende Gefahr abzuwenden.

Mit Watzlaff zu einer Einigung über die Sonderzahlungen gelangen, rasch neue Architekten mit den weiteren Planungen beauftragen, die Bücher in Ordnung bringen und mit den Controllern reinen Tisch machen. Eine neue Vertrauensbasis zum Gruppenleiter der Stadt schaffen, eine Sympathieoffensive starten, um die Geldgeber zu bewegen, das Budget anzuheben.

Vorwärts musste er gehen und mit allen gemeinsam das Positive herausstreichen. Wie Phönix aus der Asche musste er vom Krankenbett auferstehen als der neue, der teamorientierte Sascha Wallot, dem kein Problem zu komplex war, um es gemeinsam mit vielen Partnern einer wunderbaren Lösung zuzuführen.

Aber nein, ihm fehlte die Energie für so einen Befreiungsschlag. Er hatte keine Kraft mehr. Er wollte sich fallen lassen. Am liebsten in die Arme dieser bezaubernden Fee namens Elisabeth Stegner, deren Gesicht sich rascher, als ihr Rosenduft verflogen war, aufgelöst hatte. Stattdessen sah er das Gesicht seiner Mutter vor sich und erschrak.

Hohlwangig blickte sie ihn an, die verschleierten Augen tief in den Augenhöhlen und von dunklen Ringen umschattet. Ihr Gesicht ein einziger vorwurfsvoller Schmerz. Bleistiftstrichdünn ihre blutleeren Lippen, verbittert zusammengekniffen der stumme Mund.

Bald nach der Scheidung seiner Eltern war der Kontakt zur Mutter abgerissen, zu unerfreulich waren die wenigen Begegnungen gewesen, denn die Mutter wollte nicht ihn sehen, den prächtig gedeihenden Knaben, das Ebenbild des Vaters bereits in jungen Jahren, sondern die Mutter hing an dem verstorbenen Säugling, dem Frühchen, das kaum sechs Wochen nach der Geburt von einer Infektion aus dem Leben gerissen worden war.

Unübersehbar war der Vorwurf in Mutters Augen gewesen: Du, Sascha, bist schuld, weil mich die Angst um dich deinen Bruder zu früh gebären ließ.

Sie hatte es ihm nie gesagt, nur seinem Vater diesen Vorwurf gemacht, zu lange beim Schlittenfahren geblieben zu sein und damit das Unglück ausgelöst zu haben. Mutter hatte sich dem Alkohol ergeben und erschreckend schnell zu Tode getrunken. Das mitzuerleben, hatten ihm, Sascha, seine Stiefmutter und sein Vater erspart, und gut fünfzig Jahre später erinnerte sich Sascha nicht einmal mehr an die Beerdigung seiner Mutter. Wann hatte er zuletzt ihr Gesicht gesehen? Er wusste es nicht. Auch das erschreckte ihn.

Alles, was schwer gewesen war oder zumindest hätte nachdenklich stimmen können, war in der Wohlfühloase seiner weiteren Kindheit und Jugend ausgeblendet worden. Sein Vater hatte für den beruflichen Erfolg und die Harmonie seiner neuen Familie gelebt. Es hatte keinen Platz für Sorgen und Nöte gegeben. Wer will schon Brot essen, wenn es Kuchen gibt? Das Leben war wie am Schnürchen gelaufen. Störendes war ausgeblendet oder niedergewalzt worden.

Sascha musste schlucken, doch sein Hals war trocken. Jetzt erst bemerkte er, dass seine Mutter weinte.

19

Wieder eine tropische Nacht. Olga schlüpfte in ihren Sommer-
pyjama, legte sich ins Bett und versuchte, sich genüsslich den
Erinnerungen an die letzten 26 Stunden hinzugeben. Doch anstatt sanft einzuschlummern, schlich sich wieder einmal ihr
Beruf in ihre Gedanken. Das Rätsel um die 800.000 Euro ließ sie
nicht los. Schließlich verließ sie das Bett, mischte sich einen
Hugo und schaltete ihren Laptop ein.

Zunächst scrollte sie sich durch die Namensliste der Verant-
wortlichen des Europäischen Theaters und stutzte bei dem
Namen Markus Horbacher. Hatte sie diesen Namen schon einmal gehört? Vielleicht in anderem Zusammenhang? Jedenfalls
war er der Vorsitzende der Gesellschafterversammlung und damit
ein bedeutender Verantwortungsträger bei der Theater-GmbH.
Seine Vita las sich beeindruckend: Sohn eines Baulöwen und
Erbe einer großen Baugesellschaft, die er vor einigen Jahren erfolgreich kapitalisiert hatte. Heute war er als Berater für Bau- und
Immobilienangelegenheiten tätig und in den Kunstkreisen der
Münchner Gesellschaft kein Unbekannter. Breiten Raum nahm
in seinem Lebenslauf das mäzenatische Wirken ein, dem vor
allem er sein Amt als Vorsitzender der Gesellschafterversammlung der Theater-GmbH verdankte. Nach wenigen Zeilen stieß
Olga auf den wesentlichen Hinweis: Markus Horbacher war
Mitglied des Freundeskreises des Museums für Moderne Kunst
und dort Mitglied im erweiterten Vorstand.

»Schau mal einer an.« Olga pfiff durch die Zähne. Hier gab
es also eine Verbindung. Plötzlich war sie hellwach. Sie googelte
Horbacher und erzielte nicht nur Treffer zu seiner jetzigen Be-
ratungs- und seiner früheren Baufirma, sondern stieß auch auf
zwei ältere Zeitungsartikel der »Frankfurter Allgemeinen« und
der »Frankfurter Rundschau«. *Wunderbare Gestaltung in*

stümperhafter Ausführung war der eine Artikel überschrieben, *Gelungene Architektur voller Baumängel* der andere, und in beiden Berichten stand die Bauausführung einer architektonischen Glanzleistung im Zentrum der Kritik.

Olga vertiefte sich in diese Geschichte und fand zu ihrem Erstaunen heraus, dass eine eigens dafür von Horbacher gegründete Baufirma Generalunternehmer für diesen Hochhausbau und Sascha Wallot deren Geschäftsführer und zugleich der Bauleiter gewesen war.

Olgas Jagdeifer war angestachelt. Sie knöpfte sich das Handelsregister Frankfurt vor, recherchierte zu dieser Baugesellschaft und war nur mäßig überrascht, als sie feststellte, dass diese kurz nach Fertigstellung des Hochhauses Insolvenz angemeldet hatte. Das Verfahren war achtzehn Monate später mit einem für die Gläubiger sehr unbefriedigendem Ergebnis eingestellt worden. Ermittlungen gegen den Firmeninhaber und gegen den Geschäftsführer waren im Sande verlaufen.

Damals also schon, erkannte Olga, waren Wallot und Horbacher ein funktionierendes Gespann gewesen, und jetzt hatte sie wohl mehr als nur der Zufall beim Europäischen Theater wieder zusammengeführt.

Während sie an ihrem Longdrink nippte, fielen diese Puzzleteile elegant in die Lücken, die bisher für ein unvollkommenes Bild gesorgt hatten. *Gut möglich, dass Prodger mit seiner Verschwörungstheorie recht behält. Dann wäre der von seiner Familientradition und seinem Ehrgeiz getriebene Sascha Wallot eine Schlüsselfigur in diesem schmutzigen Spiel.* Zufrieden mit sich und der Welt leerte Olga ihr Glas, öffnete das Schlafzimmerfenster weit, legte sich aufs Bett und rief sich die letzte Nacht in Erinnerung. Nun konnte sie einschlafen.

»Du strahlst so«, bemerkte Frieder, kaum war sie auf den Beifahrersitz seines Minivans geschlüpft. »Bist also nicht traurig über die verpasste Marmolata? Aufg'schoben ist nicht aufg'hoben, der Sommer ist lang.«

»Alles bestens.« Olga gähnte. »Erzähl mir von unserer heutigen Tour.«

»Schön zum Einklettern. Ein bisserl kernig, den schwachen Siebener nehmen wir mit, wenn wir alles sauber gehen. Nix wirklich Weltbewegendes. Wird dir g'fallen. Der Wetterbericht schaut bis frühen Nachmittag gut aus, dann könnten Gewitter im Anmarsch sein; insgesamt wesentlich entkrampfter als in den Dolomiten. Schau'n wir mal, dass wir ohne Stau an Eschenlohe vorbeikommen, dann holen wir uns in Garmisch ein paar Brezen und fahr'n mit der ersten Gondel auf 'n Osterfelderkopf. Wie geht's dir?«

»Passt so weit. Habe gerade eine diffizile Pflichtverteidigung, eigentlich ein Bagatelldelikt, aber irgendjemand will meinen Mandanten in ein größeres Schlamassel hineinreiten. Du kennst mich, so etwas spornt mich an.«

»Immer auf dem Gerechtigkeitstrip, jaja. Gut, dass es Anwälte wie dich gibt. Die Welt ist ungerecht genug, da muss jemand dagegenhalten.«

»Und bei dir?«

»Schleppt sich so dahin. Die Aufträge werden langweiliger und die Honorare schlechter. Aber ich will nicht jammern. Noch komm ich z'recht und ich hab meine Freiheit.«

Frieder ließ den Wagen mit Tempomat über die Autobahn rollen. Der Verkehr lief flüssig auf die Berge zu. Keine einzige Wolke fand sich am Himmel. Einem flotten Klettertag stand nichts im Wege. Olga freute sich auf einige anspruchsvolle Seillängen und stellte sich vor, so etwas bald mit Sonja in Angriff nehmen zu können. Bei dem Talent, das Sonja an den Tag gelegt hatte, würde es nicht lang dauern. Sie hing kurz ihren Gedanken nach, wollte Frieder aber keine mundfaule Beifahrerin abgeben und fragte ihn, woran er derzeit arbeite.

»Du wirst es nicht glauben«, antwortete er, »ich lektorier grad für einen Wissenschaftsverlag die Monografie eines isländischen Klimaforschers. Schlecht bezahlt, dafür spannend. Das schieb ich zwischenrein, wenn mich bei meinen anderen Projekten die Langeweile umwirft. Mein physikalischer Wikinger beschäftigt sich mit den Effekten, die das zunehmende Schmelzen des Arktis- und des Grönlandeises bewirken und mit den Ursachen, warum es immer weniger arktisches Eis gibt. Kompliziert, sag ich dir, richtig vertrackt, wie das alles z'sammenhängt. Das find ich unheimlich interessant. Wenn man das liest, versteht man die jungen Leut' von Fridays for Future.«

Frieder war in seinem Element und schilderte ausführlich die Erkenntnisse seines isländischen Wissenschaftlers zum verloren gehenden Austausch von Mineralien in der Barentssee. Wenn er ein Manuskript lektorieren durfte, das ihn rational und emotional ansprach, lebte der kleine Junge in ihm, da sprühte seine Freude am Experiment, und Olga spürte die Verbundenheit Frieders mit seinem Gegenstand. Er konnte mitreißend erzählen, und ehe sie sich versahen, waren sie ohne Stau über das Autobahnende hinausgefahren und vor ihnen lag das Wettersteingebirge in seiner ganzen Pracht.

Sie entschwebten dem Tal mit der ersten Gondel und lauschten dem vielfältigen Stimmengewirr der Alpspitzaspiranten, die die Kabine bis auf den letzten Platz füllten. Die *Via Ferrata* auf den Garmischer Schauberg hatte sich an schönen Wochenenden längst zum Bergtouristenmagnet entwickelt: Ein in die Felsen genagelter Weg entlang eines fast durchgängigen Stahlseils, den selbst Kinder in Angriff nehmen konnten.

Olga sah die Mode der Klettersteige durchaus kritisch, stellte aber beruhigt fest, dass sich anscheinend keine einzige weitere Kletterseilschaft in der Gondel befand. Sie würden am Hölltorköpfl alleine sein und könnten, wenige hundert Meter Luftlinie von den Menschenmassen entfernt, alpine Ruhe und Einsamkeit genießen.

Auf halber Höhe öffnete sich der Blick in das Hölltal, an dessen Ende der frühsommerlich weiße Hölltalgletscher in der Morgensonne funkelte, darüber thronend die Zugspitze, Deutschlands höchster Berg. Irgendwie mochte sie die Zugspitze trotz des großen Seilbahnkomplexes und der überdimensionierten Gastronomie mit ausladender Sonnenterrasse, und mit einem beinahe wehmütigen Blick folgten ihre Augen der Zackenlinie des berühmten Jubiläumsgrates, der vom Zugspitzgipfel über eine Länge von gut acht Kilometern zur Alpspitze herüberzog.

Vor einigen Jahren war sie diesen anspruchsvollen, klettertechnisch jedoch einfachen Weg mit Marco gegangen, schwere Rucksäcke auf dem Rücken, weil sie in lauer Sommernacht auf der Inneren Hölltalspitze hatten biwakieren wollen. Geschützt in einem Steinkreis hatten sie ihren Biwaksack ausgebreitet und sich mit dem Benzinkocher Fertiggulasch zubereitet. Marco hatte vier Dosen Bier mitgeschleppt, die sie andächtig getrunken hatten, während die Sonne untergegangen und eine Nacht aufgezogen war, die ihresgleichen suchte.

An der Gipfelstation angekommen, entschwand der Jubiläumsgrat Olgas Blick. Sie ließ sich mitsamt den aufgeregt durcheinandersprechenden Klettersteiglern aus der Gondel spülen und stellte sich vor, die Gratwanderung einmal mit Sonja zu unternehmen.

»Auf geht's.« Sie stupste Frieder an und sie marschierten in einer Reihe mit vielen anderen ein Stück des Weges Richtung Alpspitz-Ferrata, ehe sie rechts abbiegen konnten und sofort alleine waren.

An der Scharte angekommen, eröffnete sich noch einmal der Blick ins Hölltal, dann stiegen sie bergab und erreichten nach einer Viertelstunde eine gelbe Felsnische am Wandfuß, den Einstieg zu ihrer Tour.

Sie legten ihre Klettergurte an. Noch war es schattig und der Fels kühl. Ein sanfter Strom floss vom Gestein in ihre Hand, eine geheimnisvolle Kraft, die Olga oft erspürte, wenn sie zum ersten Mal den Fels berührte. Es war ihr Ritual, dem Berg die Hand zu geben und ihn um Erlaubnis zu fragen, ob sie ihn besteigen durfte. Die Begegnung mit dem Gestein löste in Olga stets eine Zwiesprache mit dem Berg aus. Sie begegnete ihm mit Demut und Achtsamkeit. Olga sah im Berg eine Persönlichkeit der Schöpfung, unbelebt zwar, aber mit Charakter.

Für Kalk und Dolomit galt das in besonderer Weise. Immer wieder faszinierte es sie, der Struktur des Felsens anzusehen, dass diese Korallenriffe vor Millionen von Jahren lebendig gewesen waren. Jetzt, wie sie die Rauheit des Felsens ertastete, flutete die Angst heran und ließ sie rascher atmen; zugleich aber kämpfte sich der Mut nach oben – *nein*, ermahnte sie sich, *heute mache ich keinen Rückzieher mehr.* Und es fühlte sich an, als übertrüge sich eine freundschaftliche Zuversicht vom rauen Stein auf ihre Hand, es war, als spräche der Fels zu ihr: *Ich bin dein Freund.*

Ein letztes Mal kontrollierte Olga das Material an ihrem Gurt, dann machte sie den Partnercheck, überprüfte Frieders Anseilknoten und die Festigkeit seines Klettergurts, zählte seine Expressschlingen durch und gab ihr Okay. Aufmerksam verfolgte sie Frieders erste Züge, gab ihm vorsichtig Seil aus und erfreute sich an der Geschmeidigkeit seiner Bewegungen: Das war Klettern vom Feinsten. Kurz kam ihr Sonja in den Sinn, und die Erinnerung an den letzten Kuss erfüllte sie mit einem Hochgefühl, das ihr zehn Minuten später über die ersten schweren Kletterstellen hinweghalf. Noch ehe sie Frieder am Standplatz erreichte, war jede Verzagtheit verflogen.

Abwechselnd kletterten sie die Seillängen hinauf, einmal Frieder, einmal Olga am scharfen Ende. Von Standplatz zu Standplatz fühlte sich Olga wohler, und als sie zwei Stunden später auf dem Gipfel des Hölltorköpfls standen, wusste Olga, dass sie einen Gutteil der Angst vor den hohen Wänden überwunden hatte.

»Warst echt prima, einwandfreie Vorstiege«, kommentierte Frieder knapp ihre Kletterkünste und fuhr fort: »Schau, jetzt bist doch reinkommen in eine hohe Wand, auch wenn's bloß sechs Seillängen waren.«

»Hast schon recht«, antwortete Olga und fühlte sich noch beseelt vom frischen Klettererlebnis.

»Jetzt musst halt allmählich über'n Marco sein' Unfall wegkommen. 'S Leben geht weiter.«

»Tut es, Frieder, tut es«, und dabei überlegte sie, ob sie ihm ihr Herz ausschütten sollte. Aber nicht hier an diesem kleinen Gipfelkreuz. Später vielleicht, vielleicht auch erst in einigen Wochen – es war doch noch so frisch, dass sie in Sonja verliebt war. *Erst will ich es*, nahm sie sich vor, *für mich genießen*. Die Welt würde sie früh genug an ihrem Glück teilhaben lassen.

Frieder schaute ihr in die Augen und sagte nichts. Dafür war ihm Olga dankbar. Sie ließ ihren Rucksack liegen und ging die wenigen Meter vom Gipfelkreuz hinüber zum Abseilring einer anderen Linie, setzte sich auf den warmen Felsen und ließ Gedanken und Erinnerungen freien Lauf. Sie schloss die Augen und gab sich den Bildern hin, die unvermittelt auf sie einströmten: Berge zunächst, mit atemberaubenden Ausblicken aus schwindelnder Höhe, im Sonnenaufgang am Gipfelgrat der Dent Blanche, die Spitze des Matterhorns gegenüber entzündet sich im ersten Tageslicht. Wenn am Horizont aus dem Nachtdunkel ein geheimnisvolles Violett auftaucht, überwölbt von Ocker und Gelb und hineinfließend in blasses Blau, wird über tausend Gipfeln der Tag geboren, und jedes Mal wieder zogen diese fünf magischen Minuten Olga in ihren Bann. Dann steht sie vor einer hohen Wand, ihre Hände befühlen das kalte Gestein, ihr Blick wandert steil hinauf. Der Fels wird Projektionsfläche: Ein Gesicht taucht auf, dann kommen die Augen in den Fokus, Augen, deren Blick schmerzt, gebrochene Augen, die leblos das Schicksal anklagen.

Was muss ich dich beweinen, lieber Marco, und werde es immer tun, denn du warst der eine, der Einzige, und bleibst unvergessen.

Olga schniefte und ließ ihre Tränen frei. Sie ließ ihre Seele frei, wie die Bergdohle nur die Schwingen ausbreitet und im Föhnwind schwebt ohne Flügelschlag. Olga ließ Marco frei, dem sie Treue geschworen hatte. Aber es gibt das Wunder der Liebe, und in den Tränen der Traurigkeit lagen schon die Tränen der Freude.

Sie wusste nicht, wie lange sie dort gesessen hatte, aber als sie nun aufstand, sah sie Frieder neben dem Grat stehen, den sie absteigen mussten, und hinüberblicken zum Trubel der Alpspitzbahn, wo sich die Tagesausflügler auf den beiden Aussichtsplattformen des Alpspix tummelten.

Sie ging zu ihm, berührte ihn an der Schulter und sagte: »Danke, dass Du mich mitgenommen hast. Wollen wir heimfahren?«

»Machen wir«, erwiderte er und: »Gern geschehen.« Manchmal war Frieder ein Meister weniger Worte.

Gemütlich verstauten sie ihr Material in den Rucksäcken und machten sich auf den Weg zur Seilbahn. Früher Nachmittag erst, sie würden ohne Stau zurück nach München gelangen.

20

Der Wind frischte auf und kräuselte das tiefblaue Wasser des Sees. Über dem Wallberg türmten sich dunkle Wolken und verkündeten das nahende Gewitter. Alex Sorger zog sein Board aus dem Wasser und ließ die Luft heraus, während Dorothee bereits in die Umkleidekabine lief. Wenige Minuten später war sein *Bluefin Cruise* im bequemen SUP-Rucksack verstaut. Rasch schlang er sich das Badetuch um die Hüften, wechselte in die trockene Badehose und zog sich an. Als Dorothee von der Umkleide kam, gingen sie gemeinsam zum Parkplatz und fuhren nach München zurück.

»Hätte nicht gedacht«, strahlte sie, »wie viel Spaß Stand-up-Paddeln machen kann. Danke für diesen gelungenen Vormittag.«

»Ist doch mehr als ein Sport für korpulente Männer«, sagte Alex grinsend und strich ihr über die Wange. Wie schön sie aussah, neben ihm auf dem Beifahrersitz, sonngebräunt, mit ihrer hinreißenden Kurzhaarfrisur und den zierlichen Ohrmuscheln, an denen er so gern knabberte, seit er bemerkt hatte, wie sehr sie das erregte.

Er konnte sein Glück nicht fassen, mit dieser lebhaften Frau seit Freitagabend liiert zu sein und bedauerte es, sie am kommenden Morgen in ihr Büro im Justizgebäude ziehen lassen zu müssen.

Wann war er jemals so verliebt gewesen wie jetzt? Jedenfalls nicht seit seiner Scheidung. Da waren einige Flirts gewesen und zwei kürzere Affären. Verliebt war er nie gewesen und hatte auch keine Gedanken an eine Beziehung verschwendet. Dorothee dagegen war ihm wie prickelnder Prosecco auf nüchternen Magen ins Sonnengeflecht geschossen. Sie war die *Lady Liberty* auf der Rückseite seines Adlers, mit ihr fühlte es sich gut an. Er hatte es im Biergarten gewusst, es hatte sich im »Sole Mio« verfestigt und weil er zum Glück nicht gehemmt, sondern mit ihr mitgegangen war, hatte es sich in der Nacht von Freitag auf Samstag bewahrheiten dürfen.

»Wir müssen unseren Sherlock fit machen für Verfolgungsjagden«, riss sie ihn aus seinen Schwärmereien, legte ihre Hand auf seinen Oberschenkel und tätschelte ihn. Allein dafür liebte er sie. Letzte Nacht war er nämlich von einem eigenartigen Verfolgungstraum aufgeschreckt. Sie hatte ihn in die Arme genommen und festgehalten, und beim Frühstück hatte er ihr von dem ominösen langen Korridor erzählt, der immer düsterer und dunkler geworden war, und dem scharrenden Geräusch, das sich unheimlich genähert hatte.

Dorothee bemerkte, wie er den Gedanken der letzten Nacht nachhing. »Jeder hat so seine Albträume«, beruhigte sie ihn, nahm ihre Hand wieder von seinem Bein und strich ihm über den Hinterkopf. »Bei mir dreht es sich seit Jahren um eine Hauptverhandlung am letzten Tag eines aufwändigen Prozesses. Gleich muss ich das Schlussplädoyer halten, da fegt ein Sturm, weiß der Teufel, wo er herkommt, meine Unterlagen weg. Das schmeißt mich völlig aus dem Konzept, ich bring nix mehr zustande und der Richter wirft mich aus dem Gerichtssaal.«

»Grässlich.«

»Hab mich dran gewöhnt«, erwiderte Dorothee und lachte. »Eigentlich ist es nur die Übertreibung eines Erlebnisses aus meiner Referendarzeit. Während meiner Ausbildungsstation bei der Staatsanwaltschaft sollte ich in einem Bagatellverfahren plädieren. Vor Aufregung habe ich mehr gestottert als gesprochen. Der Richter hat mich damals angeschnauzt, wenn ich der freien Rede nicht mächtig sei, solle ich mir einen anderen Beruf suchen. Dann hat er mir das Wort entzogen. Von dieser Blamage habe ich mich vielleicht bis heute nicht erholt. So ist das halt: Mit seinen Dämonen muss man leben.«

»Unverschämtheit«, echauffierte sich Alex und rieb mit dem Mittelfinger der rechten Hand die Furche oberhalb seiner Nasenwurzel. »Darf ein Richter das überhaupt?«

»Der Einzelrichter am Amtsgericht hat eine starke Stellung. Immerhin hat er damals den Angeklagten zu einer saftigen Geldstrafe verurteilt.«

»Du nimmst deinen Job sehr ernst, oder?«

»Ich bin gern Staatsanwältin«, bestätigte Dorothee. »Es gibt mir die Möglichkeit, die Gesellschaft sicherer und gerechter zu machen. Mir gefällt unser deutsches System. Wir ermitteln das Be- und das Entlastende, nicht wie die Amerikaner, die nur Beweise gegen den Angeschuldigten sammeln. Ich will die Wahrheit rauskriegen, verstehst'?«

Alex wurde neugierig und fragte: »Wie bist du eigentlich darauf gekommen, diesen Job machen zu wollen?«

»Das ist eine wehmütige Geschichte«, antwortete sie leise. »Aber wenn du sie hören willst ...?«

»Magst du erzählen? Dann gern«, sagte er und streichelte ihr zärtlich über die Wange.

»Ich war die Älteste von uns drei Geschwistern und Papas Liebling. Mit Mama lag ich dagegen oft im Clinch. Meine Eltern mussten sparsam leben, einzig von Papas Gehalt. Papa war zwar ein engagierter Polizist, aber wenig karriereorientiert. Als Polizeiobermeister hatte er gerade genug in der Lohntüte, dass wir satt wurden.«

»Polizist, interessant«, bemerkte Alex; sollte er auch gleich seine Vergangenheit gestehen? Doch er wollte Dorothee nicht unterbrechen, und sie schien nun darüber sprechen zu wollen.

»Ja, Papa war mit Leib und Seele Polizist. Ein guter. Mich hat das immer ein wenig stolz gemacht, auch wenn wir kaum Geld zu Hause hatten. Ich habe mir das Taschengeld mit Nebenjobs aufgebessert, Fünftklässlern Nachhilfe in Mathematik gegeben und die Einkäufe für eine pflegebedürftige Nachbarin erledigt.

Als ich sechzehn war, habe ich Krankenwachen am Wochenende im Klinikum übernommen.«

»Echt klasse«, brummte Alex beeindruckt.

Dorothee lächelte und fuhr fort: »Ja. Damals entstand der Wunsch, Medizin zu studieren. Nach dem Abi habe ich die Bewerbungsunterlagen ausgefüllt. Papa fand das echt super. Aber dann ist alles schiefgegangen ...«

Dorothee hielt kurz inne. Alex hörte sie heftiger atmen und war sich für einen Augenblick nicht sicher, ob er die weitere Geschichte wirklich hören wollte. Er streichelte wieder kurz über ihre Wange und wollte schon etwas sagen, aber da erzählte sie mit leiser Stimme weiter: »Papa ist von einem Betrunkenen totgefahren worden; im Dienst. Der Besoffene wollte einer Straßenkontrolle entkommen. Anstatt langsamer zu werden war er schneller geworden, und als Papa versucht hat, den Wagen aufzuhalten, hat der Fahrer Vollgas gegeben, hat Papa einfach über den Haufen gefahren. Papa war auf der Stelle tot.«

»Meine Güte, das tut mir aber leid.«

Dorothee nickte und schwieg eine Zeitlang.

»Ich bin von zu Hause weg, bin nach Regensburg, hab mit Jura angefangen; die Unterlagen fürs Medizinstudium hab ich weggeschmissen. Ich wollte irgendwas von Papa fortsetzen, kannst du das versteh'n? Und dann, ein Jahr später, ist der betrunkene Autofahrer zu zwei Jahren Freiheitsstrafe ohne Bewährung wegen Vollrausches verurteilt worden. So billig ist er davongekommen. Das hat mich maßlos geärgert. Von dem Moment weg wollt' ich Staatsanwältin werden und verhindern, dass ein Mensch, der betrunken absichtsvoll einen Menschen totfährt, mit einer ungerecht milden Strafe davonkommt.«

»Hm, das kann ich verstehen«, flüsterte Alex und blickte ihr von der Seite ins Gesicht. War das eine kleine Träne, die er in ihrem Augenwinkel sah?

»Wie ich mein Zeugnis zum bestandenen ersten Staatsexamen bekommen hab, ist Papa mir im Traum erschienen und hat mir gratuliert«, erzählte sie mit belegter Stimme. »Nach dem Aufwachen bin ich in den Regensburger Dom gerannt und hab drei Kerzen angezündet und gewusst, ich werde es schaffen, Staatsanwältin zu werden. Und ich werde mich immer für die Gerechtigkeit einsetzen. Verstehst'?«

Alex hob den Daumen. »Das gefällt mir. Dass du Gerechtigkeit suchst. Geht mir ähnlich.«

Er überlegte, wie er ihr von seinem Desaster beim Landeskriminalamt erzählen sollte, denn jetzt war ihm endgültig klar geworden, dass er diesen Teil seiner Vergangenheit nicht verschweigen durfte. *Aber nicht während der Autofahrt,* mahnte er sich und war froh, als Dorothee ihre Wehmut abschüttelte und das Thema wechselte.

»Was hältst du davon«, fragte sie und ihre Stimme klang schon wieder fröhlicher, »wenn wir uns beim Thai-Imbiss um die Ecke etwas holen und dann gemütlich kuscheln?«

»Klingt himmlisch. Wollen wir es scharf?«

Sie lachten gemeinsam über die Doppeldeutigkeit, und Dorothee hielt einen unterhaltsamen Vortrag über die erotische Wirkung von Capsaicin. So gelangten sie frohgemut, ehe sich über München das näher rückende Gewitter entlud, zu Dorothees Wohnung.

Draußen prasselte der Regen auf die Dächer, drinnen schwitzten Alex und Dorothee bei rotem und gelbem Thaicurry. Die Schärfe der Chilischoten milderten sie mit einem kräftigen Pinot Grigio, der Alex die Zunge löste und ihn locker über seine Zeit und dessen Ende im Landeskriminalamt parlieren ließ.

Dorothee schien der Weißwein milde zu stimmen, denn sie zeigte sich keineswegs entrüstet über Alex' verbotene Ermittlungsmethoden. Stattdessen fragte sie nach dem Namen des Staatsanwalts, der ihm damals mit einem Strafverfahren gedroht hatte, und brach in schallendes Gelächter aus, als sie den Namen hörte.

»Wilhelm Vogler«, sie verschluckte sich fast. »Ein Name wie Donnerhall. Gut, dass du dein Geständnis abgelegt hast.«

Alex schaute sie fragend an.

»Vogler ist mein Gruppenleiter.«

»Über den ihr im Biergarten gelästert habt?«

»Genau der, aber so schlimm ist er nicht. Er hat seine Schattenseiten, man kann jedoch mit ihm auskommen. Aber mit Früchten vom verbotenen Baum kennt er tatsächlich keinen Spaß. Das wird lustig, wenn du mich mal zu 'nem *Social Event* begleitest.«

»Glaube, das muss nicht sein.«

Dorothee kicherte. »Vogler geht gern ins Theater.«

Alex zog eine widerwillige Grimasse und suchte krampfhaft nach einem Einfall für ein anderes Gesprächsthema, aber Dorothee hatte Gefallen an dem Gegenstand gefunden und dozierte über die Gefahren, die einem Staatsanwalt drohten, wenn er sich auf Beweismittel stützte, die er unerlaubt erlangt hatte.

»Du bringst im Zweifel den Richter gegen dich auf und dein Delinquent zieht mit einem Freispruch zweiter Klasse von dannen. So eine Niederlage will keiner von uns kassieren«, bemerkte Dorothee abschließend und stieß mit Alex an. »Sei dem Vogler also nicht allzu bös. Natürlich hätte er sich kollegialer verhalten können, aber die von dir gewonnenen Erkenntnisse durfte er auf keinen Fall verwenden.«

»Das führt im Extremfall zu haarsträubenden Ungerechtigkeiten«, wandte Alex ein.

»Stimmt. Aber im Rechtsstaat gibt es rechtsstaatliche Verfahren, die gilt es zu verteidigen. Wir dürfen den Rechtsstaat und die Grundrechte nicht auf dem Altar der Wahrheitsfindung opfern.«

»Gilt das mit diesen Verwertungsverboten eigentlich generell?«

»Das kann man so nicht sagen. Es ist stets eine Abwägung vorzunehmen zwischen dem verletzten Schutzgut und dem Aufklärungsanspruch des Staates. Gravierend, und so war es halt bei dir damals, sind verbotene Beweiserhebungen, wenn sie von den Strafverfolgungsorganen durchgeführt werden.«

»Heißt das, wenn ein Privater sich verboten Beweise beschafft, könnte man diese Beweise verwenden?«

»Du verletzt die schützenswerte Intimsphäre untreuer Ehemänner mit deinen Fotos, und diese Fotos können je nach Lage der Dinge durchaus in Gerichtsverfahren verwendet werden, wenn es bei der Scheidung zum Beispiel um Unterhaltsansprüche geht.«

»Und wie schaut es aus, wenn ich mir für meinen Auftraggeber Beweismittel zum Beispiel dadurch besorge, dass ich unbefugt in einer Wohnung etwas fotografiere?«

»So was machst du hoffentlich nicht.«

»Einmal«, gab Alex kleinlaut zu. »Danach hatte ich ein Verfahren wegen Hausfriedensbruch an der Backe. Damals hat mich eine nette Strafverteidigerin herausgepaukt, die du vermutlich sogar kennst.«

»Nämlich?«

»Olga Swatschuk.«

»Ja, das ist eine ziemliche Idealistin, aber eine Gute.« Dorothee stand auf, beugte sich zu Alex und küsste ihn. »Schön, dass sie dich rausgehauen hat. Bist mir mit sauberem Führungszeugnis lieber, du Schlingel. Trotzdem nähme ich dich auch mit Strafbefehl mit ins Bett. Komm!«

»Aufstehen, Sherlock«, flüsterte sie ihm ins Ohr.

Er war eingeschlafen nach einem fulminanten Liebesakt, bei dem sie ihm einmal mehr gezeigt hatte, wie gern sie die Herrin des Verfahrens war. Immerhin war sie nachsichtig genug gewesen, ihn ein wenig schlummern zu lassen. Aber sie hatte ihn schon auf der Heimfahrt gewarnt: Sie musste einige Akten abarbeiten und morgen früh ins Büro für ein Verfahren, bei dem Montag um neun Uhr die Hauptverhandlung begann.

Er schälte sich gähnend aus der Decke. Sie nahm ihn bei der Hand und zog ihn unter die Dusche, wo sie sich gegenseitig einseiften und mit wohligem Schauer die aufflammende Erregung spürten.

»Na, mein kleiner Freund«, raunte sie Alex kokett ins Ohr, während in ihrer zupackenden Hand anschwoll, was sich aufrichten sollte.

»Du darfst mich nicht überfordern«, stöhnte Alex und umarmte sie heftig. Dabei stieß er mit dem Ellbogen an die Mischbatterie, und plötzlich kam das Wasser eiskalt.

Mit einem spitzen Schrei sprang Dorothee aus der Dusche. Rasch drehte Alex den Hebel gen rot, sie brausten sich die Seife ab und rieben sich mit den Handtüchern gegenseitig trocken.

»Vernunft ist ein hohes Gut«, gurrte Dorothee, »aber das mit dem kalten Wasser war ein gemeiner Trick.« Sie kniff ihn in die Backe, rannte ins Schlafzimmer und zog ein T-Shirt an, ehe Alex noch einmal in Versuchung kommen konnte.

Genug ist genug, grinste er in sich hinein und schloss zehn Minuten später ihre Wohnungstür hinter sich.

Zu Hause checkte er sein Smartphone und fand eine SMS von Olga vor: *Habe Verbindungen gefunden. Können wir mal telefonieren?*

Alex tippte ihren Kontakt an. Sie ging nicht ans Telefon. Nun, morgen war auch noch ein Tag.

Er unterdrückte seine Neugier und weckte seinen Laptop auf, um seiner Verbindung hinterherzuschnüffeln, die er bei der Bank gefunden hatte. Mit seinem Administratorenzugang verschaffte sich Alex Zugang zu Harald Lingners Account und durchwühlte dessen diverse Ordner auf der Suche nach abgelegtem Programmcode, und siehe da, nach knapp zwanzig Minuten wurde er fündig: *hyper_dna.exe*.

Der Mann hatte Humor und verdammtes Programmiergeschick. Das Programm generierte virtuelle Bankkonten, lud einen Einzugscode nach, stieß eine Überweisung auf ein zweites virtuelles Konto an und löschte das erste anschließend sofort wieder. Über einen *Timer* und einen *Counter* wurde die Laufzeit gesteuert. Die Exit-Routine lud ein weiteres Programm nach, das die vorherigen Empfängerkonten abräumte, ein Zielkonto im Ausland fütterte und danach die verbliebenen virtuellen Konten rückstandsfrei auflöste. Eine weitere Unterroutine verschleierte anschließend in den Protokolldateien des Banksystems die Anwesenheit von *hyper_dna.exe*, sodass man wirklich ganz gezielt nach diesen Manipulationen suchen musste. Eine Standard-Kontroll-Software hatte da fast keine Chance. Annähernd perfekt programmiert und damit genau das, wonach Alex gesucht hatte.

Harald Lingner war ihr Mann.

Alex mischte sich zur Feier des Tages einen Gin Tonic und schrieb Olga eine SMS: *Du hast Verbindungen? Ich habe den Hacker!*

Er schaltete den Computer aus, setzte sich in seinen Lesesessel und legte das Handy so, dass er mitbekam, sollte ein Anruf oder eine SMS auflaufen. Dann gab er sich der Erinnerung an die letzten 48 Stunden hin.

21

Drohend schoben sich von Südwesten dunkle Gewitterwolken heran und Olga trat kräftig in die Pedale, um trocken bei Sonja anzukommen, die sie mit einer innigen Umarmung empfing. Es fühlte sich bereits wie ein Nachhausekommen an, und in ihrem Glück erzählte sie begeistert vom Hölltorköpfl.

Fasziniert hörte Sonja zu. »Beinahe war ich neidisch heute Morgen«, gestand Sonja. »Es hat mir gestern so viel Spaß gemacht, am liebsten wäre ich wieder mit dir klettern gegangen. Im Studio war es richtig langweilig.«

»Wenn du magst und das Wetter passt, gehen wir nächste Woche auf unsere erste Mehrseillängentour«, versprach Olga und kuschelte sich auf dem bequemen Wohnzimmersofa an Sonja. »Singst du für mich?«

»Das gefällt dir, nicht wahr?«, flüsterte Sonja in Olgas Ohr. »Und mir gefällt, dass es dir gefällt.«

Stunden später lagen sie bei gedimmtem Licht aneinandergeschmiegt im Bett, Olgas Kopf auf Sonjas Brust, und erzählten sich mit den leisen Stimmen von Teenagern, die wispernd im Schlafsaal des Ferienlagers ihre unschuldigen Geheimnisse austauschen, Episoden aus ihrer Vergangenheit. Mit abendmüder Sprunghaftigkeit plauderten sie über ihre Erlebnisse und erfreuten sich an den vielen Puzzleteilen, die nach und nach ihre Vergangenheit lebendig werden ließen.

Aus der bevormundenden Haltung ihrer Mutter gegenüber dem sanftmütigen Vater war Olga ein erstes Bedürfnis nach mehr Gerechtigkeit erwachsen, denn der Papa hatte Mutters Tadel oftmals nicht verdient gehabt.

»Wie kam es, dass du später Jura studiert hast?«, fragte Sonja.

»So genau kann ich dir das nicht sagen, aber schon als Kind hatte ich einen Sensor für Ungerechtigkeiten.«

»Wie das?«

»Meine Mama ist ein kleiner General. Sie hat daheim die Hosen an. Mein Papa dagegen ist ein sanftmütiger und tapsiger Bär. Immer wenn ihm irgendwas schiefging, hat ihn meine Mama getadelt. Das fand ich ungerecht.«

»Armer Papa. Lebt er noch?«

»Ja, es geht ihm gut. Vielleicht willst du ihn mal kennenlernen?«

»Gern. Ich habe meinen leider nicht mehr. Aber erzähl weiter, wie du zur Juristerei gekommen bist.«

»Richtig angestachelt wurde mein Gerechtigkeitsempfinden in der Oberstufe. Zum Schuljahresabschluss wollten wir in der Theatergruppe Dürrenmatts ›Besuch der alten Dame‹ aufführen, und ich sollte die Claire Zachanassian spielen. Ich war stolz wie Oskar und paukte die Rolle wie verrückt. Aber bevor es mit den eigentlichen Proben losging, sollte ich plötzlich Alfreds Ehefrau spielen, weil für Claire auf einmal Birgit Brömel vorgesehen war. Eine krasse Fehlbesetzung, die mit ihrem dünnen Stimmchen, die bei jedem dritten Satz die Souffleuse brauchte«, schimpfte Olga. »Aber Birgits Eltern waren großzügige Wohltäter der Schule. Ich bin aus der Theatergruppe ausgetreten, und seitdem reagiere ich allergisch auf Ungerechtigkeiten. Damals hab ich das erste Mal dran gedacht, Jura zu studieren«, stellte Olga fest und gähnte.

Eine Stunde, nachdem Olga von Alex eine Nachricht erhalten hatte, saßen sie wieder mit Kaffee und Croissants in Olgas Besprechungsraum und Alex berichtete stolz von Harald Lingner und *hyper_dna.exe.*

»Daran besteht kein Zweifel, dieser Typ hat das Freundeskreiskonto leer geräumt. Nun zu dir: Was hast du rausgefunden?«

Olga referierte das Beziehungsgeflecht von Horbacher und Wallot sowie Horbachers Mitgliedschaft beim Freundeskreis. »Könnte es sein«, schloss sie, »dass Horbacher und Wallot mit diesem Lingner unter einer Decke stecken?«

»Ausschließen kann man das nicht, aber während ich dir Lingners Rolle nachweisen kann, sind deine Ansätze nichts als eine – wenngleich interessante – Spekulation.«

»Du müsstest Lingner auf den Zahn fühlen.«

»Das kann ich gern tun, allerdings sind meine Kapazitäten diese Woche begrenzt, denn ich habe für die nächsten Tage einen Observationsauftrag. Auch bei mir kommt das Fressen vor der Moral.«

Olga seufzte. »Geht klar. Wo das Geld letztlich hingeflossen ist, hast du nicht herausgefunden?«

Alex verneinte und biss herzhaft in sein Croissant. »Aber«, nuschelte er mit vollem Mund, »das braucht dich vermutlich nicht zu interessieren. Wichtig ist, dass das Geld nicht bei Prodger gelandet ist. Übrigens hab ich mich ein wenig aufklären lassen über die Verwertbarkeit von Beweisen, die man sich illegal beschafft hat.«

»Ach ja?«

»Wenn sich ein Privater solche Beweise verschafft, ist es je nach Abwägung durch das Gericht möglich, sie zu verwerten.«

Jetzt musste Olga lachen. »Klar, das stimmt. Allerdings müsste ich schlüssig darlegen können, wie ich an die Beweise gekommen bin. Also müsste ich dich als Hacker anschwärzen und mich als Anstifterin outen.«

»Blöd«, knurrte Alex.

»Eben. Aber mich würde trotzdem brennend interessieren, wer da wie mit wem die Finger im Spiel hat. Ich will die Schuldigen wissen! Kannst du das verstehen?«

»Schon, aber für deinen Mandanten bräuchte es das nicht.«

»Gerechtigkeit, Alex. Wir sollten allein um der Gerechtigkeit willen weiterforschen.«

»Okay. Mal schauen, ob ich näher an Lingner herankomme.«

»Prima. Wie geht es dir mit der Kollegin Hauber?«

»Der Gentleman genießt und schweigt«, wehrte Alex ab, trank seine *Crema* aus und ging.

Olgas Vormittag war angefüllt von Korrespondenz und Schriftsätzen. Beinahe im Akkord wühlte sie sich durch die Akten von vier anderen Verfahren, die sie in den letzten Tagen etwas vernachlässigt hatte. Martin Prodgers Fall absorbierte viel mehr Energie, als ihm unter arbeitsökonomischen Gründen zustand, und schweren Herzens ließ Olga sogar das mittägliche Fitnessstudio sausen, um ihren Rückstand aufzuarbeiten.

Fresse Aktenstaub und kann nicht kommen – vermisse dich, schrieb sie Sonja und diktierte einen weiteren Schriftsatz, als das Telefon klingelte und Angela mitteilte: »Herr Sorger möchte dich dringend sprechen.«

»Stell ihn durch.«

Gleich darauf läutete ihr Telefon und sie nahm den Anruf entgegen: »Wo brennt es?«

»Halt dich fest: In der Bank gibt es keinen Harald Lingner. Dieser Benutzer ist so virtuell wie die Konten, die sein Programm generiert hat.«

»Wie geht das denn?«

»Im Prinzip mit denselben Methoden, die ich angewandt habe«, antwortete Alex. »Allerdings ist es dreist, einen Avatar einzuschleusen. Eigentlich müsste das dem Sicherheitssystem auffallen. Ist es aber offenbar nicht. Für mich heißt das, dass der Täter vermutlich an einer entscheidenden Stelle in der Bank sitzt. An den heranzukommen ...« Er ließ den Satz in der Luft hängen.

Olga kratzte sich am Kinn. »Das stärkt meine Verschwörungstheorie, oder?«

»Wir sollten feststellen, welche Drähte Wallot und Horbacher in die Bank besitzen. Mein Bauchgefühl sagt mir, du könntest recht haben.«

»Wie soll das gelingen?«, fragte Olga etwas ratlos.

»Keine Ahnung. Ich muss mich zurückhalten. Wenn ich zu tief in das System eindringe, erwischt mich der Systemadministrator irgendwann.«

»Du sollst kein Risiko eingehen«, beschwichtigte Olga.

»Du weißt genau, dass ich das Risiko nicht scheue«, erwiderte Alex und es klang in Olgas Ohren zunächst beinahe trotzig. »Aber«, fuhr er fort, »ich will Dorothee keinen Kummer machen – kannst du das verstehen? Ihr Beruf ist ihr wichtig, ich will sie nicht wegen meiner angreifbaren Ermittlungsmethoden verlieren.«

Daher weht der Wind, schmunzelte Olga. *Das kann ich verstehen.*

»Ist voll okay«, sagte sie. »Könnte jemand anderer weitermachen?«

»So einfach ist das nicht. Darüber sollten wir bei einem Kirschweizen sprechen.«

Nach dem Telefonat mit Alex bat Olga ihre Sekretärin, mit Martin Prodger einen weiteren Besprechungstermin zu vereinbaren. Sie wollte mit ihm alle möglichen Verästelungen beim Europäischen Theater und beim Freundeskreis durchsprechen. Sie wollte Klarheit und Prodger konnte bei der Aufklärung helfen. Zudem wollte sie möglichst bald in Erfahrung bringen, ob es bei der Staatsanwaltschaft neue Erkenntnisse gab. Sie ließ sich von Angela mit der zuständigen Staatsanwältin Natzer verbinden und bat um erneute Akteneinsicht und ein Rechtsgespräch. Erstaunlicherweise erhielt sie noch am Nachmittag einen Termin.

Von dem großzügigen, im Tiefparterre liegenden Foyer des Justizgebäudes gelangte Olga in die düsteren Gänge, über die man sich zu den Dienstzimmern der Staatsanwaltschaft bewegte. Wieder beschlich sie dieses beklemmende, an Franz Kafka erinnernde Gefühl von Enge und Bedrängnis, das bei jedem ihrer Besuche im Justizgebäude aufkam. Sie huschte die Flure entlang und betrat das kleine Büro der Staatsanwältin, das mit roten Aktenmappen vollgestopft war. Hinter einem gefährlich schiefen Aktenstapel trat eine zierliche Frau hervor, die trotz ihrer offensichtlichen Jugendlichkeit tiefe Augenringe hatte.

»Daniela Natzer«, stellte sie sich vor und reichte Olga die Hand.

»Olga Swatschuk«, erwiderte Olga und ergriff die hingestreckte Hand. »Wir hatten schon einmal miteinander das Vergnügen, damals in der Sache Hirtlreiter.«

»Jetzt, da Sie es sagen – ich erinnere mich. Gut, dass Sie sich gemeldet und Zeit gefunden haben. Es gibt einige Bewegung in der Angelegenheit.«

»Interessant«, erwiderte Olga. »Darf ich fragen, was?«

»Nun, die polizeilichen Ermittlungen sind abgeschlossen. Darf ich Ihnen den Bericht in die Hand drücken und Sie damit zehn Minuten allein lassen?«

Olga nickte und nahm auf einem Stuhl am Fenster Platz. Der Bericht enthielt kaum Neues, stellte allerdings fest, dass ein Vorstandsmitglied die Berechtigung Prodgers auf ein Honorar für die Buchführungstätigkeiten bestritt und sich im Übrigen keines der Vorstandsmitglieder an die Vereinbarung einer Aufwandsentschädigung von 200 Euro monatlich erinnern mochte. Die Kriminalpolizei ging daher von einer veruntreuten Summe in Höhe von 65.000 Euro aus, wovon der Angeschuldigte 20.000 Euro vor Aufnahme der Ermittlungen getilgt habe. Hinsichtlich der fehlenden 800.000 Euro stellte der Bericht fest, dass es zwar wegen der nachgewiesenen Veruntreuungen einen Verdacht gegen Prodger gebe, jedoch nirgends der Verbleib dieses Geldes nachzuweisen sei.

»Na also«, entfuhr es Olga und sie ballte die Faust.

Die Staatsanwältin blickte aus der Akte auf, die sie gerade las, sagte jedoch nichts.

Allerdings habe sich, fuhr der Bericht fort, im Zuge der Ermittlungen herausgestellt, dass bei einer anderen Person, die mit dem Freundeskreis in keinem Zusammenhang stehe, dubiose Zahlungseingänge zu verzeichnen seien. Diese andere Person stehe jedoch ihrerseits in einer Beziehung zum Angeschuldigten. Zur weiteren Klärung des Sachverhalts empfahl der ermittlungsführende Kriminalhauptkommissar, einen Durchsuchungs- und Beschlagnahmebeschluss für die Wohn- und Geschäftsräume dieses Mannes auf der Basis des Verdachts der Vorteilsannahme zu erwirken und nach entsprechenden Beweisen zu suchen.

»Wer ist dieser ominöse Dritte«, fragte Olga, als sie den Bericht zu Ende gelesen hatte.

»Aus Gründen des Daten- und Persönlichkeitsschutzes ist der Name in einer Nebenakte vermerkt«, antwortete Daniela Natzer. »Was halten Sie von der Sache?«

»Klingt reichlich dubios, und ich weiß nicht, ob es mit dem Vorwurf zusammenhängt, den man meinem Mandanten macht. Allerdings scheint es so zu sein, dass er mit den verschwundenen 800.000 Euro nichts zu tun hat.«

»65.000 Euro genügen für eine Anklageerhebung.«

»Auf 25.000 Euro hat er einen Anspruch und die besondere Schwere der Schuld ist vom Tisch. Damit hätten wir die Möglichkeit, gegen geeignete Auflagen von der Anklage abzusehen.«

»Nicht so schnell. Immerhin hat er einen Kontoauszug gefälscht. Beweismittelfälschung, Untreue und veruntreuenden Unterschlagung: Ein Jahr rechtfertigt das allemal, und ob eine Bewährung ...« Sie ließ den Rest des Satzes in der Luft hängen.

»Doch darauf kommt es mir gar nicht an. Mich interessieren diese weiteren Verbindungen. Prodger ist Teil eines Netzwerkes und könnte uns wertvolle Hinweise liefern.«

»Wenn Sie meine Unterstützung wollen, müssen Sie Klartext mit mir reden. Wenn dieser ominöse Dritte in dem Verfahren gegen meinen Mandanten eine Rolle spielt, steht mir das Recht zu, auch Ihre Nebenakten einzusehen.«

»Richtig. Allerdings bin ich mir nicht sicher, ob der Sachverhalt, dem die Kripo auf der Spur ist, Einfluss auf das Verfahren gegen Ihren Mandanten hat. Derzeit halte ich das eher für ausgeschlossen.«

»Dann kann ich Ihnen nicht weiterhelfen. Aber wir können uns auf der Basis des aktuellen Tatvorwurfs über das weitere Vorgehen gegen Herrn Prodger einigen.«

»Könnten wir«, antwortete die Staatsanwältin gedehnt. »Meinen Sie, Ihr Mandant wäre bereit, gegen einen anderen auszusagen? Im Gegenzug zu einer Einstellung?«

»Selbstverständlich.«

»Es ist heikel und wir bräuchten die Aussagegenehmigung seines Dienstherrn.«

»Oha. Wie das?«

»Wir bräuchten eine Aussage über dienstliche Belange. Sie verstehen?«

»Klar, wenn es ihn nicht persönlich betrifft, braucht er tatsächlich die Aussagegenehmigung. Aber die wird er von der Stadt München bestimmt bekommen.«

»Sehen Sie, da habe ich meine Zweifel«, erwiderte die Staatsanwältin und erhob sich. »Daher möchte ich Sie bitten, mit mir einen Kaffee zu trinken. Außerhalb meines Dienstgebäudes.«

22

Sascha Wallot lag festgeschnallt auf der Liege, die in die Röhre des Kernspintomographen hineinglitt. Bald umschloss ihn der milchig-düstere Tunnel und ein brummendes Klopfen kündete vom Beginn der Untersuchung. Das Geräusch, gemildert durch die Ohrstöpsel, fand er weniger unangenehm als das seltsame Kribbeln im Hals und oberen Brustkorb. Er schloss die Augen und ließ sich vom Rhythmus der Maschine mitnehmen auf eine Zeitreise seiner Gedanken.

Am Tresen der einem Londoner Pub nachempfundenen Lounge des Steakrestaurants trank er aus einer handlichen Bowl einen markanten Gin Tonic, dessen von Zitrusfrüchten und Zimt begleiteten Wacholdergeschmack Markus Horbacher in höchsten Tönen lobte. Die Renaissance des Gins in der Münchner Gastronomie sei die Abkehr der Schickeria von der belanglosen Hugo-Kultur, und allein deshalb müsse er, Sascha Wallot, zurück nach München kommen und sich hier vollenden. Genauso hatte Horbacher das ausgedrückt: Sascha müsse sich in München vollenden. Konnte er sich noch vollenden? Was war diese Vollendung noch wert? Musste er weiter unbeirrt seinen Weg gehen?

Im Knattern der Magnetspulen tauchten die Zweifel auf, die ihn plagten, und mit den Zweifeln kamen die Ängste. Immer noch war er abgeschnitten von aktuellen Informationen, verweigerte sich der kaufmännische Direktor jeder Kommunikation, ließ sich Markus Horbacher am Telefon verleugnen und blieb seine Stellvertreterin in der Versenkung verschwunden. Ohne sein Zutun lief da draußen ein Insolvenzverfahren ab, das ihn in den Abgrund reißen konnte, und er hatte keine Ahnung, was die Theaterleitung im Hintergrund verhandelte oder Horbacher in der ihm eigenen Art mit Watzlaff mauschelte.

Die Sonderzahlungen, die er Watzlaff im zurückliegenden Jahr geleistet hatte, lagen Sascha zentnerschwer im Magen. Inzwischen war überdeutlich, welche Konsequenzen auf ihn warteten, wenn er diese Zahlungen nicht vernünftig erklären konnte. Er musste hinaus aus diesem Krankenhaus, musste handlungsfähig werden und sich einbringen in alle Verhandlungen und Verfahren, die seit Insolvenz und Sonderbericht unkoordiniert und überhitzt abzulaufen schienen.

Ich muss kämpfen, munterte sich Sascha im Magnetresonanzgetöse auf und spürte doch eine bleierne Mutlosigkeit.

Die Liege fuhr aus der Röhre heraus. Ein Krankenpfleger legte ihm die Manschette um den Hals, dann durfte er in Begleitung des Pflegers zurück auf die Privatstation. In seinem Zimmer legte er sich ins Bett und hoffte auf baldige gute Nachrichten bei der Visite. Doch statt der Visite gab es erst einmal das fade Krankenhausessen. Lustlos stocherte Sascha in dem blassgrauen Hühnerfrikassee herum und schob das Tablett nach einigen Bissen Reis zur Seite.

Dieses Essen ist auch ein Grund, die Klinik rasch zu verlassen, versuchte sich Sascha in Galgenhumor, als es an der Tür klopfte.

»Herein!«

»Hab den Flow mitgenommen und bin die Isar entlanggeradelt«, rief sie ihm beim Eintreten zu. Radlerhose und Kuh-Shirt von Assos standen Elisabeth Stegner ausgezeichnet, und Saschas Herz machte einen Hüpfer vor Freude, sie zu sehen.

»Das ist aber eine Überraschung, mitten am Montag«, grüßte er sie.

»Na ja, als Kunstmalerin habe ich eben Freiheiten, die Sie gar nicht kennen.«

»Wo radeln Sie denn?«

»Habe da am Rangierbahnhof einige Kilometer Trails, die sich mit viel Flow fahren lassen, und bin dann hintenherum über die Trails an der Panzerwiese und der Fröttmaninger Heide zur Isar gefahren. Da lagen Sie schon fast am Weg.«

»Danke, das freut mich.«

»Wie geht's denn so?«

»Durchwachsen, würde ich sagen. Aber jetzt, da Sie bei mir sind ...«

»Nichts mehr von wegen Engel, klar? Sie müssen sich immer noch etwas von der Seele reden. Legen Sie los«, forderte sie ihn auf, und er sprudelte los, frei von der Leber weg.

Wann hatte er sich seit Agathes Tod so sehr im Mittelpunkt des Interesses fühlen dürfen? Keinen Augenblick, nicht als der Mensch Sascha Wallot, höchstens als der Funktionsträger. Aber hier und jetzt, Elisabeth Stegner, die interessierte sich für ihn. Er schwelgte in seinen Erinnerungen und Plänen, brach auf zu einem neuen Höhenflug, spürte förmlich, wie sein Selbstbewusstsein mit jedem weiteren Satz anschwoll. Sie hörte zu, und er berauschte sich an seiner Stimme.

»Was habe ich alles an Möglichkeiten, wenn erst mein jetziges Projekt überstanden ist. Und Sie glauben gar nicht, wie schön es wäre, wenn Sie mich auf meiner Reise durchs Leben begleiten würden!«

Jetzt war es gesagt. Sascha atmete auf. Er hatte es ihr gesagt, ein wenig verklausuliert vielleicht, aber immerhin; sie hatte es verstanden. Er konnte es in ihren Augen lesen. Sie wusste nun, dass er sich in sie verliebt hatte. Er fühlte sich befreit und beschwingt.

»Erinnern Sie sich noch an meine Worte vor zwei Tagen?«, fragte sie und machte ein ernstes Gesicht. »Ich sagte, Sie müssten aufhören, sich weiter in den Mittelpunkt zu stellen, wenn Sie ein Vorwärts in Ihrem Leben wollen.«

In seinem Bauch zog sich alles schmerzhaft zusammen. Ja, das hatte sie gesagt, und genau dagegen hatte er in der letzten Stunde eklatant verstoßen.

»Und ich riet Ihnen aufzuhören, in mir einen Engel zu sehen.« Sie stand auf und ging im Zimmer hin und her, mit einem anmutig wiegenden Schritt, den Sascha betörend fände, wenn jetzt nicht eine Lähmung von ihm Besitz ergriffen hätte, weil ihm durch ihre Worte bewusst geworden war, wie peinlich er sich vorgedrängt und in die Mitte seines Kosmos gestellt hatte.

Wortlos drehte sie kleine Kreise, nur die *Cleats* ihrer Fahrradschuhe klackerten auf dem Boden. Als sie sich schließlich wieder setzte, war das Lächeln aus ihrem Gesicht verschwunden. Ihre Stimme klang traurig. »Ich bin weder ein Engel noch eine Reisebegleitung.«

Sascha krallte sich unter der Bettdecke am Leintuch fest, um seine Gefühle im Zaum zu halten. Er wollte weinen, aber das durfte er jetzt nicht.

»Sie sind mir vor einer Woche vor die Füße gefallen. Sie waren auf meine Hilfe angewiesen. Ich wollte wissen, wie es Ihnen geht. Ich bin an den Menschen interessiert und ich habe Mitleid mit Ihnen. Nur deshalb besuche ich Sie. Nur deshalb, mein Lieber.« Sie kniff die Augen zusammen und sah auch gar nicht mehr wie der Chagallsche Engel aus.

Sascha kämpfte mit sich und hoffte, seine Stimme unter Kontrolle zu haben, als er sagte: »Sie wollten von sich erzählen, dann würde ich verstehen, warum Sie kein Engel sind. Geben Sie mir eine Chance, Sie kennenzulernen.«

»Können Sie sich vorstellen, mir Modell zu sitzen?«

Sascha war verdutzt und bejahte schließlich.

»Sie müssen sich in die Pose setzen, die ich Ihnen vorschreibe. In dieser müssen Sie verharren, vielleicht dreißig Minuten, vielleicht zwei Stunden, schwer vorauszusagen, wie lange es dauert. Sie werden zur Figur, zur Statue. Können Sie das?«

»Ehrlich, ich weiß nicht«, stotterte Sascha, verwundert über die Frage.

»Mein Atelier ist ein Ort der Ruhe. Zeichnen und Malen bedürfen keiner Worte. Künstler und Modell schweigen. Aus der Ruhe erwächst die Kraft der Gestaltung. Verstehen Sie das?«

Wie sollte er das verstehen, fragte er sich. Seit seinem Studium war er das Gewimmel und Gewisper großer Planungsbüros gewohnt, irgendeiner redete immer.

»Ich weiß nicht«, flüsterte er. »Worauf wollen Sie hinaus?«

»Nur aus der Qual des Stillstands ersteht das Besondere. Die schöpferische Freude entzündet sich am Schmerz der Anspannung, wenn der Mund reden und der Körper sich regen möchte, aber genau in diesen Momenten, wo es das Modell nach Aktivität drängt, beginnt sich die Einzigartigkeit des Objekts in die Betrachtung einzubrennen. In Zeitlupe setze ich Strich für Strich. Ich genieße die wachsende Unruhe des in der Pose eingefrorenen Menschen. Ich will Sie schutzlos und wehrlos und regungslos vor mir sehen, verstehen Sie das?«

»Ich weiß nicht so recht ...«

»Die Krönung meines Schaffens ist der Akt, das Bildnis der Nacktheit, das aus der Duldung langer Entblößung entsteht, wenn jede Umhüllung entfallen, auch feinstofflich verschwunden ist und sich in kühler Nüchternheit die ganze Verletzlichkeit offenbart. Die Krönung meines Schaffens ist der Akt des alten und schutzlosen Mannes, dessen Runzeligkeit die Niederlagen des Lebens eingesteht. Der Faltenwurf der Hoffnungslosigkeit trägt den Keim des Meisterwerks in sich. Die Schmerzen des Prometheus vollendet auf die Leinwand zu bannen, das ist meine größte Freude!«, jubelte sie, aber es klang feindselig und bedrohlich. »Können Sie sich wirklich vorstellen, mir stundenlag nackt Modell zu sitzen?«

Sascha schluckte und schwieg. Ihr Blick wärmte ihn nicht mehr, das Blau ihrer Augen wirkte mit einem Mal klar und kalt. Wie sie ihn betrachtete, war es ein analytisches Hineinbohren in sein Innerstes, wo sich schonungslos offenbarte, wer er war. So wenig Sascha selbst wusste, wer er war, so sehr befürchtete er, dass sie ihn völlig durchschaut und begriffen, gewogen und für zu leicht befunden hatte.

»Wenn Sie es sich vorstellen können, wenn Sie dafür bereit sind – rufen Sie mich an. Bis dahin: gute Besserung.«

Diesmal nahm sie seine Hand nicht in ihre Hände, diesmal lag kein weiches Verständnis in ihren Augen, diesmal ließ sie ihn ohne Hoffnung zurück, und als sie gegangen war, stellte er verstört fest, sich noch heftiger in sie verliebt zu haben.

Am Nachmittag dann die Visite. Leider blieben die guten Nachrichten aus. Zwar vermeldete der Chefarzt vor der versammelten Ärzteschar einen »schön stabilen Bruch« und eine »beinahe unauffällige Bandscheibensituation«, aber die Bruchlinie sei deutlich erkennbar, was das Risiko zu groß erscheinen lasse, in den nächsten Tagen zu einer gewissen Normalität zurückzukehren. Allerdings könne morgen das Physiotherapie-Programm beginnen und mit etwas Geduld ließe sich am Freitag über eine Entlassung reden.

Auf Saschas Frage, ob er auf eigene Verantwortung die Klinik verlassen könne, reagierte der Chefarzt ungehalten und mit Nachdruck. »Wenn Sie nicht mehr alt werden wollen ...«

Zähneknirschend zeigte Sascha Einsicht und fügte sich in sein Schicksal.

»Geduld und Behutsamkeit«, erwiderte ein nun wieder fürsorglicher Chefarzt, »sind die Mittel zum Erfolg. Glauben Sie mir, Ihre Baustelle läuft Ihnen nicht davon.«

Bei dieser Bemerkung zuckte Sascha zusammen, und sein Lächeln fiel gequält aus. Schließlich war er froh, dass die Visite zu Ende war.

Wieder allein verbot er sich, an Elisabeth Stegner zu denken. Er zwang sich, seine Handlungsoptionen beim Europäischen Theater durchzuspielen. Nein, in eingefrorener Pose zu sitzen war nicht, was er konnte und wollte, und beruflich machte es erst recht keinen Sinn, sich nun still zu verhalten. Sascha ballte die Faust und entschloss sich, mit Martin Prodger Kontakt aufzunehmen. Er war angenehm überrascht, als dieser ihm nach wenigen Sätzen am Telefon anbot, einen Krankenbesuch zu machen.

Dreißig Minuten später klopfte es an der Tür und der städtische Controller betrat das Krankenzimmer. Sascha versuchte ein freundliches Lächeln, erschrak aber beim Anblick des Beamten. Martin Prodgers Gesicht wirkte fahl und eingefallen, die Augen seltsam matt und leblos, und von der Körperspannung, die ihn stets ausgezeichnet hatte, war kaum etwas zu sehen.

»Was ist denn mit Ihnen?«, fragte Sascha. »Sie sehen krank aus, fast könnte man meinen, wir zwei sollten die Plätze tauschen.«

»Mich plagt nur eine fiese Erkältung«, erwiderte Prodger. »Aber Sie hat es ziemlich erwischt, oder?«

»Habe mir nur zwei Wirbel gebrochen, nicht das Genick«, versuchte sich Sascha an Galgenhumor. Er fühlte sich etwas besser dadurch, dass Prodger so angeschlagen aussah. Spürte, wie seine alte Willensstärke erwachte, und packte den Stier bei den Hörnern. »Haben Sie mir den Bericht für den Stadtrat mitgebracht?«

Prodger verneinte. »Dazu bin ich nicht befugt. Mein Besuch ist ein Krankenbesuch, der Höflichkeit geschuldet, wenn Sie verstehen, was ich meine.«

»Sie sind also nie hier gewesen«, raunte Sascha ironisch. »Verstehe.«

»Wie geht es Ihnen? Im Ernst, wann sind Sie wieder auf den Beinen und sehen auf unserer Großbaustelle nach dem Rechten?«

»Ist mir schon besser gegangen. Sei's drum. Nächste Woche will ich zurück ins Büro und angreifen.«

»Das ist bitter nötig, jetzt, da die Architekten von der Fahne gegangen sind. Ihr ›Über-die-Ziellinie-tragen‹ ist schiefgegangen.«

»Sie wissen es selbst, Herr Prodger, Ich habe alles versucht.«

»O ja, das haben Sie. Mit sehr zweifelhaften Maßnahmen, die ins Leere gelaufen sind.«

Sascha glaubte, in Prodgers Stimme einen lauernden Unterton zu vernehmen, und ihm wurde heiß. Natürlich spielte der Controller auf die Sonderzahlungen an. Es wäre fast ein Wunder gewesen, wenn er sie nicht entdeckt hätte.

Sascha erinnerte sich, von Prodger bereits vor mehr als zwei Monaten darauf angesprochen worden zu sein. Damals hatte er entrüstet reagiert und das Ganze unter dem Motto, man müsse die Hintergründe kennen, abgetan.

Heute, entschied Sascha, *hilft nur Vorwärtsverteidigung.*

»An unserem Auftrag kann Watzlaffs Insolvenz nicht liegen. Mit Blick auf die anstehenden Nachträge habe ich dem Büro sogar Abschlagszahlungen im Voraus bewilligt, um die Gefahr einer Zahlungsunfähigkeit zu vermeiden. In der Vielzahl der Sonderplanungen steckt ein beachtliches Honorarvolumen. Mit uns fährt Watzlaff bestens. Völlig unbegreiflich, wo er sich verspekuliert hat. Hoffen wir, dass diese Abschlagszahlungen nicht verloren sind.«

»Machen Sie sich Sorgen wegen dieser Überzahlungen?«

»Nein, nicht ernsthaft. Übrigens mag ich diesen Begriff nicht. Es sind keine Überzahlungen, es sind Abschlagszahlungen, Sonderzahlungen meinetwegen, alles bis auf den letzten Cent gerechtfertigt.«

»Die Insolvenz des Büros trifft Sie unvorbereitet, stimmt's?«

»Die kam aus heiterem Himmel, in der Tat. Außerdem bin ich nach wie vor nicht überzeugt, dass Watzlaff zahlungsunfähig ist, und überschuldet keineswegs. Wissen Sie, wenn Sie mich fragen, dann will er uns nur abzocken.«

»Mag sein. Aber wie geht es auf der Baustelle weiter?«

»Kann ich nicht sagen, hier sind mir die Hände gebunden, und Frau Spatz ist erkrankt. Vermutlich müssen wir die Planung neu ausschreiben und in der Zwischenzeit mit unserem eigenen Team das eine oder andere auffangen.«

»Die Kosten werden explodieren und der Zeitplan wird über den Haufen geworfen. So ist es doch, oder?«

»So schlimm wird es nicht werden.«

»Die Ampeln springen auf Rot, Herr Wallot, so sieht es aus.«

»Sie sind ein furchtbarer Pessimist. Haben Sie diesen Bericht veranlasst, der mich persönlich verunglimpft?«

»Nein, der Bericht wurde vom Bauausschuss des Stadtrats angefordert. Er enthält nichts, was Sie nicht kennen, und ist nur eine Zusammenfassung der letzten beiden Quartalsberichte, ergänzt um aktuelle Risikobewertungen. Sie werden dort nicht verunglimpft, lediglich die Planungsfehler aus den letzten zehn Monaten sind nach Verantwortungsbereichen aufgeschlüsselt, und da haben Sie einen gewissen Anteil.«

»Es ist rufschädigend, in den Medien namentlich für Planungsfehler verantwortlich gemacht zu werden«, zürnte Sascha, bemerkte jedoch, dass sich Prodger von seiner Entrüstung nicht einschüchtern ließ.

»Von uns hat die Presse diesen Bericht nicht erhalten. Den hat jemand aus dem Ausschuss durchgestochen. Darauf haben wir keinen Einfluss. Zu Ihrer Beruhigung kann ich Ihnen versichern, dass Ihr Name im Bericht nicht erwähnt ist. Da wird stets allgemein und unpersönlich vom Theater berichtet. Dass Sie als deutschlandweit geschätzter Bauingenieur der Münchner Presse wohlbekannt sind, wissen Sie selbst am besten, schließlich haben Sie im zurückliegenden Jahr gern und oft mit den Journalisten gesprochen.«

Der Konter sitzt, dachte Sascha und war zugleich ein wenig beruhigt, denn so, wie sich Prodger verhielt, waren die Sonderzahlungen derzeit kein Thema. *Im Augenblick muss ich mich also nicht vor Prodger fürchten,* folgerte Sascha und fragte: »Von wem kann ich den Bericht erhalten?«

»Da müssen Sie sich an meinen Gruppenleiter wenden. Wenn ich es recht verstanden habe, hat sich Herr Horbacher bereits mit Dr. Christ in Verbindung gesetzt. Dann könnten Sie den Bericht sozusagen hausintern erhalten.«

Diesmal lief es Sascha kalt den Rücken hinunter. Wenn das stimmte und sich Horbacher ihm gegenüber verleugnen ließ, spielte sein alter Kumpel ein falsches Spiel. Sascha beäugte seinen Besucher. Täuschte er sich oder lag ein Lauern in Prodgers Blick? Beinahe kam es ihm so vor, als würden hier zwei verfeindete Katzen gemeinsam um einen heißen Brei herumschleichen.

Warum war Prodger wirklich ins Krankenhaus gekommen? Aus purer Höflichkeit? Um ihm zu signalisieren, dass die Sonderzahlungen in den Fokus des Controllings geraten waren? Was wollte ihm Prodger entlocken? Gab es überhaupt eine Information, die er, Sascha, besaß, die Prodger unbekannt war? Oder stocherte Prodger ebenso im Nebel, um herauszufinden, wo möglicherweise Gefahren drohten? Wo sich die Feinde versteckten? Seit Watzlaffs Insolvenz war das gesamte Sanierungsprojekt vermintes Gelände und hochgradig explosiv.

Ich muss rasch handeln, beschloss Sascha. *Ich muss mit Horbacher reden.*

»Wie ist die Stimmung im Kulturreferat?«, fragte Sascha. »Werden wir die dringend benötigte Budgeterhöhung erhalten?«

»Die Stimmung ist angespannt. Keinem sitzt das Geld locker in der Tasche. Wenn wir realistisch sind, müssen wir davon ausgehen, dass es nach der Sanierung der großen Bühne zu einem Baustopp kommt.«

»Das hält die Politik nicht durch.«

»Das meinen Sie.«

»Die Generalsanierung ist das größte Prestigeprojekt der Stadt in diesem Jahrzehnt. Ein Baustopp wäre ein Skandal.«

»Seien wir ehrlich, Herr Wallot, es geht Ihnen um Ihr Prestigeobjekt. Sie wollen es gegen alle Widerstände durchpeitschen, koste es, was es wolle.«

»Das ist mein Auftrag. Vor drei Jahren haben Sie es genauso gesehen.«

»Die Zeiten ändern sich.« Mit diesen Worten stand Prodger von seinem Besucherstuhl auf und verließ das Krankenzimmer.

23

»Möglicherweise hat das, was ich Ihnen mitteilen möchte, nichts mit Ihrem Mandanten zu tun«, erläuterte Staatsanwältin Natzer, »und ich bitte Sie, es streng vertraulich zu behandeln.«

»Selbstverständlich.«

Olga war auf dem Weg vom Justizgebäude in das um die Ecke liegende Café neugierig geworden und wartete gespannt auf die Ausführungen von Daniela Natzer.

»Wie Sie dem polizeilichen Ermittlungsbericht entnehmen konnten, gehen wir gerade einem Fall von Vorteilsannahme nach, wegen eines Umstandes, auf den wir zufällig im Rahmen der Ermittlungen gegen Ihren Mandanten gestoßen sind. Ob an der Sache etwas dran ist, können wir erst sagen, wenn wir die notwendigen Durchsuchungen durchgeführt haben. Den erforderlichen Beschluss habe ich beantragt. Die Operation muss bis zur Razzia geheim bleiben, daher auch die Nebenakte. Ich hoffe auf Ihr Verständnis.«

»Ja, aber ...«

»Sollte es einen Zusammenhang zum Verfahren gegen Herrn Prodger geben und sich dieser Verdacht der Vorteilsnahme und Vorteilsgewährung bestätigen, wäre ich bereit, mit Ihnen eine Vereinbarung zu treffen – wenn Ihr Mandant eine hilfreiche Aussage macht.«

»Darüber lässt sich reden – vorausgesetzt, Herr Prodger kann etwas dazu sagen. Aber wenn ich keine konkreten Anhaltspunkte habe, kann ich mich dazu nicht äußern. Um wen geht es denn?«

»Wir haben Hinweise, dass der Generalbevollmächtigte Bau Geldzahlungen angenommen hat, für die es keine schlüssige Erklärung gibt.«

»Sie meinen, Sascha Wallot könnte korrupt sein?«

»Er hat sich schmieren lassen, ja, das nehmen wir an.«

»Für was? Und was hätte das mit meinem Mandanten zu tun?«

»Ihr Mandant ist Beamter der Stadt München und zuständig für das Controlling der Sanierung des Europäischen Theaters. In einem vor wenigen Tagen erschienenen Zeitungsartikel wurde angedeutet, dass Gelder an das in Insolvenz geratene Architekturbüro gezahlt wurden, die von der tatsächlichen Leistungserbringung nicht gedeckt sein sollen, weshalb der Insolvenzantrag überraschend gekommen sei. Der von der Presse zitierte Bericht liegt uns seit heute Morgen vor. Diese Überzahlungen sind im aktuellen Controlling-Bericht am Rande erwähnt. Ich gehe davon aus, dass Ihr Mandant diese Umstände kennt – und vielleicht etwas mehr.«

»Unklarheiten im Verhältnis des Bauherrn zum Architekturbüro sind meinem Mandanten bekannt. Meines Wissens sind die entsprechenden Controlling-Berichte bei der Stadt München transparent gehandhabt worden. Mir wäre daraus kein strafrechtlicher Sachverhalt ersichtlich.«

»Tja, rund um diese Controlling-Erkenntnisse würde ich Herrn Prodger gern persönlich befragen.«

»Dem steht nichts entgegen. Wo ist das Problem?«

»Ihre Vertraulichkeitszusage gilt?«

»Selbstverständlich.«

»Wir ermitteln gegen den Gruppenleiter der Stadt München. Ihm scheint Herr Wallot einen erheblichen Geldbetrag überlassen zu haben. Wir haben den Verdacht, dass es hier ein regelrechtes Schmiergeldkarussell gibt. Verstehen Sie jetzt, warum ich mir nicht sicher bin, dass Ihr Mandant von seiner Dienststelle die Aussagegenehmigung erhält?«

Kurz war Olga sprachlos, dann nickte sie. »Sie werden die Aussagegenehmigung direkt im Rathaus beantragen müssen. Das geht nicht auf dem kleinen Dienstweg.«

»Mir wäre lieber, Herr Prodger bemüht sich selbst um die Genehmigung. Das macht weniger Wind. Er soll sich darauf beziehen, dass er zu den Gesamtumständen, die auch Gegenstand des gegen ihn eingeleiteten Disziplinarverfahrens sind, aussagen soll. Dann dürfte er die Aussagegenehmigung leichter erhalten. Schließlich darf er sich zu allen Dingen, die ihn unmittelbar betreffen, auch genehmigungsfrei äußern.«

»Unserem vertieften Gedankenaustausch über die Erhebung der Anklage will ich nicht vorgreifen, aber mit Ihrem Vorschlag begeben Sie sich auf dünnes Eis und setzen meinen Mandanten einem gewissen Risiko aus – immerhin könnte er schlafende Hunde wecken, wenn er eine Aussagegenehmigung beantragt. Da sollte eine Verfahrenseinstellung herausspringen«, gab sich Olga kämpferisch.

»Wenn sich die Korruptionsvorwürfe bestätigen, wäre das eine große Nummer. Wer weiß, was es da alles für Verästelungen gibt. Wenn Ihr Mandant eine brauchbare Aussage macht, können wir ins Geschäft kommen.«

»Sie verstehen«, erklärte Olga, »dass ich darüber zuerst mit meinem Mandanten sprechen muss.«

»Ohne konkrete Hinweise.«

»Logisch, nur hinsichtlich der Überzahlungen.«

»Wir verstehen uns«, dankte Daniela Natzer, legte zehn Euro auf den Tisch und ging.

Eine Stunde später saß Olga in ihrem kargen Besprechungszimmer Martin Prodger gegenüber und fragte ihn unverblümt, ob ihm personelle Verflechtungen zwischen Gremien des Europäischen Theaters und dem Freundeskreis für moderne Kunst bekannt seien. Zunächst schüttelte er den Kopf, aber dann zuckten seine Mundwinkel und er klopfte sich auf den Schenkel. »Natürlich«, rief er aus. »Horbacher ist im Freundeskreis.«

»Warum ist eigentlich Horbacher Vorsitzender der Theater-GmbH?«, wunderte sich Olga. »Müsste der Vorsitz nicht bei der Stadt liegen?«

»In der Regel schon. Meistens sind die Tochter-Gesellschaften der Stadt zu 100 Prozent im Eigentum der Stadt. Bekanntestes Beispiel sind die Stadtwerke München. Dort gibt es einen Aufsichtsrat, dem der jeweilige Oberbürgermeister vorsitzt. Als man jedoch Ende der 90er Jahre das Europäische Theater in eine neue Rechtsform überführte, wollte die Stadt dem Theater künstlerisch wie organisatorisch mehr Freiheiten geben und zugleich weitere Geldquellen erschließen. Auf diese Weise kamen der Freistaat Bayern, die Oberbayerische Kulturstiftung, der Theaterfreundeskreis und die Emil-Horbacher-Stiftung zu Gesellschaftsanteilen. Letztere wird durch Markus Horbacher vertreten. Da die Stadt das Theater fortlaufend mit Zuschüssen finanziert, wollte man die Verantwortungsbereiche entflechten und hat auf den Vorsitz in der Gesellschafterversammlung verzichtet. Warum die Wahl auf Horbacher fiel, weiß ich nicht.«

»Dieser Horbacher scheint gut vernetzt zu sein. Was können Sie mir über ihn erzählen?«

»Wenig. Er ist im operativen Geschäft kaum präsent. Vernetzt ist er gewiss. Er hat auch eine gemeinsame Vergangenheit mit Wallot. Wenn ich mich recht erinnere, verdanken wir sogar ihm, dass wir Wallot als Generalbevollmächtigen gewinnen konnten. Wobei«, hier stockte Prodger, »die Empfehlung kam aus dem Baureferat, da bin ich mir sicher. Zum Baureferat hat Horbacher selbstverständlich ein ebenso gutes Verhältnis wie zu meinem Gruppenleiter. Meinen Sie, Horbacher hat etwas mit der Verschwörung gegen mich zu tun?«

Olga hatte den Eindruck, Prodger war schlagartig hellwach und dachte elektrisiert über diese Konstellation nach.

»Das ergäbe Sinn«, murmelte Prodger mehr für sich als für Olgas Ohren bestimmt. »Wenn Horbacher in Wallot seinen

Schützling sieht ...« Er sprach den Gedanken nicht zu Ende, aber Olga war klar, worauf er hinauswollte.

»Könnte es sein«, hakte Olga nach, »dass Wallot mehr zu befürchten hat als die rechtliche Konfrontation mit diesen Überzahlungen? Könnte er sich persönlich bereichert haben und deswegen besonders daran interessiert sein, Ihnen zu schaden?«

»Ehrlich gesagt«, erwiderte Prodger, »glaube ich gar nicht mehr, dass Wallot hinter der Verschwörung steckt. Er liegt im Krankenhaus, hatte einen Unfall. Ich habe heute mit ihm gesprochen. Er scheint mir immer noch zu vertrauen und will mit mir weiter zusammenarbeiten. Persönlich bereichern? Das hat er nicht nötig, nein, der sieht die Sanierung als sein ureigenes persönliches Projekt, das er unbedingt zum Erfolg führen will. Dem geht es nicht ums Geld, dem geht es um seine Eitelkeit.«

Angenommen, Prodger schätzte Wallot richtig ein, überlegte Olga, würde dieser kaum schmutziges Geld annehmen, und dann wiederum lief der Verdacht von Staatsanwältin Natzer ins Leere. Folglich würde dann kein Deal für Prodger herausspringen. Der Gedanke missfiel Olga, aber jetzt war nicht der Zeitpunkt, darüber bis ins Letzte zu grübeln. Stattdessen interessierte sie etwas anderes und sie fragte: »Zurück zu Horbacher: Mit wem im Freundeskreis hat er intensiveren Kontakt?«

»Ich weiß es nicht. Horbacher hatte ich beim Freundeskreis nie auf dem Schirm.«

Sonja pfiff durch die Zähne, nachdem sie den Stick ausgelesen hatte, den Olga am Nachmittag noch von Alex Sorger erhalten hatte: »Dein Freund ist verdammt gut.« Sonja klappte ihr Notebook zu und schlenderte zu Olga auf die Couch.

»Ja, Alex hat viel auf dem Kasten«, stimmte Olga zu. »Und er ist ein mutiger Streiter für die Gerechtigkeit. Allerdings – hm, also, diese Methoden sind eigentlich nicht legal.«

»Das kommt mir auch so vor«, erwiderte Sonja.

»Es ist wahrscheinlich viel verlangt von dir, da weiter nachzuforschen«, tastete sich Olga voran. Sie glaubte sich auf heiklem Terrain und wollte Sonja keineswegs zu viel zumuten. Andererseits, wägte sie ab, ist Sonja vermutlich die perfekte Frau für diesen Job.

»Nachforschen spornt mich immer an«, lächelte Sonja.

»Du würdest für mich recherchieren?«

»Klar doch. Aber jetzt erzähl mir mal von deinem Fall, für den ich die Bankgeheimnisse kapern soll. Das ist nämlich schon eine harte Nuss, und ich weiß nicht, ob das noch als *White Hat Hacking* durchgeht.«

»Wenn du Bedenken hast«, wiegelte Olga ab. »Ich will dich in nichts hineintreiben, ich weiß, dass es verboten ist ...«

»Schon gut«, beruhigte Sonja. »Du glaubst gar nicht, mit welcher Leidenschaft ich immer wieder am Hacken bin – nur wissen möchte ich, um was es geht. Alles, was einer gerechten Sache dient, ist für mich tatsächlich noch *White Hat Hacking*.«

»Klar dient es einer gerechten Sache. Verboten ist's trotzdem«, räume Olga ein, fasste das Wesentliche zusammen und erfreute sich an Sonjas Neugier.

»Cool, ich bin dabei. Gib mir etwas Zeit, dann liefere ich dir den echten Hacker«, versprach Sonja.

24

Kaum war die Krankenschwester mit Puls- und Blutdruckmessen fertig und aus dem Zimmer gegangen, als es sehr bestimmt an der Tür klopfte. Ehe Sascha Wallot »Herein« rufen konnte, trat ein uniformierter Polizeibeamter in Begleitung einer zierlichen Frau in Zivil ein.

»Herr Wallot?«

»Was liegt an?«

»Mein Name ist Natzer von der Staatsanwaltschaft München I. Hiermit eröffne ich Ihnen einen richterlichen Durchsuchungs- und Beschlagnahmebeschluss wegen des Verdachts der Untreue, Vorteilsgewährung, Vorteilsannahme und Bestechung. Gegenstand des Durchsuchungsbeschlusses sind Ihre Privat- sowie Ihre Büroräume. Der Durchsuchungs- und Beschlagnahmebeschluss erstreckt sich zudem auf alle datenverarbeitenden Geräte einschließlich Ihrer Telefone und Smartphones. Sollten Sie in der Lage sein, das Klinikum zu verlassen, so ist es Ihnen gestattet, bei der Durchsuchung Ihrer Wohnung anwesend zu sein. Die Durchsuchung Ihrer Büroräume hat«, die Staatsanwältin blickte auf ihre Uhr, »vor fünf Minuten begonnen. Vor Ort ist der kaufmännische Direktor des Europäischen Theaters anwesend. Sollten Sie an der Durchsuchung Ihrer Wohnung nicht teilnehmen können, steht es Ihnen frei, uns eine Person Ihres Vertrauens zu benennen, die an Ihrer statt teilnehmen kann. Andernfalls würden wir einen Ihrer Nachbarn hinzuziehen, falls jemand dazu bereit ist.«

»Ich verstehe nicht ...«

»Haben Sie datenverarbeitende Geräte in der Klinik bei sich?«

»Mein Smartphone, in der Schublade.«

Der Polizist öffnete die Schublade des Beistelltischs und nahm das dort liegende iPhone an sich.

»Weitere Geräte?«

»Nein.«

»Gut, dann erhalten Sie für dieses Gerät ein Beschlagnahme-protokoll. Ist das Gerät gesperrt? Würden Sie uns den Zugangs-code mitteilen?«

»Da sind private Daten drauf, das muss ich mir nicht gefallen lassen!«

»Die Preisgabe des Zugangscodes ist freiwillig. Sie erleichtern uns damit die Arbeit. Die Spezialisten des Landeskriminalamts lesen Ihr Handy auf jeden Fall aus, das ist schließlich der Sinn der Beschlagnahme.«

Sascha seufzte irritiert. »Sieben, vier, neun, zwei. Und was bitte soll ich verbrochen haben?«

»Als Generalbevollmächtigter Bau für die Sanierung des Eu-ropäischen Theaters haben Sie an das Architekturbüro Watzlaff & Co. GmbH Honorare in der Höhe von rund 800.000 Euro ausgezahlt, für die es keinen Anspruch des Architekturbüros gab. Durch die Insolvenz des Architekturbüros besteht die Ge-fahr, dass eine Rückforderung dieser Beträge ins Leere läuft. Damit haben Sie dem Europäischen Theater einen Vermögens-schaden zugefügt und gegen Ihre Vermögensbetreuungspflicht verstoßen.«

»Nein«, rief Sascha Wallot. »Nein, im Gegenteil, ich habe das Theater vor Schaden bewahrt; das stimmt so nicht, wie Sie es sagen, ich ...«

Die Staatsanwältin hob die Hand und unterbrach Wallots Rechtfertigungsversuch: »Die näheren Umstände bedürfen der Sachverhaltsaufklärung, jedoch besteht der Verdacht auf das Vorliegen eines Vergehens der Untreue, strafbar nach § 266 Strafgesetzbuch. Diese Zahlungen begründen daneben den Ver-dacht einer strafbaren Vorteilsgewährung. Zudem stehen Sie im Verdacht, Ihrerseits Gelder dafür angenommen zu haben, dass Sie diese Sonderzahlungen geleistet haben.«

»Absurd, völlig absurd!« Wallot schrie beinahe. »Das kann nicht sein, niemals habe ich Geld genommen! Sie irren sich!«

Wieder hob Natzer die Hand, diesmal fiel die Bewegung bereits herrischer aus und ihre Stimme klang ärgerlich, als sie fortfuhr: »Wir prüfen alles. Jedenfalls wäre dies eine strafbare Vorteilsannahme. Darüber hinaus sollen Sie einem Amtsträger für eine von diesem vorzunehmende rechtswidrige Handlung – oder ein Unterlassen – Vorteile versprochen und möglicherweise bereits gewährt haben, was eine strafbare Bestechung eines Amtsträgers darstellen könnte.«

»Das ist nicht wahr«, echauffierte sich Sascha Wallot. »Lügen, Missverständnisse, was auch immer – es ist nicht wahr.«

»Unterbrechen Sie mich nicht ständig«, fauchte Natzer. »Wegen der Schwere der Schuldvorwürfe ist eine anwaltliche Vertretung geboten. Zeigen Sie uns daher binnen drei Wochen einen Anwalt an, der Ihnen beisteht, ansonsten wird Ihnen ein Pflichtverteidiger gestellt. Sollten Sie zur Sache aussagen wollen, würden wir hierfür einen gesonderten Termin vereinbaren. Zu einer Aussage zur Sache sind Sie nicht verpflichtet. Sollten Sie jedoch aussagen, kann alles zu Ihren Lasten verwendet werden. Sind Sie in der Lage, der Durchsuchung Ihrer Privaträume beizuwohnen?«

»Dazu müssten wir den Chefarzt fragen. Ich fürchte, der sagt Nein.«

»Gibt es eine Person Ihres Vertrauens?«

Sascha überlegte fieberhaft, konnte aber keinen klaren Gedanken fassen. Diese aus der Luft gegriffenen Vorwürfe schockierten ihn. Sein Unbehagen wegen der Sonderzahlungen an Watzlaff wuchs jedoch ins Unermessliche, und von Minute zu Minute wurde er mehr paralysiert von einer lähmenden Angst. Die Sonderzahlungen, ja, das begriff er, und ja, er spürte den Strick, der sich deshalb um seinen Hals legte.

»Ich verstehe das nicht«, flüsterte er mutlos und seine Gedanken kreisten um diese unhaltbaren weiteren Vorwürfe. Was sollte das? Diese Vorwürfe waren völlig haltlos! Wie konnte man ihm so etwas vorhalten? Woher kamen diese Anschuldigungen? Er konnte es sich nicht erklären, blickte ratlos an der Staatsanwältin vorbei zur Decke und schwieg.

»Also, gibt es eine Person Ihres Vertrauens?«, fragte die Staatsanwältin schließlich ungeduldig.

»Frau Elisabeth Stegner«, stotterte Sascha und gab dem Polizisten die Visitenkarte der Kunstmalerin.

»Wir setzen uns mit der Dame in Verbindung.«

Sie gab dem Polizeibeamten ein Zeichen, und beide verließen das Krankenzimmer.

Sascha starrte an die Decke. Er spürte ein Zittern in seinem Körper und auf seiner Haut, es fühlte sich an, als würden unzählige Fliegen über ihn hinweghuschen und tausende Ameisen in ihm herumkrabbeln. Ein merkwürdiges Brennen begleitete das Zittern, ähnlich dem Brennen einer frischen Schürfwunde. An seinem Gaumen entfaltete sich ein eigenartiger Geschmack nach Eisen und Kohlestaub.

Er horchte in sich hinein, wurde sich fremd und immer fremder und wunderte sich über die einsetzende Wärme an den Oberschenkeln. Schlagartig war er wieder bei sich und fluchte wie ein Bauarbeiter. Er hatte eingenässt.

Wie peinlich ist das denn, du Memme, schalt er sich und drückte den Klingelknopf. Die fremdartigen Körperwahrnehmungen waren der untrüglichen Empfindung nasser Oberschenkel gewichen, und in dem Ärger hierüber gelangte er zurück zu sich selbst und zu altem Kampfesmut.

»Lächerlich«, knurrte er, diese Korruptionsvorwürfe waren schlicht lächerlich. Über die Sonderzahlungen, ja, über die muss man reden, aber die ließen sich mithilfe von Horbacher und Watzlaff erklären.

Sascha war nun fest davon überzeugt, auf der Grundlage der

letzten Nachträge und einer im Insolvenzverfahren notwendigen Schlussabrechnung die von ihm zunächst ohne Rechtsgrund geleisteten Zahlungen an Watzlaff als Vorauszahlungen darstellen zu können. Dann wäre dem Theater niemals ein Schaden entstanden und der Untreuevorwurf wäre vom Tisch. Ein geschickter Anwalt löste dieses Problem innerhalb weniger Wochen. Er würde Michael Fasold damit beauftragen, das war der Beste, den er kannte.

Warum kam kein Pfleger, ärgerte er sich und drückte erneut den Klingelknopf. Mit dem anschwellenden Zorn darüber, schlecht behandelt zu werden, wuchs seine Zuversicht, nicht nur den haltlosen Vorwürfen erfolgreich begegnen zu können, sondern auch sein Projekt der Generalsanierung – und es war sein Projekt, verdammt noch mal – erfolgreich weiter betreiben zu können. Die Geldgeber mussten endlich zu Potte kommen, und mit einer neuen Planungsfirma würde frischer Schwung einziehen.

Gerade noch zu Tode betrübt, wollte er nun zum Himmel hoch jauchzen, denn aus der Katharsis dieser Schicksalstage würde er auferstehen wie Phönix aus der Asche! Jawohl!

Nur auf sein Klingeln hin kam immer noch niemand. Das durfte nicht wahr sein. Er drückte den Notfallknopf erneut.

Endlich öffnete sich die Tür. Sascha blickte dem Helfer wütend entgegen, aber als er sah, wer kam, wandelte sich sein Zorn in Pein. Es war jene junge Pflegerin, die er vor einigen Tagen unwirsch weggeschickt hatte. Sie fragte in gebrochenem Deutsch nach seinem Anliegen.

Sascha wollte im Erdboden versinken und brachte kein Wort hervor.

»Bitte«, sagte die Pflegerin, »machen Sie rasch, ist Notfall auf Station, muss zurück, muss machen schnell.«

»Tablette«, stotterte Sascha.

Sie holte aus ihrer Schürzentasche einen Streifen Ibuprofen, gab ihm die Tabletten und hastete aus dem Zimmer.

Während die Nässe an seinen Schenkeln kalt wurde, wandelte sich sein euphorisches Siegesgefühl in wehleidige Niedergeschlagenheit. Er fühlte sich wehrlos und allein. Er konnte nicht einmal vernünftig telefonieren. Ohne sein Handy hatte er keine Telefonnummern parat und verwünschte seine Bequemlichkeit, sich seit Jahren auf die gespeicherten Kontakte zu verlassen. Wenigstens wusste er seine eigene Telefonnummer im Büro.

Er blickte auf die Uhr: 06:51. Frühestens in einer Stunde konnte er seine Sekretärin erreichen, bis dahin blieb nichts außer tatenlos die Decke anzustarren und auf das Frühstück und die Visite zu warten.

Die Sonderzahlungen geisterten durch seinen Kopf. Die vor wenigen Minuten gehegte Zuversicht, diese als gerechtfertigte Vorauszahlungen darstellen zu können, verflüchtigte sich. Wenn Prodger, der schon vor Wochen auf diese wunde Stelle hingewiesen hatte, gegen ihn aussagte, war er geliefert.

Sascha versuchte, sich an den genauen Wortlaut zu erinnern, als Prodger gestern auf diese Buchungsposten zu sprechen gekommen war. Es fiel ihm nicht mehr ein. Jetzt verstand Sascha selbst nicht mehr, wie er hatte annehmen können, mit Prodger vertrauensvoll zusammenzuarbeiten. Dieser Controlling-Terrier war sein Feind. Und er war so töricht gewesen, diesem Pitbull Terrier des Kontrollwahnsinns offenherzig zu begegnen. Alle miteinander würden sie ihm seinen gescheiterten Versuch, Watzlaff über die Ziellinie zu tragen, um die Ohren schlagen. Die Katastrophe war nicht mehr aufzuhalten.

»Untreue also«, jammerte Sascha, »wegen Untreue werden sie mich bluten lassen und mit Schimpf und Schande vom Hof jagen.«

Die anderen Vorwürfe? Wie kam diese junge Staatsanwältin nur auf diese Vorwürfe? Sollten sie durchsuchen, was immer sie wollen, sie würden nichts finden. Nichts.

Wie denn auch? Ich bin unschuldig, beschwichtigte sich Sascha und wurde gleichwohl ein dumpfes Unbehagen nicht los.

Hatte er nicht Dr. Christ zwei- oder dreimal zu einem informellen Gedankenaustausch in standesgemäße Restaurants eingeladen?

Kleinigkeiten, versuchte er diese Abendessen abzutun, *das hatte er aus der Portokasse bezahlt.* Ein feines Dinner gehörte zum guten Ton, wenn man große Projekte besprach. Wer wollte dagegen etwas sagen, immerhin waren sie zu keiner Zeit miteinander in anrüchige Clubs gegangen. Nein, ein harmloses Sieben-Gänge-Menü in einem gemütlichen Sternerestaurant konnte keine Bestechung sein. Außerdem würden sie dazu keine Beweise finden, schließlich hatte er stets aus der eigenen Tasche bezahlt.

Sascha rang um Fassung und klare Gedanken. Er wusste, dass er sich nicht dieser Angst überlassen durfte, die von ihm Besitz ergriffen hatte. Aber das Gefühl, sein Leben rinne ihm durch die Finger, wuchs und wuchs, und als endlich das Frühstück hereingebracht wurde, war ihm jeglicher Appetit vergangen. Stattdessen nahm ihn die Frage, wer ihm übelwollte und an seinem Stuhl sägte, gefangen und füllte sein Denken aus. Prodger? Hinsichtlich der Sonderzahlungen, ja, das sah dem Controller ähnlich, hier die Geduld zu verlieren und höhere Mächte einzuschalten. Würde sich Prodger dazu versteigen, ihn der Bestechung zu beschuldigen?

Sascha schüttelte den Kopf. Seit er Prodger kannte, hatte er sich bei kritischen Äußerungen stets auf Zahlen und Fakten gestützt. Prodger war kein Mensch, der mit Mutmaßungen hausieren ging.

Dr. Christ, der Ehrgeizling? Dem musste daran gelegen sein, die gemeinsamen Abendessen unter der Decke zu halten. Der würde sich selbst ins Schlamassel reiten.

Horbacher, sein alter Kumpel? Was für ein Motiv sollte er haben? Zugegeben, als Vorsitzender der Gesellschafterversammlung könnte er ins Visier der Presse geraten, wenn die Generalsanierung zu sehr aus dem Ruder lief, und eitel, wie Horbacher nun einmal war, würde er alles tun, um die Schuld bei einem anderen abzuladen.

Also bei mir, folgerte Sascha betrübt. Bedurfte es dazu der Denunziation von Vorgängen, die in der Baubranche zum guten Ton gehörten? Zwei oder drei honorige Abendessen, lächerlich, auf so ein Niveau würde sich Horbacher niemals begeben. Wer dann? Verena Spatz, seine Stellvertreterin, auf die er sich stets vorbehaltlos verlassen hatte? Das konnte nicht sein. Andererseits …

Sie ist eine ehrgeizige und fähige junge Frau, schoss es Sascha durch den Kopf, die sich irgendwann nicht mehr mit der Rolle als Stellvertreterin zufriedengeben wird. Gerade in den zurückliegenden drei Monaten hatte sie dazu tendiert, mit Zahlen und Terminplan transparenter umzugehen, als es Sascha recht gewesen war. Sie hatte gegen seine Strategie opponiert, keine verlässlichen Berechnungen vorzulegen und in die Schätzungen viele Unwägbarkeiten zu integrieren, was eine moderate Kostensteigerung plausibler machte und später genügend Spielraum gewährte, mit den Zahlen nach oben zu gehen. Beim Terminplan bevorzugte sie eine skeptische Darstellung. Letztlich hatte sie seine Entscheidung jedoch mitgetragen. Sascha traute ihr außerdem nicht zu, ihn wegen einiger Geschäftsessen zu verpetzen. Allerdings hatte sie zuletzt spürbar die Nähe zu Horbacher gesucht.

Gab es da eine engere Verbindung? Spielte Verena Spatz stille Post mit seinem alten Kumpel und spekulierte darauf, ihn zu beerben? Irgendwie konnte und wollte sich Sascha das nicht vorstellen, und so landete er wieder einmal beim kaufmännischen Direktor Motsch. Dem traute er beinahe jede Gemeinheit zu.

Nach der Visite rief er die einzige Nummer an, die er wirklich auswendig konnte: seine eigene Büronummer. Stets nahm seine Sekretärin die Gespräche entgegen, doch heute ging sie nicht ans

Telefon. Das konnte kein Zufall sein. Dahinter konnte nur Motsch stecken, dieser hinterhältige Typ, der ihm von Anfang an nicht wohlgesonnen war. Ausgerechnet den hatten sie zur Durchsuchung seines Büros hinzuziehen müssen.

Sascha musste Horbacher sprechen, dringender denn je. Fieberhaft versuchte er, sich an Horbachers Handynummer zu erinnern, aber er scheiterte bereits an der Vorwahl. Fluchend griff Sascha nach der Funktastatur, schaltete den Flachbildfernseher ein, ging ins Internet und googelte Horbachers Telefonnummer. Es gab nur einen Treffer: Horbachers Büro.

Sascha wählte die Nummer und bat die Sekretärin, durchgestellt zu werden. Mit gespieltem Bedauern in der Stimme gab sie ihm die Auskunft, er sei nicht da, und nein, seine Handynummer dürfe sie nicht herausgeben, an niemanden. Typisch.

Als Nächstes suchte er Michael Fasolds Kontaktdaten und war erleichtert, in der Kanzlei mit dem erfahrenen Anwalt verbunden zu werden. Die Ernüchterung folgte auf dem Fuße, denn Fasold lehnte das Mandat knochentrocken ab, weil er als Anwalt von Markus Horbacher möglicherweise in einen Interessenkonflikt geraten würde. Von diesem Schlag ins Gesicht erholte sich Sascha nicht. Mutlos ließ er sich ins Kissen sinken und schloss die Augen.

»Was haben Sie sich dabei gedacht, mich in Ihre Angelegenheiten zu involvieren?«, entrüstete sich Elisabeth Stegner, als sie ins Zimmer stürmte und ihm einen dünnen Schnellhefter aufs Bett warf. »Da haben Sie Ihr Durchsuchungs- und Beschlagnahmeprotokoll. Und jetzt klären Sie mich auf: Was haben Sie ausgefressen?«

Wie schön sie ist, durchfuhr es Sascha. Ihre dunkelblauen Augen sprühten vor Wut, ihr Gesicht war gerötet von ärgerlicher Erregung, über der Nasenwurzel zeigte sich eine zornige Furche, die Lachfalten neben den Mundwinkeln verstärkten sich zu vorwurfsvollen Kerben und das Kinn war energisch vorgestreckt. Ihre Stimme zitterte. Alles an ihr sprach von Abneigung und Verärgerung, und doch gefiel sie ihm unglaublich gut. Sie musste sein Engel werden. Nichts wünschte er in diesem Augenblick sehnlicher, als dass sie ihn umarmte und tröstete. Er schaute sie an und weinte.

»Mein Gott«, blaffte sie und zog sich den Stuhl heran. »Er heult!« Sie setzte sich und fixierte sein Gesicht mit funkelndem Blick. »Sie haben unverschämtes Glück, Sie wissen es nur nicht. Die Mutter Teresa in mir hat die Oberhand behalten, als mich diese Staatsanwältin angerufen hat. Meine Güte, müssen Sie einsam sein!«

Er wollte nach ihrer Hand greifen, doch sie entzog sich ihm. Warum? Sie war gekommen, das musste ein Zeichen sein. Sie musste sein Engel werden.

»Erlösen Sie mich«, flüsterte er. Schaute sie ihn wirklich ungläubig an? Verstand sie nicht, was er brauchte? Er musste es ihr erklären, aber wie?

Er wollte in den Arm genommen, getröstet, geliebt werden. Er brauchte so wenig zur Erlösung und doch so viel. Es brauchte doch nur einige Worte, aber er durfte nicht mehr weinen, er durfte nicht schluchzen, er musste gefasst sein. Ein Mann musste er sein, so stark, wie er sein Leben lang stark gewesen war.

»Erlösen Sie mich«, stammelte er hilflos und sah ihren fragenden Blick.

»Nein«, antwortete sie und zog einen kleinen Block aus ihrer Handtasche. »Zeichnen werde ich Sie, erlösen müssen Sie sich selbst. Reden Sie, was haben Sie ausgefressen?«

Wie von Zauberhand lag ein Kohlestift zwischen ihren Fingern. Anmutig ihre Bewegungen, die er gebannt verfolgte, und allmählich erkannte er die Aberwitzigkeit der Situation und fing an zu lachen. Es war ein schmerzhaftes Lachen von der Sorte, die einem rasch im Hals stecken bleibt, und das tat es auch. Er beruhigte sich, sah klarer und wurde mutlos.

»Ich habe nichts ausgefressen«, beteuerte er mit belegter Stimme. »Fehler habe ich gemacht. Fehler, die mich einholen und vielleicht mein Leben zerstören. Aber von dem, was man mir vorwirft, trifft beinahe gar nichts zu. Die sagen, ich hätte bestochen und mich bestechen lassen. Das ist falsch. Lediglich das Projekt wollte ich retten, mein Meisterstück, und dafür habe ich viel getan, vermutlich zu viel.«

»Umsonst durchwühlt einem die Polizei nicht die Wohnung und nimmt kistenweise Material mit, mein Lieber. Sie gehen mit sich selbst sehr nachsichtig um, fürchte ich. Damit Sie mich nicht falsch verstehen: Das heute war der letzte Gefallen, den ich Ihnen erwiesen habe. Ich weiß nicht, was Sie in mir sehen, aber glauben Sie mir: Egal was Sie sehen, es ist ein Trugbild. Weder bin ich eine Freundin, noch kann ich Ihnen Ihre verstorbene Frau ersetzen. Ich bin und bleibe eine Fremde, auch – oder gerade – weil Sie mir leidtun.«

»Aber ...«

»Kein aber.« Sie steckte den Stift weg und zeigte ihm ihre Skizze.

Sascha erschrak: Er blickte in sein eigenes Gesicht. Es war eine verzerrte teuflische Fratze. Etwas zerbrach in ihm.

25

Olga hatte den gesamten Vormittag im Gerichtssaal verbracht. Es war der erste Tag der Hauptverhandlung zu dem schweren Konkursdelikt, das ihrem an sich seit Wochen wichtigsten Mandanten zur Last gelegt wurde. Nach der Anklageverlesung hatte sie einige Beweismittelanträge gestellt, die letztlich in Zusammenhang mit der zentralen Frage standen, zu welchem Zeitpunkt Rolf Mergenthaler hatte wissen müssen, dass seine Firma überschuldet war. Danach hatte sich das Gericht auf den nächsten Tag vertagt und sie war mit etwas Verspätung ins Fitnessstudio geradelt. Sonja schwitzte bereits auf dem Crosstrainer und freute sich sichtlich, dass Olga das freie Gerät neben ihr bestieg.

»Wie ist es gelaufen?«, fragte sie.

»Alles Routine, nichts Besonderes. Bei dir?«

»Habe mir heute Nachmittag freigenommen. Will ein wenig Bankerluft schnuppern.«

»Gute Idee«, sagte Olga grinsend. »Muss in der Kanzlei noch einiges erledigen. Wenn ich dich nicht störe, komme ich später zu dir.«

»Gern. Dann bringe ich dir das Hacken bei.«

Zurück in ihrem Büro reichte ihr Angela zwei Zettel mit Bitten um Rückruf: Daniela Natzer und Martin Prodger wollten sie sprechen. Zuerst versuchte sie es bei der Staatsanwältin, dort war jedoch belegt. Prodger hingegen nahm das Telefonat sofort entgegen und bat um ein persönliches Treffen. Was er zu sagen habe, eigne sich nicht für den Fernsprecher.

Olga schmunzelte. Das Wort Fernsprecher hatte sie ewig nicht mehr gehört. Zwar hatte sie einige Schriftsätze abzuschließen und musste sich für den morgigen Tag der Hauptverhandlung vorbereiten, doch Prodger klang sehr dringend, also räumte sie ihm einen Termin ein.

Inzwischen war die Leitung zur Staatsanwaltschaft frei, und Natzer klang aufgeregt und geheimnisvoll, als sie ihrerseits um ein rasches Gespräch unter vier Augen bat. Manchmal, dachte Olga, bräuchte ich die Fähigkeit, an zwei Orten gleichzeitig zu sein, aber da sie das nicht konnte, musste sie die Termine eben eng takten und schlug der Staatsanwältin eine Besprechung in ihrer Kanzlei vor, bevor Prodger aufschlagen würde.

Ihr Papierkram würde sich um mindestens eine Stunde nach hinten verschieben, worüber sie wenig erfreut war, vor allem, weil sie Sonja dabei über die Schulter schauen wollte, wie sie dem Avatar beziehungsweise dessen Schöpfer auf die Schliche kam.

Habe heute Nachmittag Trubel, geliebte Popeye, und komme erst nach fünf Uhr. Ich freu mich auf dich, schickte sie als Kurznachricht an Sonja und vertiefte sich in den ersten Schriftsatz.

»Danke für Ihre Zeit«, begrüßte Natzer sie und betrachtete verwundert das karge Besprechungszimmer. »Und danke, dass wir persönlich sprechen können. In dieser heiklen Angelegenheit traue ich nicht einmal unserer eigenen Telefonanlage. Aber zur Sache: Die groß angelegte Razzia heute Morgen war ein Volltreffer. Wir sind fündig geworden. Wie es aussieht, haben wir ein Netzwerk an Korruption aufgedeckt, in dem Ihr Mandant eine Rolle spielen könnte. Wenn er uns volle Kooperation zusichert, bin ich bereit, in seiner Angelegenheit den § 153a zu ziehen, vorausgesetzt, er hat sich dienstlich korrekt verhalten. Haben Sie mit ihm gesprochen?«

»Gestern. Falls Sie darauf anspielen, der Generalbevollmächtigte Bau, Sascha Wallot, sei korrupt, wird Ihnen Herr Prodger nicht helfen können. In diesem Punkt hält er Wallot für integer. Soweit es um den Vorwurf der Untreue geht, könnte mein Mandat zur Sachverhaltsaufklärung beitragen. In seiner Eigenschaft als Controller hat er Zahlungen festgestellt, die er für unberechtigt hält.«

»Dazu und zu einigen anderen Punkten würde ich ihn gern befragen, selbstverständlich in Ihrer Anwesenheit. Würden Sie das unterstützen?«

»Wenn ich Ihre Zusicherung erhalte, dass meinem Mandanten daraus keine Nachteile entstehen.«

»Sie haben meinen Vorbehalt gehört. Er darf sich im Dienst nicht rechtswidrig verhalten haben.«

»Auch wenn er Kronzeuge sein könnte?«

»Höchstens, wenn seine persönliche Schuld im Vergleich zu der anderer Beschuldigter gering ist.«

»Klingt vernünftig. Trotzdem müsste ich mich dazu mit Herrn Prodger beraten.«

»Das verstehe ich. Bis wann geben Sie mir Bescheid?«

»Mein Mandant kommt«, Olga schaute auf die Uhr, »in zehn Minuten. Dann bespreche ich diese Angelegenheit. Darf ich wissen, wen Sie in Verdacht haben?«

»Nein. Aber Ihr Mandant wird es wissen. Ich höre noch heute von Ihnen?«

Olga nickte und verabschiedete die Staatsanwältin.

»Unfassbar«, eröffnete Martin Prodger das Gespräch, und auf seinem blassen Gesicht zeichneten sich rote Flecken ab. »Heute Morgen hat die Kriminalpolizei unsere Diensträume durchsucht und alle Computer beschlagnahmt. Vom Gruppenleiter über den Sachgebietsleiter und mich bis zur Chefsekretärin mussten alle ihre Handys abgeben. Dr. Christ hat sich aufgeführt wie Rumpelstilzchen, doch es hat ihm nichts geholfen. Als Polizei und Staatsanwaltschaft wieder weg waren, hat mich Christ einbestellt, mich übel als Nestbeschmutzer und schwarzes Schaf beschimpft und vom Dienst suspendiert. Eine entsprechende schriftliche Verfügung soll mir morgen zugestellt werden.«

»Was war der Grund für diese Maßnahmen?«

»Der Verdacht von Bestechung und Bestechlichkeit.«

»Haben Sie damit zu tun?«

»Nein«, antwortete Prodger mit dem Brustton der Überzeugung. »Ich habe niemals Gefälligkeiten angenommen, anders als Christ. Habe ich Ihnen von dieser Essenseinladung erzählt wegen des Kunstprojekts?«

»Haben Sie. Wenn Sie in diesem Zusammenhang wirklich ein reines Gewissen haben, wären Sie damit einverstanden, von der Staatsanwaltschaft intensiv befragt zu werden?«

»Was weiß ich, was Christ genau vorgeworfen wird? Vermutlich kann ich dazu wenig sagen. Zu seiner Art, wie er mit Gefälligkeiten umgeht, dagegen schon. Warum?«

»Wir könnten einen Deal machen, wenn Sie kooperativ sind.«

»Das wäre fantastisch.«

»Was konnten Sie mit Ihrer Bank erreichen?«

»Sie räumt mir einen Privatkredit über 40.000 Euro ein. Damit müsste eine Einigung mit dem Freundeskreis erreichbar sein.«

»Wir müssen nur noch aus der Nummer mit den 800.000 Euro herauskommen«, gab Olga zu bedenken.

»Das war ich nicht, um Gottes willen. Der Betrag würde mich umbringen.«

»Regen Sie sich nicht auf, ich glaube Ihnen doch, und wir werden das schon schaffen. Man wird Ihnen diesen Betrag nicht nachweisen können. Aber noch ist der Vorwurf nicht vom Tisch, das dürfen Sie nicht vergessen.«

Olga sah, wie Prodger schluckte, und inzwischen tat er ihr richtig leid, dass er diesen ungerechtfertigten Vorwurf immer noch ertragen musste. Aber bald, beruhigte sich Olga, bald hatte er das überstanden.

»Noch etwas«, ergänzte Prodger. »Sie wollten wissen, wer mit wem unter einer Decke stecken könnte beim Freundeskreis.

Horbacher ist mit Wackerbauer, dem Vorstandsvorsitzenden des Freundeskreises, weit besser bekannt, als ich dachte. Die beiden waren Klassenkameraden am Wittelsbacher Gymnasium.«

»Interessant«, stellte Olga fest, »es gibt mehr Verflechtungen, als man meint.«

Sie bat Prodger, kurz zu warten, und ging hinüber in ihr Büro, um Daniela Natzer anzurufen und ihr mitzuteilen, dass ihr Mandant kooperieren werde. Sie verabredeten sich für kommenden Nachmittag im Dienstzimmer der Staatsanwaltschaft. Prodger war einverstanden.

Als Olga schließlich bei Sonja ankam, saß diese seit über drei Stunden an ihrem großen iMac und setzte die Detektivarbeit fort, die Alex Sorger begonnen hatte.

»Dein Freund ist echt gut«, lobte sie, küsste Olga und führte sie in ihr Arbeitszimmer vor den großen Bildschirm. »Er hat das Programmieren von der Pike auf gelernt, das merkt man. Aber einige meiner Tricks hat er nicht auf Lager. Der Typ, der im System der Bank sein Unwesen treibt, dagegen schon. Das ist ein ebenbürtiger Gegner, aber keineswegs unfehlbar. Ganz ohne Spuren zu hinterlassen, geht es eben nicht. Das System der Bank ist zwar anfällig für gewisse Manipulationen, aber die Hintertürchen, durch die man schlüpfen kann, muss man gut kennen oder mühsam herausfinden. Trotzdem ist die Sicherheitsarchitektur erstaunlich ausgereift, denn es gibt eine bestens versteckte Log-Datei, die selbst das dokumentiert, was der oberste Systemadministrator löscht. Also, es wird etwas, was eigentlich komplett gelöscht ist, dennoch an einem unvermuteten Platz als Löschvorgang vermerkt. Wir können zwar das Gelöschte nicht mehr wiederherstellen, jedoch über den Umstand des Löschens versuchen, herauszufinden, wer gehandelt hat.«

»Kann der das nicht löschen?«

»Theoretisch kann er das, aber diese Manipulation würde auffallen. Außerdem wette ich Brief und Siegel, dass unser Hacker von der versteckten Log-Datei keine Ahnung hat. Er wird davon überzeugt sein, alles gelöscht zu haben, was ihn mit seinem Avatar Lingner in Verbindung bringen könnte.«

»Bist du dem Täter schon auf der Spur?«

»Noch nicht. Wir müssen heute Abend in die Back-up-Routine einbrechen, genauso, wie es Alex gemacht hat. Dann setze ich meinen Schnüffler ein, und du darfst mir glauben, das ist der beste Trüffelhund, den es derzeit am Markt gibt.«

»Du bist fantastisch«, freute sich Olga und spürte, wie das Jagdfieber sie erregte.

»Danke für die Blumen. Leider können wir deshalb nicht zum Essen gehen, denn ich darf den Beginn des Sicherungslaufes nicht verpassen. Dafür habe ich uns Spargel besorgt.«

Um 23:11 Uhr verfügte Sonja über eine Liste aller bankinternen Nutzer, die in der fraglichen Zeit Anfang April systemrelevante Aktionen durchgeführt hatten. Ein Name stimmte mit dem überein, den Alex Sorger neben Lingner als verdächtig identifiziert hatte: Norbert Schusternagel. Während Olga ihren Kopf müde an Sonjas Schulter lehnte, durchforstete diese das Mitarbeitersystem der Bank und klatschte in die Hände, als sie das Foto ihres Verdächtigen auf dem Bildschirm sah. Olga erschrak.

»Den kenn ich«, erklärte Sonja aufgeregt und rieb sich das Ohrläppchen. »Den habe ich schon beim Chaos-Computer-Club gesehen. Viele treten da unter Pseudonym auf, manche, weil sie etwas zu verbergen haben. Olga, wir haben deinen Mann.«

»Und was machen wir jetzt?«

»Ins Bett gehen, Liebes. Ab morgen kannst du dich Norbert Schusternagel in der profanen Wirklichkeit an die Fersen heften. Oder deinen Ermittler vorschicken.«

Frühmorgens wachte Olga auf. Neben ihr schlief Sonja tief und fest, ihr Atem ging ruhig und regelmäßig. Einige Minuten lauschte sie dem Schlaf ihrer Freundin, dann tauchten die ersten Gedanken auf, die sich mit dem Tag befassten. Olga widerstand der Versuchung, diese wegzudrücken.

Leise stand sie auf, schlich ins Badezimmer und putzte sich die Zähne, zog ihre leichte Jacke über den Sommer-Pyjama und trat hinaus auf die Dachterrasse.

Was für ein heimeliger Ort, dachte sie und lümmelte sich in die bequeme Sitzgruppe. Unwillkürlich kam Olga ihr Vater in den Sinn, inzwischen ein alter Herr, der es sich gern in seinem ausladenden Fernsehsessel bequem machte. Wie würde er darauf reagieren, wenn sie gemeinsam mit Sonja zu Besuch käme?

Sie fühlte einen behaglichen Schauer, denn sie war felsenfest davon überzeugt, dass er Sonja mit offenen Armen empfangen und keine einzige unangemessene Frage stellen würde. Anders als ihre mit den Jahren intoleranter werdende Mutter. Ihr eingeengtes Weltbild käme möglicherweise ins Wanken, wenn sie Sonja kennenlernte.

Das wird noch spannend, befürchtete Olga und hoffte, ihre Mutter würde Sonja freundlich aufnehmen. Noch war ja etwas Zeit, Sonja den Eltern vorzustellen, aber auf die lange Bank schieben wollte Olga die Nachricht nicht; dazu hielt sie ihr Verhältnis zu ihren Eltern für zu gut und zu offen. Sie wollte vor ihren Eltern keine Geheimnisse haben. Und auch Sonja hatte es nicht verdient, wie das schmutzige Geheimnis behandelt zu werden. Nein, Olga schämte sich nicht, zuzugeben, dass sie sich in Sonja verliebt hatte.

26

Nachdem er aufgewacht war, nahm er sein Smartphone und freute sich über den roten Punkt an der SMS-App. Sicher hatte ihm Dorothee einen liebevollen Smiley geschickt, den er umgehend beantworten wollte. Es war ihm am Vortag schwer genug gefallen, sie nach der Arbeit nicht mehr zu treffen, aber ein wenig Distanz in der Anfangszeit einer Beziehung schuldete er sich selbst, denn er wollte sich bei aller Begeisterung nicht in seiner Verliebtheit verlieren.

So hatte er sich hinter einem Observationsauftrag verschanzt und Dorothees Enttäuschung beinahe genossen. Es fühlte sich gut an, vermisst zu werden. Abends allein vor seinem Bier hatte er die Anwandlung von Selbstständigkeit und Freiheit bereits bedauert, aber da hatte es kein Zurück mehr gegeben. Nur einen virtuellen Kussmund hatte er ihr geschickt und hoffte nun auf die liebevolle Antwort.

Brauche deine detektivische Intelligenz noch einmal, kannst du mich anrufen?, las er statt eines Kussmundes und war enttäuscht.

Hatte er Olga nicht klargemacht, in ihrem eigenartigen Fall nichts mehr für sie tun zu können? Er hatte sich in den letzten Tagen weit genug aus dem Fenster gelehnt und ihr geholfen, gute Argumente für ihren Mandanten ins Feld führen zu können. Klar verstand er ihre Motivation, die ganze Wahrheit herauszufinden, aber manchmal musste man sich mit weniger zufriedengeben.

Er beschloss, Olgas Nachricht erst einmal zu ignorieren, und kochte sich einen indischen Tee. Während sich der Duft von Kardamon, Nelken und Zimt in der Küche verbreitete, fuhr er seinen Laptop hoch und startete die Homepage der »Münchner Tageszeitung«, die er seit Jahrzehnten las. Aus alter Gewohnheit scrollte er auf die Regionalnachrichten aus München und zuckte überrascht zusammen: *Korruptionsverdacht im Kulturreferat, Chaos beim Europäischen Theater*. Diese Schlagzeile hatte es in sich.

Alex vergaß den Teetopf auf seinem Herd und las den Artikel:

Eine Großangelegte Durchsuchungs- und Beschlagnahmeaktion im Kulturreferat der Stadt München und der Bauabteilung des Europäischen Theaters offenbart Spezlwirtschaft der besonderen Art. Wie unsere Zeitung vor wenigen Tagen berichtete, gibt es erhebliche Planungsmängel bei der Sanierung des Europäischen Theaters, für die der Generalbevollmächtigte Bau persönlich verantwortlich zu sein scheint. Wie sich gestern herausstellte, werden die Kosten weit über den Beträgen liegen, welche zuletzt verlautbart worden waren. Nun besteht der dringende Verdacht, dass das Kulturreferat den Generalbevollmächtigten seit Monaten gegen berechtigte Vorwürfe von dritter Seite gedeckt hat – scheinbar gegen persönliche Vorteile.

Die Staatsanwaltschaft spricht in einer dürren Verlautbarung von einem Anfangsverdacht hinsichtlich Bestechung und Bestechlichkeit. Der Kulturreferent beteuert seine Bereitschaft zu voller Kooperation und brutalst möglicher Aufklärung. Seinen zuständigen Gruppenleiter Dr. C. hat er mit sofortiger Wirkung vom Dienst freigestellt. Das Theatermanagement hat gestern Abend mitgeteilt, sich von dem Generalbevollmächtigten Bau zu trennen und alles zu tun, um die Vorgänge rund um die Kostenexplosion bis in die hinterste Ecke aufzuklären. Zugleich wird das Theater die Zuständigkeiten im Baubereich neu ordnen und personelle Neubesetzungen anstreben.

Erste Recherchen unserer Zeitung haben ergeben, dass es über Monate hinweg intensive informelle Kontakte zwischen Kulturreferat und Theaterleitung gegeben hat, die im Zuge der staatsanwaltschaftlichen Ermittlungen einer völlig neuen Bewertung unterzogen werden müssen.

Sieh mal einer an, dachte Alex, *da tun sich wirklich handfeste Aspekte auf, die für Olga relevant sein dürften. In dem Fall steckte mehr Sprengstoff, als es die kühnsten Verschwörungstheorien hatten ahnen lassen. Hatten wir also den richtigen Riecher,* klopfte sich Alex selbst auf die Schulter und beschloss, Olga ihre Bitte nun doch nicht auszuschlagen.

Er wählte ihre Handynummer und wurde auf ihre Mailbox umgeleitet. »Kannst anrufen«, sprach er ihr drauf und kümmerte sich endlich um den Tee. Er warf zwei Teebeutel in den Topf, rührte um, ließ das Ganze eine Minute aufkochen und goss eine Tasse Vollmilch dazu. Dann schaltete er den Herd aus. Fünf Minuten ziehen lassen, mit Agavendicksaft süßen und fertig war der Chai. Da meldete sich sein Smartphone, Olga war am Apparat.

»Der Avatar wurde von einem gewissen Norbert Schusternagel eingerichtet, stellvertretender Abteilungsleiter der EDV-Abteilung in der Zentrale der Bank«, legte Olga sofort los. »Kannst du den unter die Lupe nehmen?«

»Den hatte ich doch auch schon mal auf dem Zettel«, antwortete Alex überrascht. »Ist mir da etwas durch die Lappen gegangen?«

»Denk dir nichts. Ich glaube, da sind ganz raffinierte Typen am Werk. Hast du heute schon Zeitung gelesen?«

»Ja. Im Kulturreferat brennt der Baum. Das ist der Wahnsinn.«

»Das ist kein Zufall. Da wollten ein paar Skrupellose meinen Mandanten zum Sündenbock machen, und selbst sind sie korrupt bis unter die Kopfhaut. Das regt mich auf. Jetzt will ich erst recht alles wissen. Fühlst du dem Banker auf den Zahn?«

Alex versprach es und googelte Norbert Schusternagel. Der war digital ein unbeschriebenes Blatt. Kein Wikipedia-Eintrag, kein Lebenslauf auf der Bank-Homepage, keine Treffer bei Facebook, YouTube und Instagram, kein Xing und kein LinkedIn, aber immerhin eine Adresse im Stadtadressbuch.

»Wenn man keinen vernünftigen Ansatzpunkt hat, fängt man bei der Person selbst an«, war eine Lebensweisheit, die er sich als Privatermittler zu eigen gemacht hatte. Also setzte sich Alex kurzentschlossen ins Auto und fuhr in die Lerchenau. Vielleicht konnte er dort einen Blick auf das markante Gesicht des Bankers werfen, denn geistesgegenwärtig wie sie war, hatte ihm Olga den Screenshot aus dem Mitarbeiterverzeichnis der Bank gemailt.

Das schmucke Einfamilienhaus in der Gartenstadtsiedlung identifizierte er sofort und stellte fest, dass ein edler BMW im Carport stand. Entweder Schusternagel war umweltbewusst mit öffentlichen Verkehrsmitteln oder dem Fahrrad unterwegs, oder er saß noch zu Hause. Alex parkte schräg gegenüber, verließ seinen unscheinbaren Polo und schlenderte die Straße entlang, ohne Schusternagels Anwesen aus den Augen zu lassen. An der Ecke gab es einen Kiosk mit zwei aufgestellten Stehtischen, den eine ältere Frau betrieb.

Alex war so früh am Morgen der einzige Kunde. Er bestellte eine Butterbreze und eine Tasse Kaffee und bemerkte wie nebenbei: »Wohl eine verschlafene Nachbarschaft?«

»Die ersten sind rüber zur S-Bahn«, erwiderte sie, scheinbar dankbar für einen kleinen Plausch, »die andern lassen sich immer bis kurz vor acht Zeit. Sie haben also Glück, dass grad nix los ist.«

»Wohnen einige Geldige hier«, setzte Alex das Gespräch fort, »die werden gar nicht zu Ihnen kommen, oder?«

»Doch, grad die! Bei mir san d' Butterbrezen zwanz'g Cent billiger als drüben am See beim Bäcker. Von de Reichn konnst 'as Spar'n lernen.«

Alex schüttelte verwundert den Kopf. »Bleiben die mit dem Auto bei Ihnen stehen und kaufen eine Butterbreze?«

»Einige scho, aber einige fahr'n a Radl.«

»Obwohl sie teure Autos haben?«

»Freilich, grad die! Hab'n a Hirn, san mim Radl schneller.«
Während er mit der Kioskfrau sprach, behielt er Schusternagels Haus im Auge und bemerkte nach einigen Minuten einen silbergrauen Mercedes, der in die Einfahrt des Bankers einbog, auf das Grundstück fuhr und hinter dem BMW im Carport parkte. Ein stattlicher Mann stieg aus und ging auf die Eingangstür zu, wo er von einem schlanken Mann mit kantigem Gesicht empfangen wurde.

Alex trank langsam seinen Kaffee aus und verabschiedete sich mit den Worten: »Jedenfalls sind Ihre Butterbrezen saugut.«

Mit der halben Breze in der Hand schlenderte er zu seinem Auto zurück, setzte sich hinters Steuer und holte die Kamera aus dem Handschuhfach. Es dauerte nicht lang, dann kamen aus mehreren der Einfamilienhäuser Männer, mal leger in Jeans und Jacke, mal in Anzug und fuhren mit ihren Fahrrädern zum Kiosk.

Alex grinste. Der Kioskbesitzerin wollte er später noch einmal einen Besuch abstatten, vielleicht hatte sie einiges zu erzählen.

Er konzentrierte sich auf Schusternagels Haus und wartete darauf, dass der Besuch wieder herauskam. Nichts forderte sein Beruf als Privatermittler mehr als diese Geduld »im Ansitz«. Längst hatte Alex aus dieser Not eine Tugend gemacht und sich angewöhnt, sich dem Fluss seiner Gedanken hinzugeben, während er bei der Beschattung einer Person oder eines Objekts auf ein Ereignis wartete, von dem er manchmal gar nicht wusste, was es war.

Momentan zum Beispiel wusste er nicht, wer Schusternagels Gast war. Der Kiosk stand einige entscheidende Meter zu weit weg, weshalb er das Gesicht des Besuchers nicht genau hatte sehen können, doch entfernt erinnerte es ihn an den Baulöwen und Kunstmäzen Markus Horbacher, dessen Verbindungen ihm Olga neulich erläutert hatte und dessen Foto sich in vielfältigen Variationen im Internet fand. Wenn das zutraf, dann hatte er vielleicht einen Volltreffer gelandet. Hatte Olga nicht erwähnt, dass Sascha Wallot dem Architekten rund 800.000 Euro zu Unrecht ausbezahlt hatte? Wollte Horbacher das ausbügeln, indem er sich das Geld von anderer Stelle zurückholte? Markus Horbacher war Wallots bester Spezl, half Horbacher deshalb Wallot im Hintergrund? Und in Prodger hatten sie den idealen Sündenbock, dem man alles in die Schuhe schieben konnte? Mit dem angenehmen Nebeneffekt, einen strengen Controller loszuwerden?

Alex pfiff leise durch die Zähne. Da passte wirklich viel zusammen.

Vielleicht kann ich bald ein wichtiges Foto schießen, hoffte er und übte sich in Geduld. Irgendwann musste Schusternagels Besucher wieder aus dem Haus kommen, dann konnte Alex abdrücken.

Vielleicht konnte er Olga mit der Bestätigung glücklich machen, dass Horbacher gemeinsam mit Schusternagel Wallot aus der Patsche half. Dann wäre Sascha Wallot klar als der Drahtzieher des gesamten Komplotts gegen Martin Prodger identifiziert und der Gerechtigkeit wäre, da Wallot offenbar verhaftet worden war, bereits ziemlich Genüge getan.

Olga wüsste die Wahrheit, die Gerechtigkeit nähme ihren Lauf, Olga wäre zufrieden und ich, sagte sich Alex, *ich wäre dann irgendwie mit Olga quitt.* Sie hatte ihm vor drei Jahren die Haut gerettet, dafür hatte er sich nun mit seinen gewagten Methoden revanchiert. Aber zukünftig wollte er auf verbotene Beweiserhebungen verzichten, gerade jetzt, da er mit Dorothee eine Frau gefunden hatte, mit der er sich eine längere und festere Beziehung vorstellen konnte.

Mit Olga quitt zu werden war zudem ein wenig wie Frieden zu schließen mit seiner Tochter Lisa. Wenn er schon bei Lisa nichts gut machen konnte, dann wenigstens bei Olga als väterlicher Freund.

Mit sich selbst zufrieden nickte Alex und machte die Kamera schussbereit, denn Schusternagels Tür öffnete sich. Die zwei Männer verabschiedeten sich herzlich, und *klick, klick, klick* bannte Alex ihren ausgiebigen Händedruck und das Schulter-klopfen auf die Speicherkarte seiner Kamera. Mit weiteren Klicks digitalisierte er den Weg des Besuchers zu seinem Merce-des und war überzeugt, Markus Horbacher vor dem Teleobjektiv zu haben.

Alex ließ einige Minuten verstreichen, nachdem Horbacher gefahren war, ehe er seinen Beobachterposten verlassen wollte, als Schusternagel in Jeans und Schlabber-T-Shirt aus dem Haus trat, einen abgerissenen Rucksack auf dem Rücken, sich auf ein unansehnliches Fahrrad schwang und davonradelte.

Neugierig geworden, rollte Alex dem Banker hinterher, des-sen Ziel eindeutig nicht die Innenstadt mit der Bankzentrale, sondern ein westlich gelegener Stadtteil war. Allerdings gestal-tete sich die Verfolgung eines Radfahrers im einsetzenden Be-rufsverkehr schwierig, und nach rund einem Kilometer verlor Alex seine Zielperson das erste Mal aus den Augen.

Intuitiv hielt er sich Richtung Nymphenburg und erspähte Schusternagel fünf Minuten später wieder, nur um ihn nach einem weiteren Kilometer erneut aus den Augen zu verlieren.

Alex wollte schon aufgeben, als er Schusternagel ins Visier bekam und von da an erstaunlich einfach verfolgen konnte, bis dieser neben dem großen Gleiskörper, der vom Hauptbahnhof kommend nach Westen die Stadt hinausstrebte, vor einem tris-ten Geschäftshaus sein Fahrrad abstellte. Alex rollte aus und stu-dierte die Informationstafel am Hauseingang. Neben einigen Software-Firmen fand sich ein Schild *Chaos-Treff Laim*.

»Interessant«, murmelte Alex und fotografierte die Info-Ta-fel mit seinem Handy. Schusternagel führte ein Doppelleben, das würde Olga gewiss interessieren. Mit dieser Erkenntnis be-endete Alex seine Beschattung und fuhr ins Büro. Bilder und

Infos würde er Olga heute Nachmittag zukommen lassen. Für ihn war es an der Zeit, sich wieder um seinen Broterwerb zu kümmern. Ein auf Abenteuersuche befindlicher Steuerberater war seine nächste Zielperson – mal wieder *business as usual.*

27

Prodger erschien pünktlich am Justizgebäude. Seine Gesichtsfarbe sah gesünder aus als die letzten Tage, aber seine Hand zitterte, als er Olga begrüßte.

Sie munterte ihn auf: »Machen Sie sich keine Sorgen, das Gespräch wird Ihre Zukunft verbessern. Wenn Sie auf eine Frage keine unverfängliche Antwort geben können oder unsicher sind, was Sie sagen sollen, geben Sie mir ein Zeichen, dann beantrage ich eine Auszeit.«

»Bei uns im Büro geht es drunter und drüber. Christ wurde vom Dienst suspendiert, mein Sachgebietsleiter darf vorerst nur Innendienst machen. Morgen bin ich ins Personalbüro bestellt, keine Ahnung, warum. Alle drehen am Rad. Misstrauen, wohin man blickt. Verstehen Sie, dass ich nervös bin?«

»Natürlich. Aber wenn Sie nicht mit drinstecken ...?«

»Selbstverständlich nicht!«

»Gut, dann haben Sie nichts zu befürchten. Im Gegenteil: Die Entwicklung hilft Ihnen. Vielleicht stimmt Ihre Verschwörungstheorie und hinter den fehlenden 800.000 Euro stecken Wallot, Horbacher und Christ. Jedenfalls gehe ich davon aus, dass Ihnen diese Summe nicht mehr zur Last gelegt wird.«

Prodger atmete auf und ging nach Olgas Eindruck befreiter durch die dunklen Flure des kafkaesken Justizgebäudes.

»Trotzdem will mir nicht in den Kopf, dass Wallot sich hat schmieren lassen. Christ, klar, das kann ich mir vorstellen. Aber Wallot? Der wollte die Sanierung durchziehen, um sein eigenes Ego zu pflegen. Der hat keine schmutzige Kohle nötig.«

»Vor Überraschungen ist man nie gefeit«, entgegnete Olga. »Wichtig ist, dass Sie der Staatsanwältin helfen können, und hinsichtlich Ihres Gruppenleiters können Sie das.«

Daniela Natzer empfing sie in ihrem Dienstzimmer. Auf dem Besprechungstisch stand ein Mikrofon, das zugehörige Aufnahmegerät – ein anachronistisch anmutender Kassettenrekorder – lag auf dem Sideboard, das die Staatsanwältin von den Akten freigeräumt hatte, die sich neulich darauf gestapelt hatten. Die Staatsanwältin drückte den Aufnahmeknopf und begann zu sprechen: »München, 26. Juni 2019. Justizgebäude, Dienstzimmer Natzer. 14:18 Uhr. Anwesend sind der Angeschuldigte, Martin Prodger, geboren am 14. März 1966, dessen Verteidigerin, Frau Rechtsanwältin Olga Swatschuk und für die Staatsanwaltschaft München römisch eins Staatsanwältin Daniela Natzer. Der Angeschuldigte wird darüber belehrt, dass seine Aussage zur Sache vollumfänglich im Verfahren verwendet werden kann. Sollte er sich durch eine Antwort selbst belasten, hat er das Recht, zu schweigen. Das folgende Gespräch wird technisch aufgezeichnet und zu den Beweismitteln genommen. Der Angeschuldigte ist damit einverstanden. Korrekt?«, fragte die Staatsanwältin und blickte dabei Olga an.

»Korrekt«, bestätigte Olga.

»Herr Prodger«, begann Natzer die Vernehmung, »anhand der Kontounterlagen der Bank zum Girokonto des Freundeskreises moderne Kunst e. V. und der Auszüge von Ihren beiden Girokonten können wir einen Mittelfluss in Höhe von insgesamt 65.000 Euro nachweisen. Räumen Sie ein, sich im Zeitraum von Juni 2018 bis Januar 2019 in Ihrer Eigenschaft als Schatzmeister des Freundeskreises diese Summe vom Freundeskreiskonto auf Ihre Privatkonten überwiesen zu haben?«

»Ja, das habe ich. Davon standen mir 25.000 Euro Buchführungshonorar zu und von den 40.000 Euro Darlehen habe ich Anfang April 20.000 Euro zurückgezahlt.«

»Die Bewertung der Zahlungsvorgänge steht nicht zur Diskussion. Sie räumen jedenfalls ein, sich 65.000 Euro im fraglichen Zeitraum überwiesen zu haben?«

»Ja.«

»Am 3. April 2019 wurden von dem Freundeskreiskonto 375.000 Euro abgebucht und am 10. April 2019 425.000 Euro. In den Kontounterlagen des Freundeskreises findet sich als Zielkonto ein anonymes Konto. Entsprechend finden sich in Ihren Kontounterlagen keine Gutschriften. Frage: Sind Sie für die Abbuchungen verantwortlich?«

»Nein, mit diesen Abbuchungen habe ich nichts zu tun.«

»Haben Sie von diesen Abbuchungen Kenntnis erlangt und wenn ja, wann?«

Prodger schaute Olga an. Sie nickte ihm zu.

»Von diesen Abbuchungen habe ich am 2. Mai durch den elektronischen Kontoauszug erfahren. Sie waren mir ein Rätsel.«

»Sie haben darüber jedoch niemand informiert?«

»Nein, ich wollte zunächst selbst in Erfahrung bringen, was hier geschehen war.«

»Dazu kamen Sie jedoch nicht mehr. Warum?«

»Am 3. Mai 2019 stand die Polizei bei mir in der Wohnung mit einem Durchsuchungs- und Beschlagnahmebeschluss und hat alle meine Kontounterlagen, meinen Computer und mein Smartphone mitgenommen. Mein Büro wurde ebenfalls durchsucht.«

»Wer hat die Polizei informiert?«

»Der Vorstandsvorsitzende des Freundeskreises hat mich angezeigt, das hat er mir persönlich am 5. Mai mitgeteilt und mich vom Amt des Schatzmeisters suspendiert.«

»Wie kam der Vorsitzende zu seinen Erkenntnissen?«

»Er sagte, er sei vom Kundenbetreuer der Bank über den Fehlbetrag informiert worden. Ob das stimmt, weiß ich nicht.«

»Haben Sie persönlich Kontakt zu diesem Kundenbetreuer aufgenommen?«

»Wollte ich, er war jedoch nicht für mich zu sprechen. Nachdem ich als Schatzmeister suspendiert war, wurden meine Zugangsdaten gesperrt und die Bank hat sich mir gegenüber auf Datenschutz berufen. Seither habe ich keinerlei Kontakt mehr mit der Bank.«

»Die fehlenden 800.000 Euro haben Sie nicht sofort gemeldet, weil Sie befürchteten, Ihre anderen Überweisungen würden auffallen?«

Wieder blickte Prodger zu Olga. Sie nickte ihm zu.

»Ja«, gestand ihr Mandant.

»Verfügen Sie über Geheimkonten im Ausland?«

»Nein.«

»Sie wissen, dass der Vorstand Ihren Anspruch auf ein Buchführungshonorar bestreitet?«

»Nicht in seiner Gesamtheit.«

»Sie wissen, dass Sie keine Berechtigung hatten, sich Darlehen auszukehren?«

»Darüber habe ich nicht nachgedacht. Ich war in einer seelischen Zwangslage.«

»Wie soll ich das verstehen?«

Prodger schilderte die Situation seiner Familie. Daniela Natzer wiegte den Kopf und wertete diese Entschuldigungen schließlich als mögliches Abwägungsmaterial für die Strafzumessung.

»An harten Fakten bleibt: Für 40.000 Euro gibt es keinen Rechtfertigungsgrund. Hinsichtlich dieser Summe haben Sie zunächst den Tatbestand der Untreue und veruntreuenden Unterschlagung erfüllt. Die Rückzahlung von 20.000 Euro subsumiere ich unter tätige Reue, was strafmildernd berücksichtigt werden kann. Alles in allem rechtfertigt der Tatvorwurf zu den Handlungen, die von Ihnen zugestanden werden, die Eröffnung eines Strafverfahrens. Als Schatzmeister hatten Sie eine Vertrauensfunktion, als Beamter sind Sie zudem besonders vertrauenswürdig. Dieses Vertrauen haben Sie missbraucht. Ich werte dies als straferschwerend. Zudem haben Sie beim Jahresabschluss für das Jahr 2018 mit einem gefälschten Kontoauszug die Auszahlung an sich selbst in Höhe von 20.000 Euro verschleiert, was als Urkundenfälschung strafbar sein könnte. Gibt es die Möglichkeit, sich mit dem Freundeskreis zu einigen und den entstandenen Schaden zu beheben?«

»Meine Hausbank räumt mir einen zusätzlichen Privatkredit ein. Gemeinsam mit meiner Anwältin will ich mit dem Freundeskreis rasch zu einer Einigung gelangen und alles zurückzahlen. Also die 20.000 Euro plus einiger Zusatzkosten.«

»Gut«, bemerkte Natzer und rückte näher an Martin Prodger heran. »Wir haben gestern die Räumlichkeiten Ihrer Dienststelle durchsucht und umfangreiches Material sichergestellt. Haben Sie sich im Rahmen Ihrer Tätigkeit für die Stadt München jemals einen Vorteil gewähren oder versprechen lassen?«

»Niemals.«

»Sicher?«

»Absolut.«

»Haben Sie Erkenntnisse, ob sich einer Ihrer Kollegen oder Vorgesetzten im Rahmen dienstlicher Tätigkeiten einen Vorteil hat gewähren oder versprechen lassen?«

»Mit Erkenntnissen ist es so eine Sache«, antwortete Prodger. »Halbwissen und Vermutungen. Aber einmal hat der Christ eine sehr teure Abendessenseinladung angenommen. Das kann ich beweisen. Allerdings ist dieses Abendessen später ausgefallen.«

»Erzählen Sie«, forderte ihn die Staatsanwältin auf, und Prodger berichtete, was er kürzlich bereits Olga erzählt hatte.

»Überlassen Sie mir den Screenshot?«, fragte Natzer.

»Sehr gern«, antwortete Prodger und grinste.

»Weitere Fälle von Geschenken oder Gefälligkeiten?«

»Wie gesagt, Herr Dr. Christ hat öfter Einladungen zu Abendessen angenommen und sich mal hier, mal da seiner guten Kontakte gerühmt. Nichts Handfestes, wenn Sie wissen, was ich meine.«

»Geld?«

»Keine Ahnung, zuzutrauen wäre es ihm.«

»Schildern Sie mir das Verhältnis von Herrn Dr. Christ zu Herrn Wallot.«

»An sich habe ich es als professionell distanziert erlebt. Christ hat Wallot stets geschätzt. Als ich jedoch vor einigen Monaten tiefgreifende Zweifel an Wallots Zuverlässigkeit bekommen habe, weil er zum einen keine verlässlichen Zahlen geliefert und zum anderen die Kostensteigerungen stets beschwichtigt hat, stellte sich Christ demonstrativ vor Wallot. Von meinem Verdacht, dass Wallot an die Architekturfirma ungerechtfertigte Zahlungen im oberen sechsstelligen Bereich geleistet hatte, wollte Christ nichts wissen. Selbst Hinweise unserer externen Controller hat er ignoriert. Meinen Versuch, die Theaterleitung zumindest um eine Stellungnahme zu diesen Vorkommnissen zu bitten, hat er unterbunden und mir untersagt, in dieser Angelegenheit nach außen zu kommunizieren.«

»Das ist jedenfalls ungewöhnlich, oder?«, bemerkte die Staatsanwältin.

»So ist es«, bekräftigte Prodger. »Er wies mich schriftlich an, allen E-Mail-, SMS- und sonstigen Schriftverkehr in Controlling-Angelegenheiten über ihn laufen zu lassen. Ohne seine Billigung durfte ich nichts mehr nach außen verschriftlichen.«

»Haben Sie diese Anweisung akzeptiert?«

»Erst nachdem ich versucht habe, den Kulturreferenten ins Bild zu setzen. Der hat jedoch seinen Gruppenleiter unterstützt. Trotzdem habe ich mehrfach auf die Notwendigkeit der Sachaufklärung hingewiesen. Ich fürchte, ich wurde Christ sehr lästig, und ich glaube nach wie vor, dass er über seine Verbindung zu den Theaterleuten Einfluss auf den Vorstand des Freundeskreises genommen hat.«

»Gäbe es da Verbindungen?«

»Zumindest«, erwiderte Prodger, »ist der Markus Horbacher Mitglied des Freundeskreises und mit dem Vorstandsvorsitzenden bestens vertraut. Wenn Horbacher Wallot helfen wollte, dann am besten dadurch, mich mundtot zu machen.«

»Was können Sie zu den Zahlungen sagen, die Wallot an das Architekturbüro Watzlaff geleistet hat?«

»Grundsätzlich gibt es einen detaillierten Leistungs- und Abrufplan. Problematisch sind Sonderleistungen, wie zum Beispiel, wenn die Architekten im Bühnenraum eine zusätzliche Treppe einplanen müssen, die zunächst nicht vorgesehen war, nun aber vom Intendanten gewünscht wurde. Für diese Sonderleistungen stellt das Architekturbüro Nachträge in Rechnung, über die oft gestritten wird. Offene Nachtragsforderungen sind im Budget in der Regel hinterlegt. Im Jahr 2018 hat Wallot jedoch an die Watzlaff-GmbH rund 800.000 Euro mehr ausbezahlt, als sich aus den Leistungsverzeichnissen und den geltend gemachten Nachträgen ergibt. Diese Zahlungen sind aus meiner Sicht ungerechtfertigt. Deshalb habe ich sie beanstandet.«

»Würden Sie dazu in einem Prozess aussagen?«

»Selbstverständlich.«

»Wenn Sie umfassend in einem Verfahren gegen die Herren Dr. Christ und Wallot aussagen, bin ich bereit«, erklärte die Staatsanwältin, »auf eine Eröffnung des Strafverfahrens gegen Sie zu verzichten. Als weitere Auflage stelle ich mir eine Zahlung zugunsten einer gemeinnützigen karitativen Einrichtung in der Größenordnung vor, in welcher eine Geldstrafe ausfallen würde. Ich setze auf Ihre Kooperation. Die Details der Auflagen verhandle ich in den kommenden Wochen mit Ihrer Anwältin. Hiermit beende ich die Vernehmung des Angeschuldigten Martin Prodger. Mittwoch, 26. Juni 2019, 15:29 Uhr.«

Sie drückte die Stopptaste des Aufnahmegeräts und erhob sich.

»Es erwartet Sie kein Freispruch, Herr Prodger, und ich habe Ihnen dieses Angebot nur gemacht, weil ich das Korruptionsnest im Kulturreferat ausräuchern will. Das Weitere regle ich mit Ihrer Anwältin. Erfüllen Sie die Auflagen, machen Sie eine umfassende Aussage und greifen Sie nie wieder in eine fremde Kasse.«

Olga spürte, dass es der Staatsanwältin schwerfiel, Prodger ein Gerichtsverfahren zu ersparen. Sie konnte das verstehen, war aber davon überzeugt, dass für ihren Mandanten mit dieser Vereinbarung ein gerechtes Ergebnis erzielt wurde.

»Wir regeln alles Weitere demnächst«, verabschiedete sich Olga per Handschlag von Daniela Natzer und ging mit Martin Prodger hinaus. Auf den dunklen Fluren blieben sie stumm, draußen in der Sonne atmeten sie beide auf.

»Danke«, sagte Prodger mit belegter Stimme.

»Ich melde mich nächste Woche«, antwortete Olga. »Jetzt gehen Sie erst mal nach Hause und schnaufen durch.«

Bevor sie ihr Fahrrad aufschloss, überprüfte sie ihr Smartphone und fand eine Nachricht von Alex Sorger vor: *Checke deine E-Mails.*

Du machst es spannend, dachte sie und radelte in ihre Kanzlei.

Dort rief ihr Angela zu: »Eine Sonja hat angerufen und Rolf Mergenthaler möchte wegen seines Konkursverfahrens einen Termin.«

»Schieb Mergenthaler morgen dazwischen. Um Sonja kümmere ich mich selbst.«

Olga verschwand in ihrem Büro und weckte den Computer auf. In einem Wust von über dreißig E-Mails fand sie gleich drei von Alex Sorger, jede mit Anhang. Sie öffnete die erste und betrachtete das Bild: Zwei Männer in gediegenen Anzügen vor einer Haustür gaben sich die Hand. Zufriedene Gesichter. Einen erkannte sie sofort: Norbert Schusternagel. Bei dem zweiten Mann dauerte es kurz, bis sie sich an ein Internet-Foto erinnerte: Markus Horbacher. Bingo! Hier war die Verbindung.

Das Foto der nächsten E-Mail zeigte die beiden Männer im vertrauten Abschied, wie Schusternagel Horbacher die Hand auf die Schulter legt, als hätte er gerade gesagt: »Alles gut, mach dir keine Gedanken.«

Das dritte Foto zeigte Schusternagel in extrem lässiger Kleidung, wie er ein Bürohaus betrat, dazu von Alex der Text: »Schusternagel besucht eine Hacker-Gruppe.« Auch das ein Volltreffer. Hatte Sonja nicht gesagt, sie hätte ihn auf einem Hackertreffen gesehen? Sie waren den bösen Buben auf der Spur. Aber wie, fragte sich Olga, passten die Erkenntnisse der Staatsanwaltschaft dazu? Würden die Strafverfolger auch noch Horbacher und Schusternagel in den Blick nehmen? Ließe sich alles offiziell aufklären?

Noch lag ein Teil des Rätsels ungelöst vor ihr. Stand wirklich alles in einem großen Zusammenhang oder hatten die Korruptionsvorwürfe gegen Wallot und Christ mit den verschwundenen 800.000 Euro des Freundeskreises überhaupt nichts zu tun? *Die Aufklärung dieser komplexen Zusammenhänge ist Aufgabe der Staatsanwaltschaft, soll sich die Natzer ruhig fest ins Zeug legen,* dachte Olga und freute sich, dass Martin Prodger mit einem blauen Auge davonkommen würde. Bald würde sie diese Akte mit der Verfahrenseinstellung abschließen und mit Sonja und Alex auf ihren Erfolg anstoßen.

28

Seit der Morgenvisite schmorte Sascha Wallot im eigenen Saft und zerrieb sich im Wechselbad seiner Gefühle. Der Artikel der führenden Münchner Tageszeitung hatte ihn eiskalt erwischt, denn von der Theaterleitung hatte sich niemand bei ihm gemeldet. Trotz der Durchsuchungsaktion am Vortag, die seiner Überzeugung gemäß nichts anderes zu Tage fördern konnte als die Sonderzahlungen an Watzlaff, sah er sich unangefochten in seiner Position als Generalbevollmächtigter Bau des Europäischen Theaters. In einem Zeitungsartikel lesen zu müssen, er sei seines Amtes enthoben und die gesamte Bauorganisation des Theaters werde umstrukturiert, erschien ihm unfassbar. Solange weder der Intendant noch der kaufmännische Direktor oder der Vorsitzende der Gesellschafterversammlung mit ihm gesprochen hatten, solange war er der Generalbevollmächtigte, basta.

Kaum hatte er den Zeitungsartikel gelesen, hatte er wutentbrannt in Horbachers Büro angerufen, jedoch lediglich die Nachricht erhalten, Horbacher sei für niemanden zu sprechen. Bei seiner Sekretärin war der Abwesenheitsassistent angesprungen, der kaufmännische Direktor Motsch hatte sich angeblich in Besprechungen befunden und der Intendant war ebenfalls unerreichbar gewesen.

Auf seinen E-Mail-Account hatte er nach wie vor keinen Zugriff. Er war von der Außenwelt abgeschnitten.

Als kurz nach neun Uhr ein Polizeibeamter sein Krankenzimmer betrat und ihm mitteilte, dass er aufgrund eines Haftbefehls ab sofort unter Bewachung stehe und das Krankenzimmer bis auf Weiteres nicht verlassen dürfe, schmolz der letzte Rest Selbstbewusstsein von Sascha Wallot wie Schnee in der Frühlingssonne. Von allen Seiten stürzten Ängste und Verunsicherungen auf ihn ein. Bedrängt von Erinnerungen, die er nicht haben wollte, zerfaserte sein Selbstbild mehr und mehr.

Wo war der starke und durchsetzungsfähige Bauingenieur geblieben, der auf den Großbaustellen Architekten, Poliere, Statiker und Ingenieure herumgescheucht und sie das Fürchten gelehrt hatte? Der mit nonchalanter Selbstverständlichkeit mit Bauherren, Geldgebern und Baumoguln an den Tischen der besten Restaurants verhandelt und jedes Budget durchgesetzt hatte?

Statt der Bilder des kraftstrotzenden Wallots tauchten aus den Untiefen seines Gedächtnisses jene des ängstlichen Sascha auf und setzten sich fest. Er saß im Krankenhaus am Bett seiner Frau und hielt ihre schmale Hand, kalt und zerbrechlich diese Finger, die ihm manche Zärtlichkeit geschenkt und die im Operationssaal fest und kundig zugepackt hatten. Ihr Gesicht hager geworden, nicht mehr sie selbst, die Augen tief in den dunklen Höhlen ohne den Glanz, der jahrzehntelang ihr Markenzeichen gewesen war. Flach war ihr Atem, zum Sprechen zu schlapp.

Er hatte an ihrer Seite gesessen und hatte geweint, hilflos und schuldbewusst. Sie hätte einen besseren Mann verdient gehabt. Einen, der sie unterstützt hätte, anstatt ihr im Weg zu stehen. Einen, der mit ihr nach Innsbruck gegangen wäre, von wo sie einen Ruf auf eine Chirurgie-Professur erhalten hatte. Das wäre die Chance ihres Lebens gewesen, sich als Ärztin und Hochschullehrerin zu verwirklichen. Aber ihm war es wichtiger gewesen, das Hamburger Großprojekt zu übernehmen und sein Zuhause zu behalten, um das sich Agathe trotz ihrer Belastung als Oberärztin stets gekümmert hatte. Eigennützig hatte er die bessere Verbindung zwischen München und Hamburg als das Argument angebracht, die ihnen helfen sollte, ihre Ehe am Leben zu erhalten. Nach einigen Tagen der Abwägung hatte sie den Ruf abgelehnt und war in München geblieben, anstatt sich selbst zu verwirklichen.

Die Bilder von durchzechten Hamburger Nächten waren ihm an Agathes Sterbebett ebenso eingefallen wie einige Vergnügungen mit jungen Frauen, und sein Schuldgefühl hatte ihn zum Weinen gebracht.

»Weine nicht«, hatte sie ihm zugeflüstert und noch im Sterben versucht, ihn zu trösten.

Damals hatte ihn die Angst geschüttelt, seinen Halt zu verlieren, und heute, eingerollt in die Decke trotz sommerlicher Hitze, lähmte ihn die Furcht vor der unermesslichen Leere, die von ihm Besitz ergriff. Er wollte sich wehren gegen die Erinnerungsbilder von seinen schwachen Stunden, doch sie stürmten mit Wucht auf ihn ein. Wieder sah er seine weinende Mutter, der er damals achtlos begegnet war. Sie stand für eine nutzlose Vergangenheit im Vergleich zur blühenden Zukunft mit dem erfolgreichen Vater und der hingebungsvollen Stiefmutter.

Die Gleichgültigkeit für das Schicksal seiner Mutter beschämte ihn nun. Er wurde sich selbst peinlich. Mutters Gesicht changierte in die wütende Fratze von Markus Horbacher, der ihn abkanzelte für den Pfusch beim Frankfurter Banktower. Wie ein Schulbub hatte er vor seinem damaligen Chef gestanden und die Zitate der Zeitungsschlagzeilen auf sich niederprasseln lassen müssen: *Wunderbare Gestaltung in stümperhafter Ausführung! Gelungene Architektur voller Baumängel!* Er sei zu blöd für alles, hatte Horbacher damals getobt, und Sascha hatte gezittert wie Espenlaub und kein vernünftiges Wort herausgebracht.

Beinahe war in Frankfurt seine Freundschaft mit Horbacher zerbrochen, nur das Insolvenzverfahren hatte sie zusammengeschweißt.

Auch heute musste ihm Horbacher helfen, klammerte sich Sascha an die Hoffnung, Horbacher wäre weiterhin sein Freund. Nur, warum meldete er sich dann nicht? Hatten sich alle von ihm abgewendet?

Die Wände des Zimmers rückten näher an ihn heran. Ihm wurde eng ums Herz. Sein Puls schnellte nach oben, sein Atem ging flach. Hatte er bei Agathes Tod gedacht, den Höhepunkt an Verzweiflung erreicht zu haben, war die damalige Leere nichts im Vergleich zu der Kälte, die er plötzlich empfand. Er war allein.

Allmählich dämmerte ihm die Erkenntnis, in Wahrheit stets allein gewesen zu sein. Waren die Menschen um ihn herum nur Spiegel seines eigenen Selbst? Da war der Vater, als Vorbild übermächtig. Da war Agathe, die seinen Sorgen und Nöten gelauscht und ihn ermuntert und getröstet hatte. Sonst? All diese Freunde und Bekannte nur Schönwetterfreunde? Wer hatte ihn je wirklich berührt? Für wen hätte er im Notfall alles stehen und liegen gelassen? Für keinen. Und keiner für ihn.

Sascha zitterte. Der Puls raste. In der Brust steckte ein dumpf ziehender Schmerz. Der Atem ging flach und hastig. Die Hand tastete nach dem Notfallknopf, aber er drückte ihn nicht, starrte stattdessen bleiern und gedankenleer auf die Decke, die sich weiter auf ihn herabsenkte. Dann sah er sie: die Skizze der Kunstmalerin. Sein Gesicht. Perfekt getroffen, der Schwung seiner halblangen Haare elegant, eine stolz aufragende Stirn, ein rundes, profiliertes Kinn, wohlproportioniert die Nase und offene Augen, ein attraktiver Mann und zugleich eine hässliche Fratze wie das Teufelsantlitz eines mittelalterlichen Höllenreliefs.

So hatte ihn Elisabeth Stegner gesehen und gemalt. Sie hatte ihn vergeblich gerettet.

Er musste eingeschlafen sein, denn er schreckte desorientiert hoch, als Horbachers dröhnender Bass an seiner Seite ertönte.

»Was hast du dir dabei gedacht?«, fragte Horbacher mit zorngefärbter Stimme. »Andauernd habe ich dir die Stange gehalten. Jetzt so etwas. Wie konntest du nur?«

Sascha Wallot rieb sich die Augen und schaute seinen Freund erstaunt an.

»Was meinst du?«

»Wie konntest du Geld annehmen? Wie konntest du andere schmieren? Du bist eine Schande für unser Projekt, für unsere Branche.«

»Markus, ich verstehe nicht ...«

»Papperlapapp. Natürlich verstehst du. Man hat mich ausführlich über deine Machenschaften unterrichtet. Gestern wollte ich dich noch stützen. Das ist jetzt unmöglich. Du hast dir dein eigenes Grab geschaufelt.«

»Das ist nicht wahr ...«

»Wenn du ein Kerl wärst, würdest du es wenigstens zugeben«, schnitt ihm Horbacher das Wort ab. »Deine Sonderzahlungen an Watzlaff waren mir von Anfang an suspekt, aber ich habe mich auf dich verlassen. Dass es hilft, Watzlaff über die Ziellinie zu tragen. Aber nein, ihr habt euch nur gegenseitig bereichert. Hattest du das wirklich nötig?«

»Die Vorwürfe stimmen nicht, Markus, das musst du mir glauben«, erwiderte Sascha leise. Gegen den geballten Zorn Horbachers kam er nicht an. Er hatte keine Kraft, sich aufzubäumen und zu behaupten.

»Man hat mir Kontounterlagen gezeigt. Da gibt es nichts zu beschönigen. Du bist erledigt, Sascha.«

»Das ist alles erlogen«, murmelte Sascha und schloss die Augen. Er wollte Horbachers zorniges Gesicht nicht mehr sehen.

»Nur weil ich es unseren gemeinsamen Zeiten schulde, bin ich persönlich gekommen. Hier ist der Brief: Du bist mit sofortiger Wirkung entlassen.«

Sascha riss die Augen auf und starrte Horbacher fassungslos an.

Der drückte ihm einen Brief in die Hand und wedelte mit einem Blatt Papier: »Unterschreib, dass du die Kündigung erhalten hast.«

»Ich habe mich nicht bereichert. Ich habe niemand bestochen. Du weißt das! Warum machst du das?«

Langsam zogen sich Horbachers Mundwinkel in die Länge. Sascha erschrak. Was hatte dieses hämische Grinsen zu bedeuten?

Horbacher beugte sich nah an Saschas Ohr und flüsterte: »Du kennst das Spiel. Einer muss bezahlen.«

»Warum ich und für was?«

Horbacher richtete sich auf und antwortete mit unbeteiligter Stimme: »Wir brauchen einen Neuanfang, einen radikalen Schnitt. Jetzt müssen Köpfe rollen. Dann klappt das mit den Geldgebern und einer vernünftigen Finanzspritze.«

»Dafür opferst du mich? Nach allem, was wir gemeinsam auf die Beine gestellt haben?«

»Eben deshalb«, erwiderte Horbacher und seine Stimme bekam eine zornige Klangfarbe. »Was du alles verbockt hast. Höchste Zeit, dass deine Rübe fällt.«

So viel Hass? Sascha war sprachlos.

»Unterschreib!«, befahl Horbacher, und Sascha unterschrieb. Horbacher steckte die Empfangsbestätigung in seine Jackentasche und ging zur Tür.

»Deinen Job übernimmt Verena Spatz«, bemerkte Horbacher, während er die Klinke herunterdrückte und sich noch einmal zu Sascha umdrehte. »Mit der kann man was anfangen.«

Sascha bemerkte den Triumph in Horbachers Gesicht und sein Magen krampfte. *So also bist du,* erkannte er verbittert und schloss die Augen.

Kaum hatte Horbacher das Krankenzimmer verlassen, traten ein älterer Herr und eine junge Frau ein und stellten sich als Kriminalhauptkommissar und Kriminalkommissarin vom Kriminalfachdezernat 7 vor.

»Wir ermitteln in der Angelegenheit des Europäischen Theaters und würden uns gerne mit Ihnen über die Ergebnisse der gestrigen Durchsuchungs- und Beschlagnahmeaktion unterhalten. Dürfen wir uns setzen?«

Sascha machte eine müde Handbewegung, die die Polizisten als Einladung auffassten und zwei Stühle ans Krankenbett zogen, ehe der Hauptkommissar das Wort ergriff.

»Sie müssen sich nicht zur Sache äußern. Wenn Sie sich äußern, kann dies zu Ihrem Nachteil verwendet werden. Sie können jederzeit die Befragung abbrechen und einen Anwalt Ihrer Wahl hinzuziehen. Im Übrigen wurden Sie, wenn wir richtig informiert sind, bereits gestern über Ihre Rechte belehrt.«

»Ich verstehe das alles nicht«, antwortete Sascha und musterte das Gesicht der Kommissarin: freundlich, offen, zugewandt. *Du also*, begriff er, *spielst den good cop.*

»Wollen Sie sich zur Sache äußern?« Der Hauptkommissar leitete das Gespräch, bemühte sich um einen ruhigen Tonfall, warb sozusagen um Saschas Kooperation.

»Es gibt kaum etwas, was ich Ihnen sagen kann«, erwiderte Sascha und versuchte, sich zu konzentrieren. »Es wäre mir lieber, ich hätte einen Anwalt an meiner Seite. Aber vielleicht erklären Sie mir einfach, was man mir vorwirft.«

»Hat das die Staatsanwältin gestern versäumt?«, gab sich der Hauptkommissar überrascht.

»Es ging alles so schnell. Ich habe es nicht verstanden.«

»Es geht um drei Tatkomplexe: Sonderzahlungen an die Watzlaff-GmbH ohne Rechtsgrund, Entgegennahme von Vorteilen für Diensthandlungen, Gewährung von Vorteilen an einen Amtsträger«, erläuterte der Hauptkommissar. »Darüber würden wir gern mit Ihnen sprechen.«

Sascha drückte den Klingelknopf. »Ich brauche Kaffee und eine Kopfschmerztablette«, sagte er, »und ich brauche vermutlich einen Anwalt.«

»Fühlen Sie sich unwohl?« Die junge Kommissarin schaute ihn mitfühlend an.

Dieser Blick gefiel Sascha. Er sehnte sich nach Mitgefühl und Verständnis.

»Ich bin angeschlagen«, sagte er.

Ein Pfleger kam herein, ließ sich Saschas Wünsche sagen und versprach Erledigung.

»Ich werde Ihnen etwas erklären«, wandte sich Sascha wieder an die beiden Beamten. »Die Watzlaff-GmbH ist bis vor wenigen Tagen das Planungsbüro für die umfassende Bauplanung der Generalsanierung des Europäischen Theaters gewesen«, erläuterte er und schilderte die vielfältigen Probleme der komplexen Baumaßnahme.

Er ließ sich nur von dem Krankenpfleger unterbrechen, der ihm Kaffee und Ibuprofen gab, ließ keine Verästelung aus und schloss letztlich seine Darstellung mit den Worten: »Daher habe ich diese Sonderzahlungen geleistet, die sich bei näherem Hinsehen als Vorauszahlungen auf berechtigte Nachträge der Architekten herausstellen werden. Niemandem ist ein Schaden entstanden, im Gegenteil: Ich habe Schaden vom Theater und von den Geldgebern abgewendet. Leider ließ sich trotzdem die Insolvenz des Architekturbüros nicht verhindern.«

Die Kommissarin beugte sich zu ihm vor. »Sie haben Ihr Bestes versucht, Herr Wallot, davon bin ich überzeugt. Sie identifizieren sich mit diesem Projekt. Sie wollen den Erfolg. Das ist aller Ehren wert und es ist eine Mammutaufgabe. Sie verdienen Bewunderung. Vielleicht stellt sich bei genauer Prüfung alles so dar, wie Sie es sagen. Allerdings gibt es einen Bericht der Controller, in dem steht, die Sonderzahlungen seien ungerechtfertigt. Das können wir nicht einfach beiseiteschieben, das müssen wir untersuchen. Trotzdem verstehe ich Ihre Sichtweise. Was ich nicht verstehe, ist die Prämienzahlung, die Sie von Herrn Watzlaff erhalten haben. Erklären Sie es mir. Bitte.«

So eine sympathische Stimme, schwärmte Sascha und wusste, wie gefährlich es war, darauf hereinzufallen. Er sollte schweigen, das war ihm klar. Aber er wollte diese nette Frau nicht enttäuschen und er wünschte sich, dass sie noch einige Zeit blieb.

»Sehen Sie, von so einer Prämienzahlung weiß ich nichts. Von Watzlaff habe ich nicht einmal ein Weihnachtsgeschenk angenommen, geschweige denn eine Prämie.«

»Ihrem privaten Konto wurden am 7. Juni mit dem Verwendungszweck ›Erfolgsprämie‹ 160.000 Euro gutgeschrieben. Die Überweisung kommt von Herrn Watzlaffs Privatkonto.«

»Diese Gutschrift ist mir unbekannt.«

»Überprüfen Sie Ihr Konto regelmäßig?«

»Am Monatsanfang kontrolliere ich den Kontoauszug, das genügt. So eine Gutschrift, wie Sie sagen, macht überhaupt keinen Sinn. Wofür sollte ich diese Erfolgsprämie erhalten haben?«

»Sie entspricht ungefähr 20 Prozent der Sonderzahlungen, die Sie an die Watzlaff-GmbH geleistet haben. Bei Fundraising-Kampagnen eine übliche Provision«, bemerkte der Hauptkommissar bissig.

»Das ist absurd«, stritt Sascha die Zahlung ab. »Und wenn es so wäre, würde ich mir das niemals auf mein normales Konto überweisen lassen.«

»Sondern«, bohrte der Hauptkommissar nach.

»Bar natürlich«, antwortete Sascha.

»Das klingt überzeugend«, so der Hauptkommissar, »aber manchmal ist das Handeln, das sich im Gewand des Normalen zeigt, der sicherste Weg.«

Sascha schwieg und mied den Blick des alten Kriminalbeamten, suchte die Augen der Kommissarin, die ihn beinahe liebenswürdig fragte: »Warum haben Sie dem Gruppenleiter der Stadt 30.000 Euro überwiesen?«

»Habe ich nicht, das ist Schwachsinn.«

»Die Überweisung ergibt sich aus Ihren Kontounterlagen.

Das war am 11. Juni. Und am 12. Juni wurde der Betrag auf dem Privatkonto von Herrn Dr. Christ gutgeschrieben. Das ergibt sich aus dessen Kontounterlagen.«

Sascha schüttelte den Kopf.

»Erklären Sie es mir«, flüsterte die Kommissarin, »ich will es nur verstehen.«

»Ich auch«, schluchzte Sascha und brach in Tränen aus. »Ich brauche einen Anwalt.«

Die Kommissarin nickte mitfühlend, der Hauptkommissar verärgert, ehe er nüchtern feststellte: »Sie stehen unter Bewachung. Der Haftrichter hat Untersuchungshaft angeordnet. Bis Sie aus dem Krankenhaus entlassen und dem Richter vorgeführt werden können, verbleiben Sie in Ihrem Krankenzimmer.«

Dabei händigte er Sascha ein Schriftstück aus, dessen Buchstaben vor seinen Augen verschwammen.

Als er schließlich die richterliche Verfügung klaren Blicks und Verstands lesen konnte, fühlte er sich wie gelähmt. Aus der Ohnmacht heraus, die er empfand, hätte er von sich selbst erwartet, zornig zu werden. Doch der Kamm schwoll ihm nicht, er fand kein Aufbäumen in seinem Innersten. Er lag im Bett, starrte an die Decke und suchte nach irgendeiner Regung von Widerstand. Vergeblich. Da war nichts, nur Leere.

Wenigstens verstehen wollte er, was gerade geschah, und legte sich Rechenschaft ab über die Sonderzahlungen an Watzlaff. Sie waren sachlich nicht gerechtfertigt, das gestand er vor sich selbst ein. Nicht gerechtfertigt auf der Grundlage von Leistungsverzeichnissen und erbrachten Leistungen, aber notwendig, um die Planungsarbeiten am Laufen zu halten. Er hatte das falsche Mittel für den richtigen Zweck gewählt. Er stellte resigniert fest, dass er dafür die Verantwortung übernehmen musste. Er hatte Geld ausgegeben, das er so nicht hätte verwenden dürfen. Der gute Wille zählte nicht.

253

Sascha hielt es zwar für ungerecht, aber er konnte es akzeptieren. Untreue also, schlimm genug, jedoch uneigennützig. Er wollte sich nicht bereichern und hatte sich nicht bereichert, und er wollte niemand einen Vorteil gewähren oder gar bestechen und hatte dies auch nicht getan.

Warum diese anderen Vorwürfe von Vorteilsannahme und Bestechung? Wer steckte dahinter? Gehörte das alles zu Horbachers Rache?

Hat der von Anfang an geplant, mich zum Sündenbock zu machen, grübelte Sascha. War es ihm auch darum gegangen, sich für die Frankfurter Blamage zu rächen? *Wunderbare Gestaltung in stümperhafter Ausführung* – diesen Artikel hatte ihm sein Chef und Kumpel nie verziehen. Allein die Sachzwänge des Insolvenzverfahrens hatten sie damals in Frankfurt an einem Strang ziehen lassen.

Markus Horbacher, die Dampfwalze, ist nachtragend und gehässig, folgerte Sascha und versuchte, sich von dem Ohnmachtsgefühl freizumachen, das ihn beherrschte.

Wie hat er es eingefädelt, bemühte sich Sascha, die im Raum stehenden Vorwürfe von Vorteilsgewährung und Bestechung zu ergründen. Er kam trotz langem Grübeln auf keine Antwort. Es wäre nicht das erste Geheimnis, das Horbacher hüten konnte. *Hinterhältig und gerissen, ja,* resignierte Sascha, *das konnte Horbacher sein,* und allmählich dämmerte ihm, dass Markus Horbacher schon seit Monaten mit gezinkten Karten spielte.

Du hast mich perfide hereingelegt, hast mich in Sicherheit gewiegt und mir den alten Freund vorgespielt, dabei bastelst du seit Monaten an meinem Untergang. Horbacher, was bist du nur für ein Schwein!

Er hätte die Beschimpfung am liebsten laut hinausgeschrien, aber da fehlte es ihm an Kraft. Die Erkenntnis dieses Vertrauensbruchs erschütterte ihn so sehr, dass alle Energie aus ihm hinausfloss wie der Strom aus einer Batterie, die man kurz-schließt. Sascha ließ allen Widerstand fahren und ergab sich in sein Schicksal.

Während er an die Decke starrte, suchte er nach einem Grund, warum sich das Leben noch für ihn lohnen sollte. Was hatte die Kunstmalerin zu ihm gesagt?

»Sie sind ihr einziger Gradmesser. Sie müssen ihr Leben ge-stalten und mit Sinn erfüllen. Nur nicht damit, sich weiter in den Mittelpunkt zu stellen. Es wird etwas anderes auf sie warten.«

Aber was? Finanzieller Ruin und gesellschaftliche Ächtung. Alle um ihn herum konnten mit dem Finger auf ihn deuten und würden ungestraft aussprechen dürfen, woran er gescheitert war: Untreue.

29

Gerade wollte Olga die Kanzlei verlassen, als Angela ihr ein Zeichen gab und rief: »Staatsanwältin Natzer ist in der Leitung.«

Sie bedankte sich, ging zurück ins Büro und nahm das Gespräch entgegen.

»Soweit wir in der Kürze der Zeit feststellen konnten, ist Ihr Mandant nicht in den Korruptionssumpf verstrickt. Seine Aussage hat daher besonderes Gewicht. Für anstehende Haftprüfungstermine brauche ich rasch das von Ihnen und Ihrem Mandanten gegengezeichnete Protokoll der heutigen Einvernahme. Kann ich es Ihnen morgen zukommen lassen?«

»Selbstverständlich.«

»Sie sorgen für beide Unterschriften und ich erhalte es spätestens morgen zu Dienstschluss?«

»Das lässt sich einrichten.«

»Danke, das hilft mir, diesen Sumpf trockenzulegen.«

»Es geht mich eigentlich nichts an, aber wen haben Sie in Untersuchungshaft?«

»Watzlaff, Wallot und Christ. Morgen steht's in der Zeitung.«

»Und Markus Horbacher?«

»Nein, wie kommen Sie darauf? Der hat bereits gegen Wallot ausgesagt und volle Kooperation für die Aufklärung des Schmiergeldsumpfs zugesagt. Herr Horbacher ist absolut integer.«

Sie waren allein. Wenige Meter neben dem Standplatz wuselten zwei Mäuse um einen Baumstamm und ließen sich von der Frau mit dem Seil in der Hand nicht stören. Obwohl Olga nur Augen für Sonja hatte, die rund zwölf Meter über Grund in der Sonne kletterte, nahm sie die braunen Nager wahr und freute sich darüber.

Meter für Meter gab sie das Seil aus für ihre Freundin, die sich sachte den rauen Sandstein hinauftastete und an den glatten Felsen des aufgelassenen Steinbruchs zu kleben schien.

Im Schatten des Standplatzes war es angenehm kühl. Olga verfolgte Sonjas Bewegungen, die mit jedem Zug mehr Anmut zu gewinnen schienen, und in ihrer Erinnerung tauchte jene Kletterin auf, die vor vielen Jahren an den Klippen bei Arco ihre eigene Begeisterung für das Klettern geweckt hatte.

Sonja hob den Arm, als sie den Umlenker erreicht hatte, und setzte sich in den Klettergurt. Mit Bedacht ließ Olga ihre Freundin ab, die mit einem Jauchzer den Helm absetzte. Als sie herabschwebend in den Schatten eintauchte, schlüpften die Mäuse in ihre Löcher.

»Dein erster Vorstieg im oberen fünften Grad«, gratulierte Olga. Sie zog das Seil ab, legte es behutsam in den Seilsack und ging zehn Meter weiter in den hintersten Winkel des alten Steinbruchs an den Fuß einer schrägen Rampe. An der Licht-Schatten-Grenze steilte sich der Fels auf und wuchs dann hinein in ein überstehendes schmales Felsendach. Dort kletterten sie die nächsten zwei Stunden und vergaßen die Zeit darüber.

Mit der herabsinkenden Dämmerung machten sie sich auf den Heimweg nach München. Erst auf der Autobahn verflog die Magie des Kletterabends und schlichen sich die Tagesreste in Olgas Gedanken.

»Stell dir vor«, sagte sie, »für Martin Prodger habe ich ein gutes Resultat erreicht, und sein Chef sitzt in Untersuchungshaft.«

»Klasse«, freute sich Sonja. »Und wer ist wegen der 800.000 Euro der böse Bube?«

»Tja«, erwiderte Olga sarkastisch. »Das wissen sie nicht so genau. Ich glaube, sie verdächtigen Wallot. Aber, halt dich fest: Die Staatsanwältin hält Markus Horbacher für einen integren Mann. Dabei steckt der mit unserem Banker unter einer Decke und schiebt das jetzt offenbar dem Wallot unter.«

Sie erzählte kurz von Alex' vielsagenden Fotos und der Schlussfolgerung, dass Horbacher und Schusternagel hinter den Bankmanipulationen zu Lasten des Freundeskreises stecken mussten.

Sonja nahm eine Hand vom Lenkrad und legte sie auf Olgas Oberschenkel. »Das ist schon tricky. Jetzt willst du auch noch die letzten Geheimnisse lüften, stimmts?«

»Erraten.«

»Cool, ich bin dabei. Dann haben wir heute noch etwas vor!«

Während sie Hörnchennudeln mit Tomatensoße löffelten, studierten sie den elektronischen Kontoauszug von Schusternagels Gehaltskonto. Das hatte Sonja innerhalb der zehn Minuten geknackt, die Olga für die Zubereitung ihres Abendessens gebraucht hatte, und bis ihre Teller leer waren, hatten sie drei Referenzkonten bei anderen Banken gefunden, die Schusternagel gehörten und über die er offensichtlich etliche Zahlungsvorgänge abwickelte.

»Das sind unsere Zielobjekte«, grinste Sonja. »Aber dazu müssen wir den Schusternagel knacken. Das kann dauern.« Ihre Finger huschten wie von Geisterhand über die Tastatur, hochkonzentriert kroch Sonja beinahe in den Bildschirm hinein und vergaß die Welt um sich herum.

Fasziniert beobachtete Olga das lautlose Agieren ihrer Freundin, die Fenster nach Fenster aufpoppen ließ, Felder ausfüllte und Befehle abschickte, bis der Cursor verschwand und das Bild einfror.

»Lassen wir meinen Spürhund suchen.« Sie stand auf, nahm Olgas Hand und führte sie ins Bad. »Genug für heute. Brause und Sause.«

30

Kurz vor Mitternacht gelangen ihm die entscheidenden Aufnahmen bei seiner aktuellen Observation. Er verstaute die Kamera, setzte sich aufs Fahrrad und fuhr durch die laue Sommernacht nach Hause. Aus einer der viel frequentierten Nachtkneipen kam ein Zeitungsverkäufer. Alex hielt an, winkte ihn heran und kaufte die druckfrische morgige Ausgabe der großen Münchner Tageszeitung.

Korruptionsskandal in der Stadtverwaltung.

Die Schlagzeile prangte Aufmerksamkeit heischend auf Seite eins und versprach interessante Lektüre beim Mitternachtsbier. Die nächste Stunde würde er sowieso nicht schlafen können, und obwohl er sich danach sehnte, mit Dorothee zu kuscheln, war ihm klar, dass er sie nach Mitternacht nicht mehr stören durfte und diese Nacht alleine verbringen musste.

Korruptionsskandal in der Stadtverwaltung. Mit einem Paukenschlag endete die gestrige Razzia von Polizei und Staatsanwaltschaft im Kulturreferat und Europäischen Theater. Daneben waren, wie erst heute bekannt wurde, die Geschäftsräume der insolventen Watzlaff-GmbH durchsucht worden. Die vorläufigen Ermittlungsergebnisse erhärteten den ursprünglichen Anfangsverdacht der Ermittler und führten zu drei Haftbefehlen. Neben dem Geschäftsführer des Architekturbüros und dem Generalbevollmächtigten Bau des Europäischen Theaters musste auch der Gruppenleiter des Kulturreferats in Untersuchungshaft. Es bestehe im größten Bestechungsskandal der Landeshauptstadt in diesem Jahrhundert erhebliche Verdunkelungsgefahr. Angeblich haben sich die Angeschuldigten gegenseitig Gelder im teilweise sechsstelligen Bereich zugeschoben. Zudem wird gegen den Leiter des Architekturbüros wegen Insolvenzverschleppung ermittelt.

Der Kulturreferent der Stadt München und der Vorsitzende der Theater-Gesellschafterversammlung haben hundertprozentige Kooperation und schonungslose Aufklärung zugesagt. Der städtische Spitzenbeamte wurde mit sofortiger Wirkung vom Dienst suspendiert, der Generalbevollmächtigte Bau fristlos entlassen.

Alex Sorger trank in kleinen Schlucken und las die fett gedruckte Zusammenfassung noch einmal in Ruhe durch. *Es geht tatsächlich einigen der großen Fische an den Kragen,* stellte er mit einer gewissen Genugtuung fest, wunderte sich allerdings, dass Markus Horbacher, den er am Morgen beim konspirativen Treffen mit dem Banker Schusternagel ertappt hatte, nicht nur aus der Schusslinie gekommen war, sondern für die Öffentlichkeit sogar als Saubermann dastand.

Nun, er würde sich nicht an der Aufklärung dieser Missverständnisse beteiligen. Er hatte das Seine getan, um Olga zu helfen, und was die aus den gewonnenen Erkenntnissen für Schlüsse zog, musste er ihr überlassen.

Man muss loslassen können. Mit diesem Gedanken landete er ungewollt bei seiner Tochter Lisa. Hatte er sie losgelassen? Kann ein Vater, zumindest einer, der über viele Jahre hinweg die Vaterrolle gern ausgefüllt hatte, sein Kind überhaupt völlig loslassen? Noch gab es immerhin ein dünnes Band, denn er unterstützte auch ihr zweites Studium, jedoch nur noch mit einem knapp bemessenen Betrag, der ihr Augenmerk für die Eigenverantwortung schärfen dürfte, und das war gut so. Aber genau deshalb wurde ihm bewusst, in der Erziehung seiner Tochter einiges falsch gemacht zu haben. Strenger und klarer hätte er sein müssen, manchmal präsenter gegenüber seiner überbehütenden Ex-Frau, dafür an anderer Stelle einfühlsamer und gefühlsbetonter.

Vermutlich bin ich den richtigen Weg mit falscher Schrittfolge gegangen, sagte er sich und trank sein Bier leer.

Lautlos erhellte die Push-Nachricht einer SMS das Display seines Smartphones. *Bist du wach?*

Ja. Er verzichtete auf den Smiley. *Irgendwie kindisch, diese Emojis, dachte er. Trotzdem praktisch. Sollte er einen Kussmund hinterherschicken? Oder ein Herz?* Es gab da ein knallrotes Herz, das sich beim Empfänger aufblähte und zusammenzog, ein vor Verliebtheit klopfendes Herz, ein echter Teenagertraum. *Nein, unter Erwachsenen musste ein schlichtes Ja genügen.*

Willst du vorbeikommen?

Dafür hatte er sie von Anfang an gemocht, für diese direkte Art.

Ja.

31

Wieder war eine gemeinsame Nacht zu Ende, und beim Kaffee im Stehen in der Küche trug eine so vertraute Stimmung Olga und Sonja in den beginnenden Tag, als wären sie schon lange Zeit ein Paar. Olga erfreute diese zärtlich-vertraute Selbstverständlichkeit, von der sie ahnte, dass sie ein großes Geschenk war. Die heiter-gelassene Stimmung wurde auch nicht dadurch getrübt, dass Olga in die Kanzlei musste, um sich auf die wichtige Hauptverhandlung in der Konkursangelegenheit Mergenthaler vorzubereiten.

Sie küssten sich, und Sonja versprach, sich um ihren *Sniffer* und dessen Ergebnisse zu kümmern. »Ich finde es spannend, diesen zwielichtigen Gestalten im Fall Prodger hinterherzuspionieren«, merkte sie zum Abschied an und rieb sich die Hände. »Böse Buben gehören nicht überall hin«, grinste sie, »sondern in den Knast.«

Olga schmunzelte in sich hinein. Es gefiel ihr, dass Sonja auch eine Gerechtigkeitsfanatikerin war.

Der dritte Tag der Hauptverhandlung gegen Rolf Mergenthaler in der Konkursstrafsache verlief zäh und schleppend, die Beweiserhebung war ein mühsames und ermüdendes Unterfangen, und als Olga nachmittags endlich das Gerichtsgebäude verlassen konnte, sehnte sie sich nach einer großen Portion Eis. Das schrieb sie Sonja auf Telegram und erhielt umgehend Antwort. Bis sie auf der Dachterrasse eintreffe, sei dort alles vorhanden. Und einiges mehr!

Sonja empfing sie mit hochrotem Kopf, als stiege sie gerade nach einer 190er-Puls-Spinning-Einheit vom Rad, küsste sie und zog sie in die Wohnung herein.

»Das ist echt aufregend, du glaubst gar nicht, was ich alles herausgefunden habe. Komm. Das musst du dir ansehen.« Sie sprang voraus auf die Dachterrasse.

Auf dem Tisch lagen kreuz und quer etliche Blätter bedrucktes Papier, obenauf ein Diagramm mit vielen Kästchen, die mit verschiedenfarbigen Linien verbunden waren.

Auf dieses Diagramm deutete Sonja zuerst. »Schau dir das an. Ich hole dir dein Eis.« Sie huschte in die Wohnung und ließ Olga mit den Papieren zurück.

Olga nahm das Diagramm in die Hand und betrachtete es. Im Zentrum ein rechteckiges Kästchen mit der Inschrift Schusternagel, außen herum in weiteren rechteckigen Kästchen die Namen Wallot, Christ, Watzlaff und Horbacher, und bei jedem dieser Namenskästchen mindestens zwei weitere, allerdings kreisförmige Kästchen mit Nummern. Von Schusternagel aus führten zu allen Kästchen schwarze Linien, interessanterweise gab es zusätzlich rote Linien zwischen den runden Kästchen, und über diesen Linien fanden sich Zahlen. Die Zahlen bedeuteten Zahlungen. Olga dämmerte der Zusammenhang: Sonja hatte ein Diagramm über die Verflechtungen eines Zahlungsverkehrs erstellt. Auf einem einzigen Blatt Papier lagen vor ihr: 800.000 Euro.

In einem großen Sektkelch drapiert prangten drei Kugeln köstliches Eis: Schokolade, Banane und Mango, verziert mit Erdbeeren und frischer Minze, ein sommerlicher Augenschmaus, auf den sich Olga lustvoll stürzte.

»Das tut gut«, schwärmte sie nach den ersten Löffeln. »Wie hast du das nur hinbekommen?«

»Was meinst du denn?«, fragte Sonja und zeigte mit einem Finger zunächst auf das Eis, dann auf die Papiere.

»Beides.«

»Das Eis ist unten von Luigi, die Erdbeeren habe ich heute Mittag eingekauft. Das andere war wie ein schweres Sudoku.«

Wunderbar cremig das Schokoladeneis, intensiv und fruchtig die Mango, verbunden durch den zarten Schmelz der Banane – Olga schwelgte im Eisgenuss und mochte zugleich den Blick nicht von dem Kästchendiagramm wenden. »Bist du dir sicher?«

»Absolut.«

»Also hat Schusternagel mit seinem Avatar Lingner das Freundeskreiskonto um die 800.000 Euro erleichtert und das Geld verteilt?«

»Er hat es geschickt angestellt. Vom Konto des Freundeskreises aus kann man die Zahlungen nicht nachvollziehen. Der Avatar hat durch den Taschenspielertrick mit den virtuellen Zwischenkonten das Zielkonto komplett verschleiert. Ein beinahe perfektes System.«

»Wo ist der Fehler? Wie bist du auf das alles gestoßen?«

Sonja lachte. »Wie immer: Überheblichkeit.«

Die Erdbeeren schmeckten wunderbar. Und die Zahlen waren köstlich. Vom Privatkonto des Architekten Watzlaff waren 160.000 Euro auf das Privatkonto von Sascha Wallot geflossen. Von diesem wiederum waren 30.000 Euro auf das Gehaltskonto von Dr. Christ überwiesen worden. Unmittelbar vor diesen Transaktionen hatte es eine Bargeldeinzahlung auf das Privatkonto von Watzlaff in Höhe von 240.000 Euro gegeben. Diese Zahlungsvorgänge waren durch entsprechende Buchungen auf den Konten der Betroffenen dokumentiert.

Vermutlich, dachte Olga, *verfügt Natzer über genau diese Belege. Damit wäre das korrupte Netzwerk Wallot-Watzlaff-Christ hinreichend nachgewiesen.* Martin Prodger konnte mit seiner Aussage zu den ungerechtfertigten Sonderzahlungen und zur Mentalität seines Gruppenleiters hinsichtlich der Annahme von Gefälligkeiten zur weiteren Aufklärung beitragen. Der Deal für die Verfahrenseinstellung stand.

Mein Job ist damit erledigt, freute sich Olga und löffelte den Sektkelch leer.

»Die offensichtlichen Zahlungen habe ich kapiert. Aber irgendetwas ist dabei faul, habe ich recht?«

»So ist es.«

»Du hast gesagt: Überheblichkeit?«

»Es ist immer das Gleiche.«

»Spann mich nicht auf die Folter. Was genau ist geschehen?«

Sonja rieb sich die Hände und erklärte: »Schusternagel ist der Dreh- und Angelpunkt der Bankmanipulationen. Sein Hintermann heißt Horbacher. Weil er das Abziehen der Gelder vom Freundeskreiskonto perfekt verschleiert hat, fühlte sich Schusternagel hinsichtlich seiner Person völlig sicher. Wie aus dem Nichts tauchen vor neun Wochen 800.000 Euro auf seinem Privatkonto auf, deklariert als Rücklagenauflösung, Zufluss von einer Bank auf den Caymans. Wochen später fließen 240.000 Euro auf ein anderes Konto bei derselben Caymansbank ab. Diese Transaktionen lassen sich schwer nachvollziehen. In einer versteckten Log-Datei findet sich aber ein Hinweis auf den Einsatz eines Programms, das dein Freund Alex gut kennen dürfte: *hyper_dna.exe!* Daraus folgere ich, dass Schusternagel weitere Transaktionen perfekt verschleiert vorgenommen hat, darunter den Abfluss von 260.000 Euro, ein Betrag, der in zwei Stückelungen auf zwei Konten unseres Markus Horbacher mit den Betreffs ›Dividendenzahlungen‹ auftaucht. Stand heute hat sich das Girokontoguthaben von Schusternagel um 300.000 Euro erhöht, Horbacher ist um 260.000 Euro reicher und 240.000 Euro sind bei Watzlaff gelandet. Dazwischen viele Umwege und Schleichwege, nicht alles kann man nachvollziehen, aber das wäre ein Schelm, der denkt, das wäre alles Zufall und wir hätten jetzt nicht den Verbleib der 800.000 Euro des Freundeskreises geklärt.«

Sonja klatschte in die Hände und schaute Olga erwartungsvoll an. »Wahnsinn, was du da herausgefunden hast. Echt toll!«

Olga umarmte Sonja und gab ihr einen leidenschaftlichen Kuss.

»Aber«, fragte Sonja, »was machst du mit diesen Erkenntnissen?«

»Gute Frage. Nichts.«

»Was? Schusternagel und Horbacher bereichern sich und niemand kümmert das? Das stinkt zum Himmel.«

»Tut es, liebe Sonja, tut es. Aber wir haben uns bei der Beschaffung unserer Erkenntnisse strafbar gemacht: Alex, du und ich. Wenn wir die Ergebnisse verwenden, liefern wir uns selbst ans Messer. Immerhin bekommen drei böse Buben Ärger.«

Sonja schaute Olga ungläubig an, zupfte sich am Ohrläppchen und äußerte schließlich skeptisch: »Wenn du dich da mal nicht täuschst.«

»Wie meinst du das denn?«

Sonja ergriff Olgas Hand und ging mit ihr ins Arbeitszimmer. Sie zog einen zweiten Stuhl heran und bedeutete Olga, sich zu setzen. Der große Bildschirm lag dunkel und geheimnisvoll vor ihnen. Sonja zog die Funktastatur heran und berührte eine Touch-Leiste. Der Bildschirm erwachte zu einem milchigen Blau, bei näherem Hinsehen erkannte Olga hochstehende Schleierwolken, die den blauen Himmel bedeckten. Mittig zeigte sich das Kästchen für die Passworteingabe. Dort erschien eine lange Reihe dunkler Punkte, die kurzzeitig wackelten.

Sonja schüttelte irritiert den Kopf und legte den rechten Zeigefinger behutsam auf das Touch-Display. Die dunklen Punkte wackelten, der Bildschirm blieb im Hochnebelmodus. So auch beim nächsten Versuch, nur dass nun der Hinweis aufleuchtete, der Computer benötige das Passwort.

Sonja tippte mit wirbelnden Fingern eine mehr als 15-stellige Tastenkombination ein. Die dunklen Punkte wackelten.

»Shit«, zischte Sonja und gab ihr Kennwort diesmal betont langsam ein.

Nichts. Die Punkte wackelten. Plötzlich wurde das Display schwarz. Sonja bekam große Augen und runzelte die Stirn. Von links liefen weiße Buchstaben mittig in den Bildschirm hinein: U – O – Y ---- D – N – I – F ---- I.

»Shit, shit, shit«, fluchte Sonja.

»*I FIND YOU*«, las Olga. »Was ist das?«

»Shit ist das, Liebes. Der ist mir ebenbürtig. Verdammt. Er hat mich entdeckt und ist meinem *Sniffer* nachgekommen.«

»Wer?«

»Schusternagel.«

»Weiß er, wer du bist?«

»Nein. Ich habe mit doppelter Tarnung gearbeitet, daher kann er meine Adresse nicht zuordnen. Aber er konnte sich in den Zugang hacken. Ich muss sofort das System aus dem Back-up hochfahren. Tut mir leid, das dauert eine halbe Stunde.« Sie streichelte Olga kurz die Wange. »Ruh dich inzwischen aus.«

»Muss ich mir wirklich keine Sorgen machen?«, hakte Olga ängstlich nach.

»Nein, er kann mich nicht identifizieren. Aber ich muss mein System neu aufsetzen, damit das so bleibt.«

»Irgendwie«, seufzte Olga, »ist mir das Internet unheimlich. Was du da alles anstellen kannst ...«

Sonja nickte. »Tja, das ist Fluch und Segen in einem. Aber sei unbesorgt, ich repariere mein System und alles ist gut.«

Olga stand lange unter der Dusche und genoss den lauwarmen Strahl, mit dem sie sich den Tag von der Haut wusch. Dabei kreisten ihre Gedanken um Sonjas gesperrten iMac. Von *Ransomware* und *Cryptolockern* hatte Olga öfter gehört, aber gedacht, davon könne man nur befallen werden, wenn man die Anhänge zweifelhafter E-Mails öffnete oder sich auf infizierten Internetseiten tummelte und dort etwas anklickte. Sie würde Sonja fragen müssen, was ihr widerfahren war und wie sie darauf kam, dass sie von Schusternagel entdeckt worden war. Jedenfalls war das Internet nicht nur ein umfassendes Faszinosum, sondern auch eine bedrohliche Welt, und das nicht nur wegen *Fake News*, Verschwörungstheorien, *Shitstorms* und Hass-Nachrichten.

War es nicht erschreckend, wie offen alle Bankgeheimnisse zu Tage traten, wenn sich ein brillanter Hacker nur die Mühe machte, alles, wirklich alles zu durchforsten? Diese Zahlungsflüsse zum Beispiel, die Sonja entdeckt hatte, waren unheimlich gut versteckt und waren doch ans Licht gekommen. Was konnte sie damit anfangen? Gut, Watzlaff, Wallot und Christ waren der Justiz in die Fänge geraten, aber Horbacher und Schusternagel würden aller Voraussicht nach unbehelligt bleiben. Das Endergebnis würde daher unbefriedigend ausfallen. Das war wohl der Preis für den Rechtsstaat.

Olga konnte sich mit diesem Gedanken nicht anfreunden. Ihr Gerechtigkeitssinn rebellierte, und sie mochte sich auch nicht damit beruhigen, für Martin Prodger das Bestmögliche erreicht zu haben. Grummelnd rieb sie sich trocken, zog sich an, blickte kurz zu Sonja ins Arbeitszimmer und sah sie hochkonzentriert vor dem großen Computerbildschirm sitzen.

Leise ging sie auf die Dachterrasse, setzte sich in die Nachmittagssonne und betrachtete das Wolkenspiel. Von Westen schoben sich erste Kumulustürme heran, abends könnte es ein Gewitter geben. Abkühlung tat Not, das Thermometer stand schon wieder bei 33 Grad.

Dann nahm sie nochmals das Diagramm in die Hand und studierte die Zahlungswege. Eigenartig, dass Watzlaff von den 240.000 Euro, die er aus der Freundeskreisbeute erhalten hatte, 160.000 Euro an Wallot durchgereicht hatte. Wo war der Zusammenhang? Hatte Wallot tatsächlich eine Provision für die Überzahlungen oder Sonderzahlungen erhalten, die er dem Architekturbüro geleistet hatte? Zwanzig Prozent? Und damit das beim GmbH-Konto nicht auffiel, hatte Watzlaff es über die Privatkonten laufen lassen?

Es wäre interessant zu wissen, ob vom GmbH-Konto auch etwas für Watzlaff persönlich abgeflossen ist, überlegte Olga. Wenn Watzlaffs Anteil bar hereingekommen war, wieso hatte er es dann auf sein Konto eingezahlt und von dort Wallot die Provision überwiesen?

Solche Geschäfte wickelt man insgesamt bar ab, wenn man sowieso über das Bargeld verfügt. Irgendetwas schien Olga hier unlogisch zu sein. Wallot wiederum, den Olga nur aus der Zeitung und Prodgers Erzählungen kannte, aber für einen mit allen Wassern gewaschenen Bauprofi hielt, hatte ebenfalls zur Banküberweisung gegriffen, um Christ ruhigzustellen. Eigenartig.

»Alles okay«, rief Sonja gut gelaunt und kam mit einer Flasche Champagner und zwei Gläsern auf die Dachterrasse. »Lass uns auf unseren privaten Fahndungserfolg anstoßen.«

Perlend floss der Blanc de Noir ins Glas. Seine herbe Frucht stieg elegant in die Nase, am Gaumen prickelte er gehaltvoll mit langem Abgang.

»Wo hast du nur alle diese himmlischen Tropfen her? Die müssen ja ein Vermögen kosten.«

»*Save water, drink champagne*«, alberte Sonja. »Spaß beiseite: Ich weiß mir den Luxus zu schätzen, aber jede Flasche, die du bisher bei mir getrunken hast, lag deutlich unter vierzig Euro. Wenn du Lust hast, gehen wir bei Gelegenheit mal zu Nicola. Sie ist begeisterte und begeisternde Weinliebhaberin, die jeden Winzer, dessen Champagner sie verkauft, persönlich kennt. Von ihr beziehe ich meine spritzigen Schätze.«

»Gern, klingt sympathisch. Aber jetzt erzähl, was ist da gerade mit deinem Computer passiert? Ich dachte immer, Apple-Computer wären so sicher.«

»Sind sie auch, aber eben nicht immer. Von *Ransomware* hast du sicher schon gehört«, wurde Sonja ernst. »Das sind kleine, bösartige Programme, die man in der Regel aktiviert, wenn man in einer E-Mail den Anhang öffnet oder auf einer Internetseite einen infizierten Klick auslöst. Diese Programme kapern die Entry-Routine des infizierten Rechners und überschreiben das dort hinterlegte Passwort. Du bist von deinem Rechner ausgesperrt. Meist folgt eine Aufforderung, irgendwohin Lösegeld zu zahlen mit dem Versprechen, das neue Passwort zu bekommen. Darauf fallen leider viele Menschen rein. Dabei macht das Programm nur das bestehende Passwort kaputt, mehr nicht. Man muss den Computer komplett neu aufsetzen, also einschließlich des Betriebssystems von einem Back-up neu starten. Das ist aufwändig und lästig, aber dann ist wieder alles gut.«

»Wirklich?«

»Ja. Allerdings ist es Schusternagel gelungen, meinen Angriff auf seine Bankdaten zu bemerken, zu mir zurückzuverfolgen und mir dieses fiese Ransomprogramm aufzuspielen. Mindestens eine meiner Sicherheitsmaßnahmen hat er also ausgehebelt. Da ich mehrstufig verdeckt unterwegs bin, kann er mit meiner IP-Adresse nichts anfangen. Sollte ich allerdings wieder bei ihm eindringen, würde er das sofort merken und mir unmittelbar seinen *Defender* auf den Hals hetzen. Aus den Reaktionen meines Programms kann er auf meine Sicherheitsmaßnahmen schließen und damit seine Chancen beim Gegenangriff optimieren. Außerdem wird er meinen Arbeitsmodus analysieren und herauszufinden versuchen, wer versiert genug ist, das überhaupt zu können. Seine Ransom-Nachricht soll mir Angst machen und mich warnen: ›Komm mir nicht noch einmal zu nahe.‹ Das werde ich beherzigen, denn wir wissen jetzt, was wir wissen wollten.«

»Dir kann wirklich nichts passieren?«

»Ich bin safe. Cheers!«

»Was wolltest du mir eigentlich zeigen?«, fragte Olga.

»Ach ja, das kann ich nicht mehr. Und auf den Ausdrucken ist es nicht zu sehen. Wenn du mich fragst, sind die Zahlungen, die so offen über die Konten von Watzlaff, Wallot und Christ nachzuvollziehen sind, nicht von den Kontoinhabern veranlasst worden.«

»Wie kommst du darauf?«

»Über die hinterlegten Authentifizierungsdaten.«

»Das musst du mir erklären«, bat Olga.

»Wenn du eine Online-Überweisung machst, musst du entweder eine SMS-TAN oder eine Foto-TAN eingeben, die generiert und dir verfügbar gemacht wird, unmittelbar nachdem du die Überweisung das erste Mal freigibst.«

»Kenne ich.«

»Nun, in den fraglichen Fällen fehlt dieser Authentifizierungsschritt. Er wurde mit der Autorität eines Spitzenadministrators übersprungen. Das System hat keine TAN generiert und keine TAN abgefragt, sondern die Überweisung ohne diese Sicherheitshürde ausgeführt.«

»Die Überweisungen wurden also manipuliert?«

»Richtig. Auf den Kontoauszügen und den Kontobewegungsübersichten ist das nicht festzustellen. Das findest du nur in den im Hintergrund mitgeführten Sicherungsdateien.«

Olga trank nachdenklich von ihrem Champagner, ehe sie Sonja fragte: »Aber das Geld ist wirklich geflossen?«

»So sieht es aus. Wenn du mich fragst, hat Schusternagel 240.000 Euro in die drei Herren investiert, um sie der Korruption verdächtig zu machen. Das ist ihm hervorragend gelungen.«

»Wenn es so wäre: Er wäre um diese Summe ärmer?«

»Definitiv.«

»Wieso sollte es ihm eine Viertelmillion wert sein, die drei aus dem Verkehr zu ziehen? Das ist aberwitzig.«

»Das müsstest du ihn selbst fragen«, erwiderte Sonja und schenkte von dem Blanc de Noir nach.

»Vielleicht kann uns Alex helfen«, hoffte Olga. »Du solltest ihn sowieso kennenlernen. Später bei einem Kirschweizen?«

»Auf Hackertalente bin ich immer neugierig.«

32

Am Ende eines dunklen Korridors schlug ihm ein eiskalter Wind entgegen und plötzlich fiel er in bodenlose Schwärze. Schreiend fuhr Alex Sorger hoch und blickte irritiert um sich, ehe er wieder wusste, wo er war. Er hatte mit Dorothee den gemeinsamen Abend genossen und bei einigen Flaschen Bier bis tief in die Nacht geredet. Dann hatten sie sich im Bett aneinander geschmiegt, in Vorfreude auf Freitagabend über Felix Krull getuschelt und so liebevoll wie leidenschaftlich gekuschelt. Schließlich waren sie erschöpft eingeschlafen.

Als Cat Stevens aus Dorothees Handy den Morgen verkündet hatte, war sie aufgesprungen, hatte ihn geküsst und ihm ins Ohr geflüstert, er solle so lange schlafen, wie er wolle. Hundemüde war er sofort wieder eingeschlafen und nun mit schalem Geschmack im Mund aufgewacht.

13:17 Uhr.

Alex war verschwitzt und durch den Wolf gedreht, aber glücklich. Dorothee hatte ihn nicht nur über seinen Kummer mit Lisa hinweggetröstet, sondern ihn beim Kuscheln mit ihrer Liebe verwöhnt, dass es in seinem Bauch noch vom Flügelschlag der Schmetterlinge kitzelte. Alex lächelte bei der Erinnerung an die beglückende Nacht und stand auf. Er griff nach seinem Handy.

Ausgeschlafen, Sherlock? Ein Kussmund am Ende der SMS.

Sie ist eben eine romantische Frau, dachte Alex liebevoll.

Im Büro erledigte er endlich all den Papierkram, der in den letzten Tagen dank seines Einsatzes für Olga liegen geblieben war, und stellte beim Abarbeiten der ungelesenen E-Mails erfreut fest, dass er zwei neue Anfragen hatte.

Nachdem er sich viel Zeit für fremde Bankkonten genommen hatte, warf er mal wieder einen Blick auf sein eigenes und kam zu dem Schluss, die Einnahmenseite pflegen zu müssen. Da kamen zwei Observationsaufträge gerade recht.

Rasch antwortete er den Hilfe suchenden Frauen und bedauerte sie im Vorhinein, denn seiner Erfahrung nach würden sie in Kürze den Beweis für die Untreue ihrer Männer in der Hand halten. Während er über diese Schattenseite seines Berufes nachdachte, schellte es an der Tür.

Paketbote oder Werbung, vermutete Alex und erhob sich missmutig. Umso überraschter war er, als eine zierliche Frau vor der Tür stand und fragte, ob er Zeit für sie habe.

Er führte sie in sein Büro und bot ihr den Stuhl am Besprechungstisch an. Wie sie vor ihm saß in einem dunkelblauen Kostüm, adrett, gepflegt, geschäftsmäßig, hätte er eher auf den Besuch einer Versicherungsvertreterin getippt als auf eine Hilfesuchende. Aber das blasse Gesicht signalisierte ihm Angst und Hilflosigkeit.

»Mein Name ist Gülay Atasoy. Bitte«, flüsterte sie, »finden Sie meinen Mann!«

Er setzte sich schräg gegenüber, suchte Blickkontakt, griff nach Schreibblock und Bleistift, schrieb langsam das Wort »Mann« in die Mitte des weißen Papiers und forderte seine Besucherin auf: »Erzählen Sie.«

»Mein Mann ist vorgestern nicht von der Arbeit nach Hause gekommen. Seither habe ich nichts von ihm gehört. Er ist wie vom Erdboden verschwunden. Ich habe Angst, dass ihm etwas zugestoßen ist.«

Sie sprach langsam, war sichtlich darauf bedacht, jeden Satz korrekt auszusprechen, was ihr akzentfrei gelang. Er nickte ihr aufmunternd zu.

»Er ist ein guter Mann, noch nie ist er von zu Hause weggeblieben, ohne Bescheid zu sagen. Er ist ein guter Vater. Er trägt Verantwortung.«

Ihre Mundwinkel zuckten.

Er erkannte die Disziplin, die sie sich auferlegte, ihre Gefühle im Zaum zu halten. Sie griff in ihre Handtasche und legte ein Foto auf den Tisch. Da lag also nun sein Konterfei: Oval bis rundlich, dicke Backen, Augenbrauen, die schwarz und dicht über der Nasenwurzel zusammenstießen, tief liegende kleine Augen, ein sinnlicher Mund unter einem wuchernden Schnauzbart, ausgeprägtes Kinn mit Doppelkinnansatz, modisch kurzes dunkles Haar.

»Herr Rechtsanwalt Presselt hat mir geraten, mich an Sie zu wenden. Die Polizei hat die Vermisstenanzeige entgegengenommen, aber mir gesagt, dass sie im Augenblick keine Gefahr für Leib oder Leben erkennen.«

Alex kratzte sich hinter dem Ohr und überlegte, was Presselts Empfehlung zu bedeuten hatte. Der Münchner Staranwalt kümmerte sich nur um reiche Klientel oder um spektakuläre Fälle.

Um was ging es hier? Vermisstenangelegenheiten waren keinesfalls Alex' Spezialität, aber die Sache begann ihn zu interessieren. Mit dem Bleistift schrieb er »Vermisstenanzeige« und »Presselt« auf das Papier.

»Bülent ist Arzt, er will den Menschen helfen. Er ist ein guter Arzt. Eigentlich hat er keine Feinde.« Sie zuckte mit den Achseln, und für einen kurzen Augenblick befürchtete Alex, sie würde zu weinen beginnen, doch ihre Selbstbeherrschung war erstaunlich.

»Vielleicht hat er Feinde«, fuhr sie fort, »weil er erfolgreich ist. Vielleicht ist es in Deutschland wieder so, dass ein Türke keinen Erfolg haben darf, selbst wenn er Deutscher ist. Wir wollen friedlich und frei sein, und mein Mann will Menschen helfen, ein guter Arzt sein. Erfolg haben, natürlich, das will er auch. Vielleicht mag nicht jeder in einer deutschen Klinik einen Türken als leitenden Oberarzt.« Sie schloss die Augen, schlug die Beine übereinander und verschränkte die Arme vor der Brust. An ihrer Schläfe pochte eine kleine Ader. »Noch nie ist er ohne

Nachricht eine Nacht weggeblieben«, seufzte sie und schlug ihre dunklen Augen wieder auf. »Er ist ein guter Vater für unsere drei Söhne. Niemals würde er uns Angst machen wollen. Wir führen ein harmonisches Familienleben. Seine Freunde lieben ihn, und er liebt seine Familie und seine Arbeit.« Sie bedeckte das Gesicht mit den Händen und schluchzte. »Helfen Sie mir! Bülent ist etwas zugestoßen!«

Nachdem Frau Atasoy gegangen war, fasste Alex die wesentlichen Fakten für sich zusammen und überlegte, wie er die Suche nach dem vermissten Arzt angehen wollte. Sich so schnell wie möglich im Krankenhaus umsehen, war sein erster Gedanke. Es lag nahe, das Umfeld zu sondieren, denn oft bewahrheitete sich in solchen Fällen die Vermutung, dass eine andere Frau dahintersteckte.

Der Auftrag versprach mehr Spannung als die beiden Observationen, die er vorhin angenommen hatte. Also schwang er sich auf sein Fahrrad und fuhr zum Universitätsklinikum. Während er die bunte Informationstafel im Foyer betrachtete, um sich in dem riesigen Gebäudekomplex zurechtzufinden, kam eine SMS an: *Zeit für ein Kirschweizen? Müsste dringend mit dir reden.*

»Ach Olga, du Plagegeist«, stöhnte Alex, »was willst du denn noch?« Aber er wollte sie nicht hängen lassen und antwortete: *Sechs Uhr, du zahlst.*

33

Der drohend dunklen Wolken wegen hatten sie sich nach innen gesetzt und tranken bereits von ihren Kirschweizen, als Alex eintrat. Olga winkte ihm und sah die Überraschung in seinem Gesicht, als er bemerkte, dass sie nicht allein war. Sie stellte ihm Sonja als die Computerspezialistin vor, die auf der Basis seiner Ausspähaktionen weitergearbeitet hatte. Er nahm ihnen gegenüber Platz und merkte an, nicht nur Durst zu haben.

»Wir nehmen die große Tapas-Platte«, griff Olga den Hinweis auf und spürte dabei den besonderen Blick, mit dem Alex sie und Sonja betrachtete.

Er hat eine sensible Antenne fürs Zwischenmenschliche, dachte Olga und schätzte ihn gerade dafür. *Es gibt wenige Männer, die so intensiv beobachten können.* Sie beugte sich zu Sonja und hauchte ihr einen Kuss auf die Wange. Sonja strahlte, und Olga versprach freudig: »Wir bestellen nachher eine Flasche Prosecco und stoßen auf unsere neue Liebe an.«

Alex klatschte in die Hände: »Schön, ihr zwei!«

Auch die andere Neuigkeit wollte Olga rasch an den Mann bringen und berichtete von den Erkenntnissen, die Sonja durch das Ausspähen von Schusternagels Finanztransaktionen gewonnen hatte.

»Gratuliere!« Alex erhob sein Glas. »Der Fall ist aufgeklärt und dein Mandant aus dem Schneider.«

Olga wiegte nachdenklich den Kopf. »Prodger bekommt seine Verfahrenseinstellung. Ja, das ist fein. Wir wissen, wer sich alles die Finger schmutzig gemacht hat. Ja, das ist auch fein. Aber die Drahtzieher Schusternagel und Horbacher kommen vermutlich ungeschoren davon. Nein, das ist nicht fein.«

»Hat die Staatsanwaltschaft Horbacher nicht auf dem Schirm?«, fragte Alex.

»Nein, im Gegenteil, die Staatsanwältin hält ihn für völlig integer, weil er bereits gegen Wallot ausgesagt und volle Kooperation der Theaterleitung zugesagt hat.«

»Ein aalglatter Baulöwe eben«, brummte Alex. »Ein eiskalter Hund. Räumt alle lästigen Personen zur Seite.«

»So ist es«, pflichtete Olga bei. »Auch Christ hat er abgeschossen. Warum?«

»Vielleicht weiß Christ zu viel. Jedenfalls hat Horbacher mit neuen Leuten bei der Stadt leichteres Spiel. Schließlich will er am Ende bei der Sanierung des Europäischen Theaters als Gewinner dastehen«, mutmaßte Alex.

Sonja klopfte dreimal auf den Tisch. »Das klingt überzeugend. Solche Typen tun alles, um zu glänzen.«

»Warum, frage ich mich allerdings«, überlegte Alex laut, »bohrt die Staatsanwaltschaft nicht genau nach, wie Wallot es angestellt haben soll, das Konto des Freundeskreises zu manipulieren?«

»Weil die Bank mauert?«, vermutete Sonja. »Immerhin sitzt Schusternagel an einer einflussreichen Position.«

»Für die Korruptionsvorwürfe spielt der Verlust des Freundeskreises keine Rolle. Wallot hat schließlich die Gelder ganz legal vom Theaterkonto an das Architekturbüro überwiesen«, warf Olga ein. »Meinem Mandanten können sie die Veruntreuung dieser Summe nicht nachweisen, für den Rest hat er eine Einstellung gegen Auflagen kassiert. Hier weiterzuermitteln wäre mit viel Arbeit verbunden. Da konzentriert sich die Staatsanwältin Natzer lieber auf den Korruptionsskandal.«

»Wir könnten der Staatsanwältin ein paar Hinweise zukommen lassen«, regte Sonja an.

»Um Himmels willen nein«, rief Alex. »Unser Wissen haben wir illegal erworben, wenn wir die Staatsanwaltschaft informieren, räumen wir damit unsere Vergehen ein.«

»Anonym?«, fragte Olga.

Alex war sichtlich skeptisch und ängstlich. »Ich will nicht, dass die mir doch noch auf die Schliche kommen. Nein, da bin ich ein gebranntes Kind. Vergesst es. Was sollte es auch helfen?«

»Da ist was dran. Sie werden nicht mehr auf das stoßen, was ich herausgefunden habe«, war auch Sonja skeptisch. »Schusternagel hat inzwischen vermutlich alles verschleiert, was ich heute Vormittag entdeckt habe.«

»Aber es muss eine Möglichkeit geben, der Wahrheit zum Sieg zu verhelfen«, ereiferte sich Olga. »Es ist schreiend ungerecht, dass sich Horbacher und Schusternagel ungestraft bereichern und zugleich Watzlaff, Wallot und Christ für etwas verhaftet wurden, was sie nicht begangen haben.«

»Es trifft keine Unschuldslämmer«, zeigte Alex wenig Mitleid.

»Okay, das lasse ich gelten. Wobei ich meine Zweifel habe, ob Christ wirklich bestechlich ist.«

»Die 30.000 Euro sind seinem Konto gutgeschrieben worden, also hat er das Geld angenommen. Ist das keine Bestechlichkeit?«, bemerkte Sonja.

»Wenn er sie behalten hat, dann schon. Das müsste die Staatsanwaltschaft klären. Mit den Essenseinladungen allein dürfte man ihn nicht so leicht packen können«, gab Olga zu bedenken.

»Es gab mal einen Bundespräsidenten, der ist über einen Imbiss auf dem Oktoberfest gestolpert«, warf Alex ein. »Nein, Christ ist kein Unschuldslamm. Wer als Amtsträger einsteckt, ist korrupt. Genügt nicht das Sich-einen-Vorteil-versprechen-lassen, Frau Rechtsanwältin?«, fragte Alex und zog eine verschmitzte Grimasse.

»Da hast du recht.« Olga kratzte sich nachdenklich am Kinn. »Aber Schusternagel und Horbacher gehören ebenfalls bestraft. Gleiches Recht für alle, das ist das Mindeste, was ich im Namen der Gerechtigkeit fordern muss.«

»Was ist schon Gerechtigkeit?«, fragte Sonja.

»Gleichbehandlung«, betonte Olga und fühlte sich in ihrem Element. Schließlich betraf das eine ihrer Grundfragen, nicht nur an ihr früheres Studium und ihren Beruf, sondern an das Leben insgesamt. Mit dem Kirschweizen in der Hand stieß ihr die lang zurückliegende Vorzugsbehandlung von Birgit Brömel wieder auf, die ihr in der Schule die Rolle der Claire Zachanassian weggeschnappt hatte. »Jeder soll nach seinem Verdienst beurteilt werden«, fuhr Olga fort. »Daher muss ein jeder gemäß seiner Schuld bestraft werden. Das ist kein Leben, in dem es keine Gerechtigkeit gibt.«

»Olga, das weißt du besser: Das Leben ist ungerecht«, erwiderte Alex resigniert und rieb über die steile Furche oberhalb seiner Nasenwurzel. »Wäre es anders, säße ich kaum hier. Dann wäre ich vermutlich heute noch Kriminalbeamter.«

Alex war Realist, das gefiel Olga an ihm. Dass er klein beigeben wollte, gefiel ihr dagegen gar nicht.

»Du willst die Sache auf sich beruhen lassen?«, fragte sie enttäuscht.

Alex hob die Hände, als würde er sich ergeben und deutete ein Nicken an.

»Nein«, schüttelte Olga den Kopf. »Das akzeptiere ich nicht. Nicht nach all dem, was wir unternommen haben, um die Wahrheit ans Licht zu bringen.«

»Ach Olga«, stöhnte Alex und nahm einen ausgiebigen Schluck von seinem Kirschweizen.

Olga zog einen Schmollmund und konterte: »Ach Alex. Auch wenn ich jetzt noch keine Idee habe: Ich lasse mir etwas einfallen!«

»Liebes«, bemerkte Sonja und legte ihre Hand auf Olgas Schulter, »lass mich mal machen. Für Horbacher finde ich schon noch ein passendes Rezept. Das wäre doch gelacht.«

»Und Schusternagel?«, fragte Olga.

»Der ist eine harte Nuss. Nehmen wir uns erst mal Horbacher

vor.« Sonja rieb sich die Hände. »Der wird sein blaues Wunder erleben, wart's ab.«

Alex hob eine Augenbraue.

Sonja sah es, nahm mit Alex Blickkontakt auf und beschwichtigte: »Mach dir keine Sorgen, du bist aus dem Spiel. Aber eines sag ich dir: Ich fand es total spannend, die Wahrheit herauszufinden.«

»Wenn dir Detektivarbeit gefällt«, griff Alex diese Steilvorlage auf, »kannst du gern mit mir zusammenarbeiten. Ich habe vor wenigen Stunden einen neuen Fall bekommen.« Und er schilderte die Sorgen und Ängste von Gülay Atasoy.

»Klingt spannend«, begeisterte sich Sonja und beugte sich vor. »Wie geht's weiter?«

Der Abend wurde noch lang.

Danksagung

Der Leserin und dem Leser, die es ohne Auslassungen bis zu dieser Seite geschafft haben, gilt mein herzlicher Dank – für diese Menschen, also für SIE, habe ich diesen Roman geschrieben. Sie haben sich mitnehmen lassen auf eine »Kriminalreise« ohne Blutvergießen, stattdessen mit etlichen Bergmotiven, und das ist etwas Besonderes. Schön, dass es SIE gibt.

Wenn Ihnen die Geschichte gefallen hat, sagen Sie es anderen. Dafür danke ich Ihnen gleich noch mal.

Und wenn Sie neugierig sind, in welcher Angelegenheit Olga in Zukunft ermittelt, kaufen Sie sich das nächste Buch, und Sie werden sehen, dort danke ich Ihnen wieder. ☺

Meinen Wegbegleitern beim Schreiben des Manuskripts will ich an dieser Stelle mein herzliches »Vergelt's Gott« zurufen. Bianca, Bernd, Uwe und Franz haben das Rohmanuskript gelesen und mir wertvolle Hinweise gegeben; ohne diese Tipps der Freunde hätte ich das Manuskript keinem Verlag vorgelegt – danke für die Ermutigung, meine Lieben!

Eine besondere Freude war dann, mit Bookspot vor den Toren Münchens einen kleinen, unabhängigen Verlag gefunden zu haben. Das begeisterte und begeisternde Team von Bookspot hat mich wie in eine Familie aufgenommen und arbeitet mit einer Freude an der Entstehung des Buches, die mir das Autorenherz erwärmt.

Ein Dank der ganz besonderen Art geht an meine Lektorin Johanna Gerhard. Ihre ideenreiche, einfühlsame und sorgfältige Arbeit hat dem Roman erst das Gesicht gegeben, das er nun hat.

Auch wenn es ungewöhnlich erscheinen mag, so danke ich daneben all den Menschen, die mir übel wollten und wollen – sie halten mich am Leben. Dass mich meine Familie und meine Freunde stets auffangen und tragen, wenn ich es brauche, ist ein großes Geschenk – meine Liebsten wissen, wie sehr ich es schätze; ihnen muss ich nicht danken, denn auf meine unverwechselbare Art liebe ich sie.

Ein rasanter Drohnen-Thriller – packend und bedrohlich

Ein mörderisches Katz-und-Maus-Spiel auf den Straßen und über den Dächern Hannovers

Peter Hereld
Der Herr der Drohnen

304 Seiten
Klappenbroschur mit Lesezeichen
Edition 211 im Bookspot Verlag
ISBN 978-3-95669-128-7
12,95 Euro
Auch als E-Book erhältlich!

Knallhart, kompromisslos, geheimnisvoll – ein Freimaurer-Krimi

Ritualmorde, Geheimlogen, Freimaurer, kriminelle Geschäftspraktiken und eine unsichtbare Gefahr für eine ganze Stadt!

Guido Grandt
Brudermahl

256 Seiten
Klappenbroschur mit Lesezeichen
Edition 211 im Bookspot Verlag
ISBN 978-3-95669-126-3
12,95 Euro
Auch als E-Book erhältlich!

Geballte Action

Das Programm
448 Seiten
Klappenbroschur
ISBN 978-3-95669-017-4
14,80 Euro

Ein unkonventionelles Ermittlerpaar des BKA, Nicolas Eichborn und Helen Wagner, ermittelt in einer Mordserie an jungen Frauen. Sie entdecken, dass es um Gehirnwäsche und ein Forschungsprojekt aus der Zeit des Kalten Krieges geht. Dessen Ziel: durch Bewusstseinsmanipulation den perfekten Killer zu schaffen.
Da erfahren die beiden, dass dieses Programm noch immer existiert …

Falsche Fährten
448 Seiten
Klappenbroschur
ISBN 978-3-95669-033-4
14,80 Euro

Sie arbeiteten zu DDR-Zeiten an einem gemeinsamen Projekt, einem, das Todesopfer forderte – und nun sind sie, allesamt Ärzte, selbst tot.
Die BKA-Ermittler Nicolas Eichborn und Helen Wagner tauchen ein in die Welt skrupelloser Pharmariesen und müssen bald erfahren, dass es Menschen gibt, die für Geld über Leichen gehen.
Doch nichts ist so, wie es anfangs schien …

Sieben Gräber
464 Seiten
Klappenbroschur
ISBN 978-3-95669-048-8
14,80 Euro

In einer Baugrube findet die Polizei die sterblichen Überreste von sieben Kindern und einen Peilsender, der sich zu einem ehemaligen Beamten des BKA zurückverfolgen lässt: Nicolas Eichborn. Dieser weiß sofort, dass es sich um einen sechs Jahre zurückliegenden Fall handelt, bei dem er gegen die Russenmafia ermittelte. Als er den Fall neu aufrollt, wird aus dem Jäger ein Gejagter und Eichborn läuft Gefahr, alles zu verlieren, was ihm wichtig ist.

Alle Bände sind auch als E-Book für 7,99 Euro erhältlich.

Spektakuläre Romane [...], die mich in allen Belangen überzeugt haben [...] Durch das große Maß an Spannung steht man so unter Strom, als würde man mit einem Taser direkt an den Nervenbahnen gekitzelt werden.   Redaktion Leserkanone.de

Ein Thriller-Feuerwerk von V. S. Gerling

Der vierte Fall

Der fünfte Fall

Der sechste Fall

Die Farm
464 Seiten
Klappenbroschur
ISBN 978-3-95669-088-4
14,80 Euro

Sechzehn verschwundene Frauen. Sechzehn Ehemänner, die noch nie straffällig wurden. Acht überfallene Geldtransporter. Der brillante Analyst Günter Helmes ist sich völlig sicher: Da muss es einen Zusammenhang geben.
Als Eichborn und Wagner zu ermitteln beginnen, offenbart sich ihnen ein tödliches Netz aus Täuschung und Intrigen, die bis in ihre eigenen Reihen reichen. Eichborn kann nicht ahnen, dass ihn diese Ermittlungen in höchste politische Kreise führen.

Tag X
496 Seiten
Klappenbroschur
ISBN 978-3-95669-143-0
14,80 Euro

Eine Reihe von ungewöhnlichen gewaltsamen Vorfällen lässt Eichborn und seinem Team keine Atempause. Dabei verschwimmen die Grenzen von Täter und Opfer immer mehr – kann es sein, dass die brutalen Angreifer nicht aus freien Stücken gehandelt haben? Um herauszufinden, wer der Drahtzieher hinter dem europaweiten Komplott ist, muss Eichborn sich auf ein gefährliches doppeltes Spiel einlassen. Denn mit seinem Blick hinter die feindlichen Linien riskiert er alles!

Caldera
416 Seiten
Klappenbroschur
ISBN 978-3-95669-160-7
14,80 Euro

Als Nicolas Eichborn erfährt, dass Terroristen an einem Sprengsatz mit katastrophalem Zerstörungspotenzial arbeiten, geht er der Sache zunächst nur halbherzig nach. Schließlich fahndet er noch immer nach den Drahtziehern hinter dem kürzlich vereitelten Sturz der Bundesregierung. Doch dann geschehen die ersten Morde – und Eichborn kommt ein ungeheuerlicher Verdacht: Sind all diese Verbrechen miteinander verknüpft? Und wie tief ist der Präsident der USA darin verstrickt?

Es tun sich immer wieder neue Abgründe auf und jedes Mal, wenn man als Leser denkt, endlich alles durchschaut zu haben, kommt wieder ein neues Mosaiksteinchen dazu, das alles in ein neues Licht rückt. Sehr gelungen! Eva Hüppen, Leser-Welt.de

Die preisgekrönte Petermann-Trilogie

Band 1
Herrn Petermanns unbedingter Wunsch nach Ruhe
ISBN 978-3-937357-80-5
176 Seiten, gebunden

Band 2
Herr Petermann und das Triptychon des Todes
ISBN 978-3-95669-018-1
192 Seiten, gebunden

Band 3
Quo vadis, Herr Petermann?
ISBN 978-3-95669-066-2
192 Seiten, gebunden

14,80 Euro pro Band
Erschienen in der Edition 211
im Bookspot Verlag
Alle Bände auch als E-Book erhältlich!

Leo Petermann, Privatier und kultivierter Genussmensch, nimmt jeden Tag in seinem Haus über dem See als Geschenk. Er genießt die Ruhe, badet regelrecht in der Stille der Landschaft. Doch sobald Störungen sein friedliches Leben trüben, verteidigt Petermann seinen Garten Eden entschlossen. So geht er gegen die Kakophonie des Motorrad-Lärms vor, der seine kleine heile Welt in tausend Teilchen zerspringen lässt, nimmt ein eisiges Duell mit einem alten Bekannten aus Uni-Tagen auf, dem perfiden Erfinder eines ›Todesfonds‹, und haftet sich an die Fersen eines Fotografen, der ihn mit angedeutetem Wissen über dunkle Flecken auf Petermanns weißer Weste erpresst.

Noch mehr Spannung von Michael Böhm

Ein eiskaltes Bild der perfiden Polit-Schickeria

Michael Böhm
Mein Freund Sisyphos
176 Seiten, Klappenbroschur mit Lesezeichen
ISBN 978-3-95669-154-6
12,95 Euro (Print), 7,99 Euro (E-Book)

Subtile Spannung vom Meister der leisen Töne

Michael Böhm
Die zornigen Augen der Wahrheit
192 Seiten, Klappenbroschur mit Lesezeichen
ISBN 978-3-95669-133-1
12,95 Euro (Print), 7,99 Euro (E-Book)

Mord in der Idylle Finnlands

Michael Böhm
Dieter Hentzschel
Dinner mit Elch
160 Seiten, gebunden
ISBN 978-3-95669-108-9
12,95 Euro (Print), 7,99 Euro (E-Book)

Alle Bände auch als E-Book erhältlich!

Polizeiverein Münchner Blaulicht e.V.

Am 03.05.2010 haben sich 18 Personen aus Politik, Wirtschaft, Gesellschaft und Polizei zusammengeschlossen, um diesen Verein zu gründen. Ziel des Vereins ist es, mehr Sicherheit in München zu erreichen. Dazu will er die Begegnung zwischen Bürgern und Polizei fördern, um einen direkten Dialog zu ermöglichen. Die Schwerpunkte der Vereinsarbeit stellen dabei die Förderung der Kriminal-, Verkehrs- und Gewaltprävention sowie der Prävention im Internet dar.

Wir wollen die Menschen sensibilisieren für kriminelle Gefahren, aber auch bei der Verhinderung oder Aufklärung von Delikten ihr Selbstbewusstsein stärken. Als wichtigsten Meilenstein beim Kampf gegen das Verbrechen sehen wir die vertrauensvolle Zusammenarbeit von Bürgern und Polizei. Egal wo und wie unsere Botschaft verpackt ist, ob bei einer Theatervorstellung, einer Lesung, einer Museumsführung, einer Ausflugs- oder mehrtägigen Ferienfahrt oder einer Führung durch das Polizeipräsidium, wir wollen unsere Themen an die Frau und den Mann bringen.

Unterstützen Sie den Polizeiverein Münchner Blaulicht e.V. als Mitglied, durch Ihre Teilnahme an unseren Aktionen oder mit einer Spende. Näheres zu unseren Zielen und Aktivitäten finden Sie unter **www.muenchnerblaulicht.de**

REIZende Leich - Krimitheater in der Rechtsmedizin

Das Blaulichtteam beim Tag der offenen Tür im Polizeipräsidium München

Präventionsfahrt zum Thema „Enkeltrick" nach Bad Tölz

Viertagesfahrt nach Marburg zum Bürgertag des Polizei-Oldtimermuseums

Sommerreise des Münchner Blaulicht e.V. nach Wien

Vorführung der Wiener Polizei-Spezialeinheit „WEGA"

Münchner Blaulicht
Polizeiverein für Prävention und Bürgerbegegnungen e.V.
Bonner Straße 2, 80804 München   Tel.: +49 (0)89 51472568   Fax: +49 (0)89 51472569
EMail: info@muenchnerblaulicht.de   Internet: www.muenchnerblaulicht.de

Stadtsparkasse München   Konto: DE 91 7015 0000 1001 2652 20   BIC: SSKMDEMMXXX